GESTÃO ÁGIL DE PRODUTOS
com Agile Think® Business Framework

Vitor L. Massari André Vidal

GESTÃO ÁGIL DE PRODUTOS
com Agile Think® Business Framework

Guia para a certificação EXIN Agile Scrum Product Owner

Copyright© 2018 por Brasport Livros e Multimídia Ltda.

Todos os direitos reservados. Nenhuma parte deste livro poderá ser reproduzida, sob qualquer meio, especialmente em fotocópia (xerox), sem a permissão, por escrito, da Editora.

Editor: Sergio Martins de Oliveira
Diretora: Rosa Maria Oliveira de Queiroz
Gerente de Produção Editorial: Marina dos Anjos Martins de Oliveira
Editoração Eletrônica: Abreu's System Ltda.
Capa: Use Design

Técnica e muita atenção foram empregadas na produção deste livro. Porém, erros de digitação e/ou impressão podem ocorrer. Qualquer dúvida, inclusive de conceito, solicitamos enviar mensagem para **editorial@brasport.com.br**, para que nossa equipe, juntamente com o autor, possa esclarecer. A Brasport e o(s) autor(es) não assumem qualquer responsabilidade por eventuais danos ou perdas a pessoas ou bens, originados do uso deste livro.

M414g Massari, Vitor L.
       Gestão ágil de produtos com Agile Think® Business Framework / Vitor L. Massari, André Vidal – Rio de Janeiro: Brasport, 2018.

       ISBN: 978-85-7452-872-4

       1. Administração de produtos 2. Gerenciamento ágil 3. Métodos ágeis I. Vidal, André II. Título.

       CDD: 658.8

Ficha Catalográfica elaborada por bibliotecário – CRB7 6355

BRASPORT Livros e Multimídia Ltda.
Rua Teodoro da Silva, 536 A – Vila Isabel
20560-005 Rio de Janeiro-RJ
Tels. Fax: (21)2568.1415/3497.2162
e-mails: marketing@brasport.com.br
         vendas@brasport.com.br
         editorial@brasport.com.br
www.brasport.com.br

Filial SP
Av. Paulista, 807 – conj. 915
01311-100 – São Paulo-SP

Agradecimentos

André Vidal agradece:

À minha companheira nessa empreitada Sônia e aos meus pequenos João, Maria e Winnie Cooper, que, agora grandes, conseguem entender um pouco do trabalho de seu pai, que quer apenas fazê-los leitores e estudantes para a vida toda! Agradeço também à minha mãe, Jurema Vidal, por ter me ensinado que a vida está dentro de uma biblioteca, quem me apresentou os livros e me fez o que sou hoje! Não posso deixar de fora a Editora Brasport, representada pelo amigo Sérgio Martins e toda sua equipe. Estendo agradecimentos também à Milena Andrade do EXIN Brasil por apostar em mim, no meu sócio Leandro Stok e na minha empresa Agile Think nessa nova etapa de nossas vidas. Sem "rasgação de seda", também quero agradecer ao amigo e parceiro Vitor Massari, pelo convite para escrever um prefácio que nos rendeu um livro juntos. Tenho também o dever de tecer algumas palavras ao amigo Jesús Novella, que não apenas fez o design de várias imagens deste livro, como também materializou parte desse sonho! Esse trabalho devo a você, gringo! Ao time da Agile Think, que vem crescendo a cada dia; aos amigos e parceiros profissionais Valéria Macedo, Rubens Pedretti, Marcelo Hervedeira, Alexandre Gualter Bastos, Márcio Coronato, Agile Think Group, Renata Rosa, Marcelle Toscano, Felippe Costa, Eduardo Freire, Renata Vidal, Rafael Capra, Gino Terentim Jr, Nikolas Lenzi, Fábio Cruz, Silas Serpa, Paulo Caroli, Carlos Freitas, Alex Urbano, Maíra Suspiro, Nelson Abu, Alvaro Dalessandro, Roman Pichler, Rodnei Meira, Marco Antonio Silva, pela bela apresentação, e meu amigo Alemão, Cihangir Deniz Ozdemir, pelo apoio e atenção a esta obra. Agradeço também aos meus clientes e à minha equipe de trabalho. Agradeço também às instituições PMI Chapter São Paulo, PMI Chapter Fortaleza, Agile Trends, Universidade de Fortaleza (UNIFOR) e Dinsmore Compass por abrirem suas portas para a aplicação deste trabalho. A todos vocês, meus sinceros agradecimentos!

Vitor Massari agradece:

À minha esposa Márcia e minha filha Laura Vitória por todo o amor, paciência e incentivo durante a jornada de escrita deste livro; à editora Brasport, por mais uma vez estar apoiando e fornecendo todo o suporte e parceria a mais este trabalho; à Milena Andrade do EXIN Brasil por mais essa parceria; ao grande amigo André Vidal pela honra de dividir a autoria deste livro; a um dos meus maiores mentores profissionais, Luis Ricardo Almeida, pelas belas palavras que fazem o prefácio deste livro; a todos os membros e ex-membros do Time Hiflex Consultoria: Maurício José de Souza, Angela Capistrano, Gustavo Dias, Anderson Agustinho, Daniela Ferraz, Michele Tavares, Flávia Maia e Éder Gabriel; aos meus outros grandes mentores profissionais: Fernando Vilares, Arturo Sangiovanni, Marcos Miranda, José Agnaldo Sousa, Marcus Caldevilla, João Carlos Deiró, Cláudio Teruki, Nelson Hiroshi Uchida, Dimas Magalhães, Ricardo Vergara, Izaura Suguimoto e Rosemari Gatti; à Marcele Sampel e Dry Souza Design Gráfico pelas confecção das imagens e capa do livro; aos amigos Fábio Cruz, Eduardo Freire, Jackson Caset, Paulo Eduardo de Jesus, Evandro Fornazari, André Teixeira, Alexandre Unzer, Rachel Simões, Flávia Amorin, Thauany Bitencourt, Daniella Aguiar e Luciene Rocha; à diretoria e aos voluntários do PMI Chapter São Paulo pela amizade e pelo apoio nas minhas jornadas, a todos os meus clientes que confiam no trabalho do time Hiflex Consultoria e a todos os meus demais familiares.

Apresentação

Gestão Ágil de Produtos: *The Brave New World*

Em palestras pelo Brasil, pessoas têm me perguntado como empresas devem se preparar para os próximos vinte, trinta anos. Eu não sei, mas, olhando para minhas filhas, Ana e Maria, pequenas enquanto escrevo esse texto, noto que já possuem uma forte habilidade para lidar com tecnologia.

Essa nova geração será completamente diferente. Eles não serão como eu e meus irmãos, preocupados em comprar um imóvel para ter segurança, o verdadeiro direito de posse. Na verdade, essa geração está ligada à cultura do uso (isso mesmo!), ao uso! E é por isso que empresas como Uber, Netflix e Airbnb estão alcançando um sucesso diferenciado nos dias atuais e não tendem a parar por aí.

A empresa do futuro, ou melhor, aquela que deseja estar viva daqui a trinta anos, necessita desde hoje saber lidar com a complexidade do mundo moderno, do mundo globalizado, um mundo que não é mais mecânico, e sim digital. Deverá aprender rápido, ter forte poder de adaptação do seu modelo de negócios, pois modelos de sucesso estão mortos devido ao poder de concorrentes ávidos em ser replicados. O *mindset* empresarial completamente novo onde velocidade, capacidade de escalar e poder de tangibilização de uma solução devem ser pilares para o sucesso.

Mas como conquistar isso na prática? Penso que pessoas com habilidade de entender o ciclo de vida de produtos e como estes devem ser desenvolvidos usando conceitos, métodos e práticas emergentes como *Design Thinking*, *Service Design*, *Lean Startup* e Métodos Ágeis irão se diferenciar.

Meus amigos André Vidal e Vitor Massari, tanto no que diz respeito às suas veias agilistas, tais como *design thinkers*, têm mostrado sua preocupação com a concepção de produtos e processos de negócio cada vez mais ajustados às necessidades de clientes e usuários. Para eles, quem tem a chave para o sucesso neste novo mundo é o *Product Owner*, a quem dedicam este livro. Nesta obra, meus amigos conseguem entender a necessidade de formação dos profissionais que são essa peça fundamental no processo de desenvolvimento de soluções.

André Vidal e Vitor Massari colocam suas vivências e conhecimentos em gestão estratégica de produtos e serviços, mostrando o que se espera do trabalho de um *Product Owner* em sua plenitude. Eles trazem aqui os temas que são importantes na formação desse profissional, navegam pelo planejamento estratégico, pela construção do portfólio até a elaboração de escopo usando práticas emergentes. Mais que um livro, Vidal e Massari apresentam um guia de como o profissional que será responsável por soluções poderá se apoiar para buscar melhores resultados.

Espero que gostem desse material, que apresenta o conceito de uma nova escola, um novo *mindset*, de como construir soluções.

Uma boa leitura a todos!

Marco Antonio da Silva
Business Designer e Facilitador de Aprendizado
Cofundador do Garage Criativa

Prefácio

The only way to do great work is to love what you do.
Steve Jobs

Foi com enorme surpresa e grata satisfação que recebi o convite do Vitor e do André para escrever algumas palavras sobre o trabalho deles, que tive a oportunidade de apreciar de antemão. Essa leitura me levou, claro, à reflexão.

Após vários anos trabalhando como executivo de Tecnologia e Negócios, vi muitos projetos atingirem o sucesso e também o fracasso. As tradicionais metodologias de desenvolvimento, apesar de válidas e provadas, começaram a "fazer água" no sentido de cada vez mais burocratizarem e engessarem os projetos, não produzindo os resultados esperados ao final. Com a perda da essência, transformaram-se em mecanismos para defesa, adivinhando acusações que viriam após insucessos, em muitos casos. Muitas e muitas horas de trabalho de produção de material de documentação, intermináveis reuniões de apresentação de status, planos sobre planos, relatórios, pressão e, ao final, um resultado que passava longe do que era aguardado, produtos que em nada eram semelhantes às expectativas. Vi, e ainda vejo, muitos aficionados pelas metodologias em si esquecendo de que estas não passam meios para atingir objetivos.

Com o surgimento do Manifesto Ágil, um novo caminho se abriu. Caminho este em que, diga-se de passagem, acredito muito. Mais ainda, a combinação do Manifesto Ágil com *Scrum*. Poderia resumir o resultado dessa junção da seguinte forma: **comunicação, simplificação, colaboração e flexibilidade** com **foco, processo e disciplina**.

Dentro da técnica, a definição dos papéis *Scrum Master*, *Product Owner* e o time de desenvolvimento (com participantes de diversas especialidades sob demanda). Muito se fala do primeiro, bem como do processo em si. Nem tanto do papel do *Product Owner*.

E este livro visa preencher essa lacuna.

Como os autores muito bem explicam e desenvolvem, o *Product Owner* tem um papel-chave no sucesso do projeto. Não como o chefão todo-poderoso, ou mesmo o responsável único pelo sucesso ou fracasso de um projeto. Muito mais que isso, na verdade – o elo de ligação. A ponte entre as necessidades dos clientes e dos negócios, passando pela criação de uma visão que responda a estas, dentro de um escopo de restrições bem definido, e a equipe que vai gerar a entrega da resposta almejada. Aquele que deve lutar por essa visão e, através de sua liderança e venda positivas, fazer com que todos os componentes da equipe compartilhem dessa visão. Seu desempenho ativo junto ao negócio traz o equilíbrio necessário para que o *Scrum Master* e o time de desenvolvimento possam fazer seu trabalho com foco em suas missões, metas e entregas. Deve comunicar e negociar através de todo o processo, que deve acompanhar de perto, aparando as arestas para garantia de qualidade das entregas parciais e a entrega final do produto. Sem mais delongas, sugiro que você mergulhe na leitura e chegue às suas conclusões.

Só não deixaria de encerrar com uma última divagação, se você me permite. Na minha visão, e voltando à frase de abertura do mestre Steve Jobs, seja acima de tudo uma pessoa apaixonada pelo seu trabalho. Transpire essa paixão em tudo o que faz, pois não existe melhor forma de fazer um grande trabalho que não seja amando o trabalho que se faz. Se você escolheu esse caminho, meus votos de que o faça com muito amor e paixão. Pois isso não está na técnica, na metodologia ou nas teorias.

Está na vida.

Luis Ricardo Souza de Almeida
Executivo de Operações e Tecnologia em Seguros
Mestre Jedi nas horas vagas

Sobre os Autores

André Vidal

Diretor executivo da *startup* Agile Think e especialista em Gestão Ágil de Produtos e Projetos, possui mais de vinte anos de experiência na área de Tecnologia da Informação. Atuando em clientes dos setores financeiro, securitário, serviços, telecomunicações, educação e treinamentos, assumiu diferentes papéis e responsabilidades durante o período. Atualmente, presta serviços como *Enterprise Agile Manager* voltado à transformação digital e à gestão de programas e projetos para grandes instituições que desejam implantar a agilidade em seus domínios. Autor do livro "Agile Think Canvas", lançado pela Brasport, é pai, blogueiro, pesquisador e ministra cursos técnicos e de especialização na área de Tecnologia da Informação. Articulista das revistas *Engenharia de Software* e *Java Magazine*.

Vitor Massari

CEO e Especialista em *Agile* da Hiflex Consultoria, possui mais de 18 anos de experiência em projetos de tecnologia e inovação, tendo atuado em grandes organizações do segmento financeiro e sendo o pioneiro na utilização de gerenciamento ágil dentro dessas organizações. Atualmente ajuda organizações de pequeno, médio e grande porte a darem passos rumo à agilidade em projetos. Agilista, gerente de projetos, colunista, blogueiro, instrutor e anárquico, acredita no equilíbrio entre as várias metodologias, *frameworks* e boas práticas voltadas para gestão de projetos e que os gestores precisam encontrar esse equilíbrio, muito mais do que seguir cegamente modelos predeterminados. Autor dos *best-sellers* "Gerenciamento Ágil de Projetos" e "Agile Scrum Master no Gerenciamento Avançado de Projetos", lançados pela Brasport.

Sumário

Introdução 1

1. Resumo sobre *Agile* e *Scrum* 3
    1.1. *Mindset* ágil 3
    1.2. Flexibilidade, disciplina e previsibilidade 6
    1.3. *Framework Scrum* 10
    1.4. Outros *frameworks* e métodos 14

2. *Product Owner* 20
    2.1. Responsabilidades 21
    2.2. Características 31
    2.3. Tipos de *Product Owner* 33
    2.4. Migrando para o papel de *Product Owner* 35
    2.5. Erros na escolha do *Product Owner* 39
    2.6. O *Product Owner* e os relacionamentos dentro da Equipe *Scrum* 42
    2.7. O *Product Owner* e os relacionamentos externos 46
    2.8. O *Product Owner* e as etapas de concepção do produto 48
    2.9. O *Product Owner* e as cerimônias do *Scrum* 52

3. Concepção de Novos Produtos 55
   3.1. Gestão de produtos 56
   3.2. *Assessment* de produtos 57
   3.3. Objetivos e resultados-chave (OKR) 59
   3.4. Construindo produtos de valor 60
   3.5. Planejando o *Backlog* do Produto 61
   3.6. *Agile Think® Business Framework* 62

4. Visão Estratégica do Produto 65
   4.1. Fluxo e especificação do processo 66
   4.2. Atividade: realizar *assessment* 68
   4.3. Atividade: definir objetivos e resultados pretendidos (OKR) 75
   4.4. Atividade: definir KPIs para acompanhamento dos trabalhos e resultados esperados 77
   4.5. Atividade: definir *roadmap* de programas e projetos 80
   4.6. Atividade: estabelecer plano de ação com os envolvidos nos programas e projetos 82

5. Construção de Produtos com *Design Thinking* 86
   5.1. Etapa 1: descobrir o produto 88
      5.1.1. Fluxo e especificação do processo 89
      5.1.2. Atividade: definir visão de negócio 92
      5.1.3. Atividade: realizar análise crítica de cenários 101
      5.1.4. Atividade: avaliar viabilidade financeira 106
      5.1.5. Atividade: entender necessidades do cliente 113
   5.2. Etapa 2: definir o produto 119
      5.2.1. Fluxo e especificação do processo 120
      5.2.2. Atividade: definir personas 122
      5.2.3. Atividade: definir jornadas 128
      5.2.4. Atividade: mapear épicos 133
      5.2.5. Atividade: definir *storyboards* 142

6. *Inception* 149
   6.1. Etapa 1: desenvolver o produto 151
      6.1.1. Fluxo e especificação do processo 152

- 6.1.2. Atividade: definir visão do produto 155
- 6.1.3. Atividade: mapear *features* 162
- 6.1.4. Atividade: priorizar negócio 166
- 6.1.5. Atividade: definir protótipos 180
- 6.2. Etapa 2: definir MVP 183
  - 6.2.1. Fluxo e especificação do processo 184
  - 6.2.2. Atividade: escrever histórias do usuário 186
  - 6.2.3. Atividade: definir critérios de aceite 200
  - 6.2.4. Atividade: definir critério de preparado (*ready*) 202
  - 6.2.5. Atividade: definir critério de pronto (*done*) 204

7. *Planning* 207
- 7.1. Fluxo e especificação do processo 208
- 7.2. Atividade: priorizar *Backlog* do Produto 210
- 7.3. Atividade: estimar *Backlog* do Produto 214
- 7.4. Atividade: definir plano de *release* 218
- 7.5. Atividade: planejar *roadmap* do produto 226
- 7.6. Atividade: definir metas das *Sprints* 228

8. Monitorando o Produto 232
- 8.1. Refinando o *Backlog* do Produto durante a *Sprint* 233
- 8.2. Medindo resultado da *Sprint* na cerimônia de revisão 241
- 8.3. Gráficos *Release Burndown* e *Burnup* de escopo 243
- 8.4. Gráfico *Release Burnup* de custo 248
- 8.5. Gráfico *Release Burnup* integrado 250
- 8.6. Usando velocidade da equipe para projetar tendências 252

9. Escalando o Produto 255
- 9.1. Estrutura de uma Equipe *Scrum* escalada 255
- 9.2. Fluxo de uma *Sprint* de produto escalado 257
- 9.3. Gestão de um *Backlog* do Produto escalado 263
- 9.4. *Frameworks* para escalar *Scrum* 267
- 9.5. Um *case* de produto escalado fora da TI 269

10. *Product Owner* e ITIL **273**

11. A Certificação *EXIN Agile Scrum Product Owner* **276**

12. Simulado **278**
    12.1. Perguntas 278
    12.2. Respostas 287

Epílogo **293**

Referências Bibliográficas **295**

Índice Remissivo **297**

Introdução

Um assunto constantemente negligenciado dentro do mundo ágil é a gestão de produtos, representada pelo papel do *Product Owner* dentro do *framework Scrum*.

Nas literaturas, em cursos e artigos sempre é abordado que o *Product Owner* deve:

- Garantir o valor e a qualidade do produto.
- Garantir o ROI (*Return On Investment* – Retorno sobre o Investimento).
- Gerenciar o *Backlog* do Produto.
- Trabalhar de forma colaborativa com a equipe.

Mas sempre trazemos alguns contrapontos como:

- Defina valor. Embora seja a palavra da "moda" no momento, é necessário defini-la em termos específicos, mensuráveis, alcançáveis, relevantes e em tempo determinado (SMART).
- Defina qualidade. Como medi-la?
- Defina ROI. Como medi-lo?

- Como gerenciar o *Backlog* do Produto? Ou melhor: como criá-lo? Existem etapas anteriores à sua criação?
- Como trabalhar de forma colaborativa?

Como diriam alguns colegas agilistas: *Scrum* deve ser o meio e não o fim. Nós usamos uma metáfora para essa citação: "*Scrum* é como um moedor de carne: entra porco e sai linguiça, entra porcaria e sai porcaria". Então não adianta entender todo o *framework Scrum*, "devorar" os livros "Gerenciamento Ágil de Projetos", "Agile Scrum Master no Gerenciamento Avançado de Projetos" e "Agile Think® Canvas", atingir a maestria no processo, focar no empoderamento de pessoas, se o produto a ser desenvolvido não for o ideal. Nosso "moedor de carne" (*Scrum*) vai entregar algo que não atenderá às necessidades e expectativas do cliente/consumidor/usuário/organização.

Logo, neste livro, nossa preocupação será em ajudar o amigo leitor a pensar como um bom *Product Owner*, abordando técnicas, perfil e comportamentos esperados deste crítico e importantíssimo papel dentro do *framework Scrum*, visando auxiliá-lo na criação de grandes e inovadores produtos.

Bom, introdução realizada! Então vamos para mais uma "jornada ágil" conosco! Esperamos que apreciem!

Uma ótima leitura a todos,
Vitor L. Massari e André Vidal

1. Resumo sobre *Agile* e *Scrum*

Neste primeiro capítulo serão revistos alguns conceitos sobre *Agile* e *Scrum* para um melhor entendimento dos demais capítulos do livro, sempre destacando o papel do *Product Owner* dentro desses conceitos.

1.1. *Mindset* ágil

Para muitos agilistas, o sucesso da utilização do *Agile* depende da boa aplicação dos:

- Valores do Manifesto Ágil.
- Pilares de transparência, inspeção e adaptação dos processos empíricos.

No ano de 2001, 17 gurus do desenvolvimento de software reuniram-se na cidade de Snowbird para discutir diversos assuntos e um deles foi: projetos de software sempre fracassam ou atrasam ou são problemáticos sempre pelos mesmos motivos. O que fazer?

Fruto dessa discussão, os 17 membros (Kent Beck, Mike Beedle, Arie van Bennekum, Alistair Cockburn, Ward Cunningham, Martin Fowler, James Grenning, Jim Highsmith, Andrew Hunt, Ron Jeffries, Jon Kern, Brian Marick, Robert C. Martin, Steve Mellor, Ken Schwaber, Jeff Sutherland e Dave Thomas) assinaram o manifesto com quatro valores.

Esses quatro valores do Manifesto Ágil são:

- **Indivíduos e iterações sobre processos e ferramentas** → Foco na comunicação direta, sem barreiras e sem utilizar processos e ferramentas como mecanismos de defesa. Exemplo: "ah, mas eu te mandei um e-mail...". Aplicando este valor ao papel do *Product Owner*, significa que ele deve interagir muito tanto com os membros de sua equipe de trabalho quanto com as partes interessadas pela construção do produto, utilizando processos e ferramentas somente para fins de orientação de seus trabalhos.
- **Software funcional sobre documentação abrangente** → Documentações são importantes desde que utilizadas para algum fim específico, sejam enxutas e não sirvam como mecanismo de defesa caso algo de errado aconteça. Exemplo: "ah, mas na página 324 do documento de requisitos estava escrito que...". Aplicando este valor ao papel do *Product Owner*, significa que ele deve se preocupar em gerar a documentação mínima necessária sempre visando a entrega de produto funcional e com qualidade, mas não deve se tornar refém dessa documentação ou documentar apenas com o propósito de se defender no futuro.
- **Colaboração com o cliente sobre negociação de contratos** → Contratos são importantes para firmar um acordo, mas sempre devem estar abertos à negociação visando entregar o valor e a qualidade esperados pelo cliente final. Aplicando este valor ao papel ao *Product Owner*, significa que, por mais que ele elabore um *Backlog* do Produto originado da captura das necessidades e expectativas das partes interessadas do produto, que seria uma espécie de "contrato", ele deve estar sempre receptivo às solicitações de mudanças requeridas por essas partes interessadas.
- **Responder às mudanças sobre seguir um plano** → Um bom plano é a base para uma boa execução. Mais importante ainda é saber quando revisitar esse plano e alterá-lo visando atingir o objetivo definido do produto. Aplicando este valor ao papel do *Product Owner*, significa que o *Backlog* do Produto não deve ser um artefato estático e sim revisitado e refinado quantas vezes for necessário para que o objetivo do produto seja cumprido.

Sobre os pilares dos processos empíricos, temos:

- **Transparência** → Todo e qualquer fator ou acontecimento relacionado ao processo de entrega que possa impactar o resultado final do produto deve ser visível e do conhecimento de todos os envolvidos. Aplicando este pilar ao papel do *Product Owner*, significa que a visão, o objetivo e o *Backlog* do Produto devem ser conhecidos por todos os envolvidos, assim como o progresso da construção do produto.

- **Inspeção** → Todos os aspectos do processo de entrega que possam impactar o resultado final do projeto devem ser inspecionados frequentemente, para que qualquer variação prejudicial possa ser identificada e corrigida o mais rápido possível. Aplicando este pilar ao papel do *Product Owner*, significa que o produto deve ser revisto frequentemente para identificar se valor e qualidade estão sendo entregues, se os objetivos estão sendo atingidos, se benefícios já estão sendo realizados, se são necessários novos requisitos e se a construção do produto continua viável tecnicamente e financeiramente.
- **Adaptação** → Toda vez que uma variação prejudicial é identificada, o processo deve ser ajustado imediatamente, como forma de evitar outros desvios. Aplicando este pilar ao papel do *Product Owner*, significa que o planejamento do produto deve ser revisto sempre que algum desvio for detectado na inspeção.

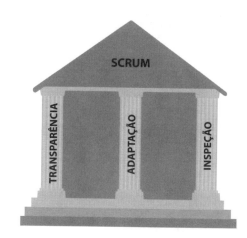

Podemos incluir também como fatores críticos para o sucesso da utilização do *Agile*:

- **Filosofia *Lean*** → Foco na eliminação do desperdício e na simplicidade dos processos. Aplicando este fator ao papel do *Product Owner*, significa planejar o produto certo para o público certo, com a documentação minimamente necessária, de forma iterativa e incremental, elaborando progressivamente o escopo do produto com as funcionalidades realmente necessárias e não abrindo mão da qualidade.
- **Melhoria contínua** → Refletir em intervalos curtos sobre ações de melhoria no que diz respeito às pessoas, ao produto e aos processos. Aplicando este fator ao papel do *Product Owner*, significa que ele deve constantemente identificar como melhorar e refinar o planejamento do produto que está sendo construído, visando atingir a visão e os objetivos definidos e alcançar a qualidade esperada.

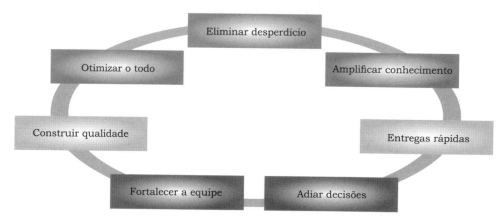

1.2. Flexibilidade, disciplina e previsibilidade

O *Agile* trabalha com o conceito de gerar entregas do produto através de fases curtas, também chamadas de iterações. Ou seja, em vez de entregar um único produto ao final, são geradas entregas incrementais através de ciclos iterativos, conforme figura a seguir:

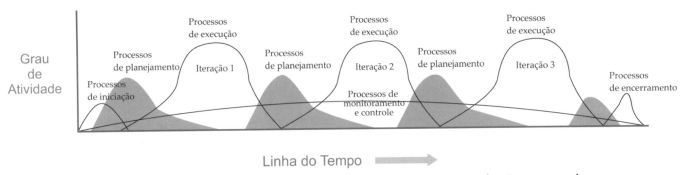

Traduzido e adaptado de Mike Griffiths: <http://leadinganswers.typepad.com/leading_answers/>.

Os ciclos iterativos curtos e incrementais geram uma flexibilidade no planejamento do produto, pois ajudam a:

- Minimizar riscos rapidamente.
- Explorar a oportunidade de aproveitar os benefícios do produto cedo e começar a obter o ROI (*Return On Investment*).
- Obter rápido *feedback* do produto.
- Acomodar mudanças sem que seu custo seja alto (custo da mudança).

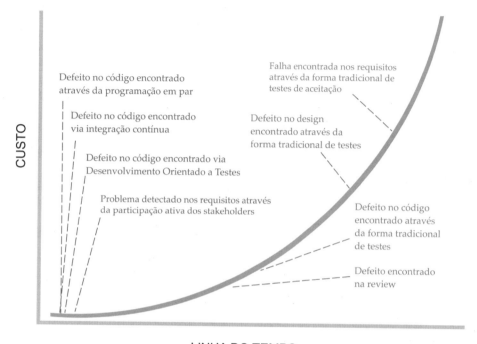

Traduzido e adaptado de Scott Ambler: <www.agilemodeling.com>.

Porém, para tudo que possui **flexibilidade** precisamos ter o contraponto da **disciplina**, para evitar desordem e caos.

No *Agile*, algo que contribui muito para essa disciplina é o conceito dos eventos com *timebox*, ou seja, eventos que possuem uma duração máxima que não pode ser ultrapassada ou estendida.

Esse conceito de *timebox* deve ser rigorosamente seguido, seja para estabelecer a duração de reuniões, a duração das iterações ou a duração de quaisquer outros eventos. Exemplos:

- Cerimônia *daily stand-up* tem *timebox* de 15 minutos.
- As iterações do novo projeto possuem *timebox* de duas semanas.

Outra característica importante: uma vez definida a duração do *timebox* da iteração, ela deve ser mantida até o final da construção do produto. Por exemplo: não podemos definir que a primeira iteração dure 1 semana, a segunda iteração dure 3 semanas, a terceira iteração dure 2 semanas e a quarta iteração volte a durar 1 semana. Qual o motivo? Vamos utilizar um exemplo "fora da caixa" através da figura a seguir:

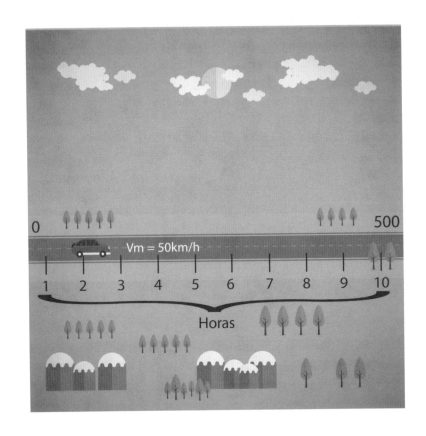

Por que conseguimos determinar que o trajeto seria concluído em aproximadamente 10 horas? Conhecíamos três fatores importantes:

- ♦ Duração prevista do percurso: 500 km.
- ♦ Ritmo de trabalho/velocidade do automóvel: 50 km/hora.
- ♦ Unidade de medida: hora, sendo que 1 hora sempre corresponde a um *timebox* de 60 minutos.

Trazendo este exemplo para a realidade da construção de produtos, substituindo:

- ♦ Duração prevista do percurso por duração prevista do projeto (seja em horas, pontos de esforço, pontos de função, etc.).
- ♦ Velocidade do automóvel por ritmo de trabalho da equipe do projeto, ou seja, quantas horas ou pontos são concluídos em média por iteração.
- ♦ Hora por iteração.

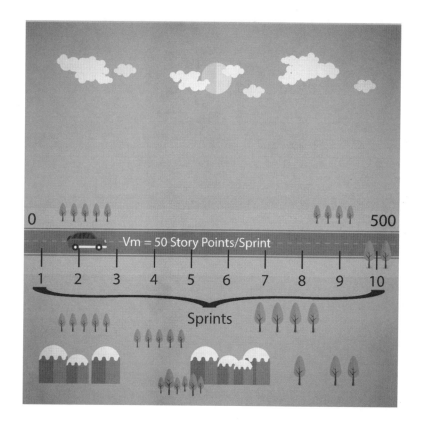

Dessa forma, a equipe do projeto gera cadência de trabalho e cadência gera **previsibilidade**, importante para responder a algumas perguntas-chave para a construção de um produto: previsão de entrega e previsão de custos.

1.3. *Framework Scrum*

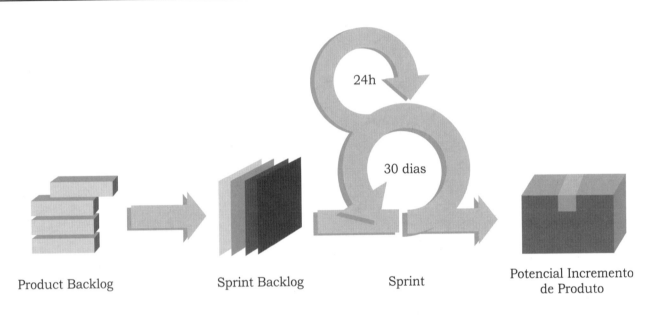

Product Backlog　　　Sprint Backlog　　　Sprint　　　Potencial Incremento de Produto

O *Scrum* é um *framework* ágil baseado em entregas iterativas e incrementais e baseado em processos empíricos, criado por Jeff Sutherland e Ken Schwaber.

O *Scrum* é composto por:

- ◆ Papéis.
- ◆ Regras.
- ◆ Cerimônias.
- ◆ Artefatos.

Papéis/Equipe *Scrum*

- ◆ **Time de desenvolvimento** → Pessoas que trabalham no desenvolvimento dos incrementos do produto. Equipe auto-organizada e multifuncional. Gerenciam o *backlog* de atividades técnicas.

- ♦ **Scrum Master** → *Coach* da equipe. Líder servidor. Remove impedimentos e é o facilitador das cerimônias. É o responsável por garantir que todos os integrantes da equipe compreendam e sigam as regras do *Scrum*. Gerencia os processos e o ambiente de maneira que as pessoas possam trabalhar de forma colaborativa, motivada e auto-organizada.
- ♦ **Product Owner** → Elabora a visão do produto e gerencia o escopo do produto (*Backlog* do Produto), priorizando-o, ordenando-o e garantindo valor, entendimento e visibilidade.

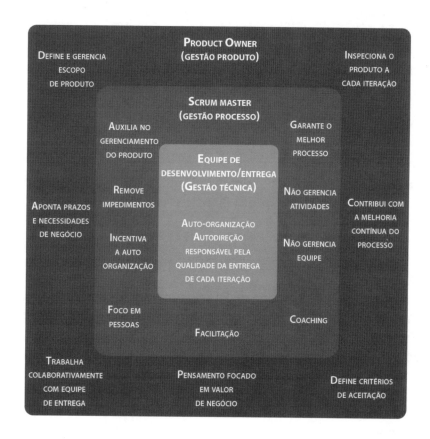

Regras

Sprint → Iteração com *timebox* de uma, duas, três ou quatro semanas, gerando produto potencialmente lançável. Durante sua execução, a *Sprint* não deve sofrer alterações que comprometam a sua meta.

Cerimônias

- **Planejamento da *Sprint*** → Reunião realizada no primeiro dia da *Sprint*, dividida em duas partes. Parte 1: o *Product Owner* apresenta o *Backlog* do Produto ordenado e alinha com o time de desenvolvimento quais itens poderão ser entregues dentro da capacidade da equipe, definindo a meta da *Sprint*. Parte 2: o time de desenvolvimento define e estima as tarefas necessárias para atingir a meta da *Sprint*. *Timebox*:
    - Para *Sprints* de 4 semanas – duas partes de 4 horas cada (8 horas no total)
    - Para *Sprints* de 3 semanas – duas partes de 3 horas cada (6 horas no total)
    - Para *Sprints* de 2 semanas – duas partes de 2 horas cada (4 horas no total)
    - Para *Sprints* de 1 semana – duas partes de 1 hora cada (2 horas no total)
- **Daily Scrum** → Reunião diária com *timebox* de 15 minutos onde o time de desenvolvimento compartilha conhecimento entre si, respondendo a três questões:
    - O que eu fiz ontem?
    - O que eu vou fazer hoje?
    - Quais são os impedimentos?
- **Revisão da *Sprint*** → Reunião realizada ao término da *Sprint* para inspeção do incremento do produto gerado. O time de desenvolvimento demonstra o que foi feito e o *Product Owner* aprova ou não as entregas. *Timebox*:
    - Para *Sprints* de 4 semanas – 4 horas
    - Para *Sprints* de 3 semanas – 3 horas
    - Para *Sprints* de 2 semanas – 2 horas
    - Para *Sprints* de 1 semana – 1 hora
- **Retrospectiva da *Sprint*** → Reunião realizada ao término da *Sprint*, para que toda a Equipe *Scrum* reflita sobre o andamento da *Sprint* e identifique possíveis melhorias nos processos e no relacionamento entre as pessoas. Três questões-chave devem ser respondidas:
    - O que deu certo durante a *Sprint*?
    - O que precisa ser melhorado para as próximas *Sprints*?
    - Quais ações de melhoria iremos incorporar na *Sprint* seguinte?
- *Timebox*:
    - Para *Sprints* de 4 semanas – 4 horas
    - Para *Sprints* de 3 semanas – 3 horas
    - Para *Sprints* de 2 semanas – 2 horas
    - Para *Sprints* de 1 semana – 1 hora

Artefatos

- ***Backlog* do Produto (*Product Backlog*)** → Lista ordenada de requisitos necessários para o produto. Gerenciado única e exclusivamente pelo *Product Owner*.
- ***Sprint Backlog*** → Lista de tarefas que deverão ser executadas durante a *Sprint* para atingir sua meta. Gerenciado única e exclusivamente pelo time de desenvolvimento.
- **Definição de pronto (*Done*)** → Critérios que deverão ser atendidos para verificar se um item do *Backlog* do Produto foi finalizado (pronto) ou não. Exemplo: para um requisito ser considerado finalizado deverão ser realizados testes unitários, testes automatizados e homologação do *Product Owner*.

O ciclo de uma *Sprint* é similar a um ciclo PDCA de melhoria contínua, pois:

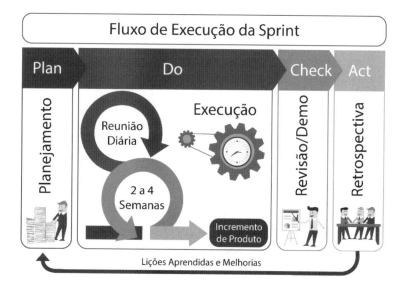

- ***Plan:*** planejamento realizado através do **Planejamento da *Sprint***.
- ***Do:*** foco na entrega de valor e qualidade, no trabalho em equipe, buscar a multidisciplinaridade, ter responsabilidade e propriedade sobre os trabalhos em execução, utilizar processos enxutos (*Lean*) buscando gerar o mínimo de desperdício e realizar inspeções diárias.

- **Check:** inspeção do produto realizada através da **Revisão da Sprint**.
- **Act:** foco na melhoria contínua e no aprendizado referentes às pessoas (individual e coletivo) e processos através da **Retrospectiva da Sprint**.

1.4. Outros *frameworks* e métodos

Embora este livro esteja focado no papel do *Product Owner* do *framework Scrum*, muitas das técnicas e *insights* abordados neste livro poderão ser utilizados em outros *frameworks* e métodos.

Waterfall

O planejamento em cascata, também conhecido como *Waterfall* ou como ciclo de vida preditivo (de acordo com o *PMBOK® Guide*), significa conduzir o projeto através de fases sequenciais que podem ter uma curta ou longa duração. Vide o exemplo a seguir:

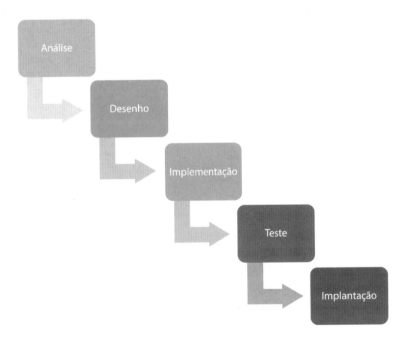

No exemplo anterior o projeto se inicia com uma fase de análise, onde são feitos todos os levantamentos e a coleta de requisitos. Ao término da fase de análise, inicia-se a fase de design, onde toda a parte de arquitetura e modelagem é planejada. Logo após vem a implementação dos levantamentos e as arquiteturas definidas através do desenvolvimento do produto. E como última fase, os testes e homologações necessários para colocar o produto no ar e finalizar o projeto.

Geralmente o papel designado para realizar os levantamentos necessários e a coleta de requisitos é o **analista de negócio**. O analista de negócio pode utilizar boas práticas descritas no *BABOK® Guide* do *International Institute of Business Analysis* ou no *Business Analysis Practice Guide* do *Project Management Institute*.

Mas nada impede que o analista de negócio, mesmo em uma abordagem *Waterfall*, utilize algumas técnicas que serão descritas neste livro, como reuniões de *Inception*, Produto Mínimo Viável, *Agile Think® Canvas* e planejamento incremental e iterativo.

Crystal

Crystal é uma família de metodologias designadas para projetos de baixa criticidade conduzidos por pequenas equipes ou até mesmo grandes equipes desenvolvendo projetos de alta criticidade.

A metodologia é dividida em famílias levando em consideração:

- Tamanho da equipe do projeto.
- Possibilidade de perda de vida.
- Possibilidade de perda de muito dinheiro.
- Possibilidade de perda de pouco dinheiro.
- Possibilidade de perda de conforto.

Possui como principais práticas:

- Entregas frequentes com ciclos de no máximo três meses.
- Comunicação osmótica facilitada pelo uso de espaços colaborativos e gestão visual.
- *Workshops* de reflexão frequentes para identificação de ações de melhoria contínua.

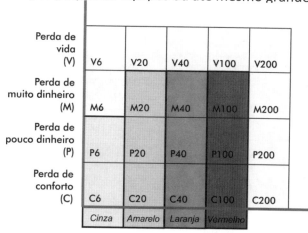

O papel responsável por definir o escopo do produto é o **Business Expert**, e a pessoa designada para esse papel deve possuir um alto conhecimento do negócio afetado pela construção do produto. Todas as práticas descritas neste livro serão de extrema valia para este papel.

DSDM

O DSDM (*Dynamic Systems Development Method*) é uma metodologia ágil que considera que um projeto tem um ciclo de vida com cinco fases:

1. **Pré-projeto.** Definir os motivadores de negócio e objetivos em alto nível, que justifiquem um estudo de viabilidade.
2. **Estudo de viabilidade.** Avaliar as características de negócio, tipo de projeto, problemas organizacionais e de pessoas. Após essas análises, é tomada a decisão de utilizar ou não o DSDM.
3. **Iteração do modelo funcional.** Determinar as funcionalidades que serão implementadas e definir um modelo funcional. A partir desse modelo funcional serão executadas iterações até ser gerado um protótipo funcional.
4. **Iteração de design e construção.** Identificar requisitos funcionais e não funcionais e iniciar o desenvolvimento da iteração. Serão executadas quantas iterações forem necessárias para a entrega do produto final.
5. **Implementação (pós-projeto).** Usuários finais aprovam o sistema testado e o sistema é liberado para utilização e sofre constante evolução através de manutenções, melhorias e ajustes de acordo com os princípios do DSDM.

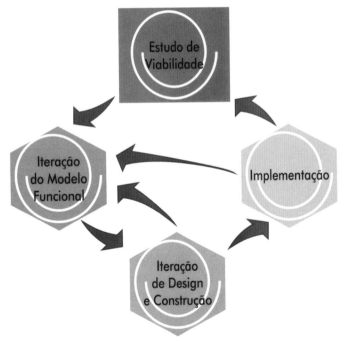

Traduzido e adaptado de Marcel Douwe Dekker. Licenciado por Creative Commons Attribution-ShareAlike 3.0 Unported License (CC BY SA).

Seus princípios e considerações mais importantes são:

- Envolvimento e colaboração entre usuários e equipe do projeto.
- Foco em equipes auto-organizadas e com autonomia para tomar decisões que sejam importantes para o progresso do projeto.
- Foco na entrega frequente de produtos, permitindo testes, revisões e adequações entre as iterações.
- Entregas focadas nas necessidades de negócio.
- *Feedback* frequente através de construção incremental.
- Toda e qualquer alteração no desenvolvimento deve ser reversível.
- Definição de escopo e requisitos de alto nível são necessários antes do início do projeto.
- Comunicação clara e contínua.
- Princípio de Pareto: 20% dos requisitos entregam 80% do resultado final. Logo, o foco do DSDM é implementar esses 20% críticos e deixar os outros 80% para serem distribuídos nas demais iterações, minimizando o risco de ultrapassar prazo e orçamento sem entregar o valor esperado pelos usuários finais.
- Obedecer às restrições de prazo e custo e aos limites de qualidade esperados.
- Técnicas de gerenciamento de projetos e desenvolvimento de sistemas são incorporadas ao processo.
- A gestão do risco deve ser focada no produto/funcionalidades e não nos processos de desenvolvimento ou artefatos.

O papel responsável por definir o escopo do produto é o **Visionário de negócios (*Business Visionary*)**, e a pessoa designada para este papel deve garantir que os requisitos essenciais sejam definidos e estejam alinhados aos objetivos de negócio. Todas as práticas descritas neste livro serão de extrema valia para este papel.

Feature-Driven Development (FDD)

O *Feature-Driven Development* ou Desenvolvimento Orientado a Funcionalidades é uma metodologia ágil que consiste em:

- Desenhar um protótipo do produto.
- Montar uma lista de funcionalidades desse produto.
- Planejar por funcionalidade.
- Desenvolver por funcionalidade.
- Entregar por funcionalidade.

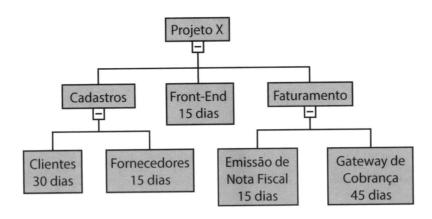

As iterações deverão ser curtas (a metodologia menciona duas semanas) e sempre deve entregar uma funcionalidade pronta.

As funcionalidades costumam ser decompostas através da *Feature Breakdown Structure* (FBS), conforme a seguir:

O papel responsável por definir o escopo do produto é o **especialista do domínio**, e a pessoa designada para este papel deve definir as funcionalidades que precisarão ser atendidas e quais seus respectivos requisitos. Todas as práticas descritas neste livro serão de extrema valia para esse papel.

Extreme Programming (XP)

O *Extreme Programming* (também conhecido como XP) é uma metodologia ágil de desenvolvimento de software criada por Kent Beck no final dos anos 90 e algumas de suas práticas são consagradas no mundo de software.

Em projetos de TI que utilizam *Scrum*, é vital combinar com as práticas do XP para a garantia de entregas de incremento de software livres de defeitos/*bugs* e com codificação elegante (*clean code*).

Práticas XP

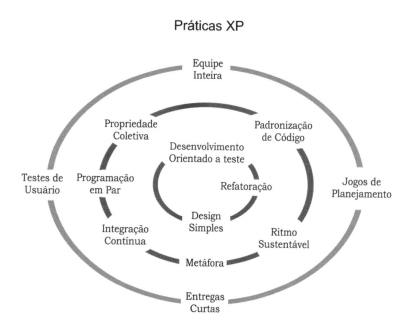

O papel responsável por definir o escopo do produto é o **cliente**, e a pessoa designada para este papel deve conhecer as regras de negócio, definir os requisitos e seus respectivos critérios de aceitação e trabalhar em parceria com os programadores. Todas as práticas descritas neste livro serão de extrema valia para este papel.

2. Product Owner

O *Product Owner* é um dos papéis do *Scrum* cujo foco é a gestão do produto, ou seja, determinar o que deve ser feito e gerenciar o produto adequadamente para garantir que toda a Equipe *Scrum* esteja trabalhando realmente para construir a coisa certa. Logo, esse papel torna-se extremamente crítico, pois se o *Product Owner* definir o produto errado/inadequado a ser desenvolvido, teremos um fracasso retumbante. A dúvida é saber se o fracasso será lento ou rápido, conforme veremos mais adiante.

Um dos grandes desafios do *Product Owner*, e da gestão ágil de produtos como um todo, é a quebra de paradigma da mudança de *mindset* do que Roman Pichler classifica como "escola tradicional" para "escola moderna" de gestão de produtos. Veja a tabela a seguir:

Escola tradicional	Escola moderna
Vários papéis, como marqueteiro do produto, gerente do produto e gerente de projetos, compartilham a responsabilidade por dar vida ao projeto.	Uma pessoa (Product Owner) se encarrega do produto e lidera o projeto.
Os gerentes de produtos ficam separados das equipes de desenvolvimento por processo, departamento e limites de local.	Product Owner é o membro da Equipe Scrum que trabalha com o Scrum Master e a equipe de forma contínua.
Extensa pesquisa de mercado, planejamento de produto e análise de negócios são executados logo no início.	É feito um pequeno trabalho inicial para criar uma visão que descreva aproximadamente como o produto será e funcionará.
Descoberta e definição do produto logo no início: requisitos são detalhados e "congelados" desde cedo.	A descoberta do produto é um processo contínuo; nele, os requisitos surgem. Não há uma fase de definição nem especificação de requisitos de mercado ou de produto. O Backlog do Produto é dinâmico, e seu conteúdo evolui com base no feedback do cliente e do usuário.
O feedback do cliente é recebido mais tarde, no teste de mercado e após o lançamento do produto.	Versões de entrega/Releases antecipadas e frequentes, junto com reuniões de revisão da Sprint, geram feedback valioso do cliente e do usuário, o que ajuda a criar um produto que os clientes amam.

2.1. Responsabilidades

O *Product Owner* possui algumas responsabilidades que deverão ser seguidas à risca para se obter o sucesso em uma boa gestão ágil de produtos e serão descritas a seguir.

Criar a visão do produto

Determinar os principais objetivos, público-alvo e expectativas do produto.

Delimitar as fronteiras do produto

Delimitar o escopo do produto, determinando o que ele é, o que ele não é, o que ele faz, o que ele não faz.

Determinar as premissas e as restrições

Identificar as suposições que serão assumidas como verdades e os pontos que restringem a entrega do produto de alguma forma (prazo, custos, recursos, profissionais, processos).

Definir e priorizar os requisitos do produto (*Backlog* do Produto)

Construir um *Backlog* do Produto com requisitos escritos de forma clara e sucinta, utilizando as boas práticas de escrita de requisitos e de priorização que serão descritas no Capítulo 3.

	Requisito
1	IDENTIFICAR NO NÍVEL CERTIFICADOS (ACSEL) CASOS QUE NÃO POSSUEM VALIDAÇÃO DE CARTÃO PROPOSTA
2	INFORMAR NO CAMPO «MOTIVO LIBERAÇÃO/DECLÍNIO» AS ACEITAÇÕES AUTOMÁTICAS
3	INFORMAR NO CAMPO «MOTIVO LIBERAÇÃO/DECLÍNIO» AS ACEITAÇÕES POR REATIVAÇÃO TÉCNICA
4	PERMITIR IMPORTE DE ARQUIVO (FORMATO PDF OU DOC) NA REATIVAÇÃO DE SEGURADO
5	EXIBIR INDICATIVO DE SEGURADOS ACEITO COM A CONDIÇÃO/CAPITAL ANTERIOR NO RELATÓRIO DE FATURAMENTO
6	FLAG PARA SELECIONAR MAIS DE UM SEGURADO PARA REATIVAÇÃO
7	AJUSTAR INFORMAÇÃO DO CAMPO DE COMPETÊNCIA NA TELA DE REATIVAÇÃO
8	EXIBIR LEGENDA NA TELA DE DECLINADOS PARA ENTENDIMENTO DO PROCESSO DE REATIVAÇÃO
9	AJUSTAR REGRA PARA ANÁLISE DE IMPORTE DE IMPLANTAÇÃO (CASOS DE ENCAMPAÇÃO)
10	AJUSTAR VALIDAÇÃO DA CRÍTICA 45 E 46 QUANDO O SEGURADO JÁ POSSUI O CAPITAL MÁXIMO DA APÓLICE
11	APÓLICES ELEGÍVEIS PARA FOLLOW DE FATURAMENTO
12	VALIDAÇÃO DE APÓLICES NOVAS OU MIGRADAS DE BOLETO EM BRANCO PARA INFORMAÇÃO
13	VALIDAÇÃO DE APÓLICES VENCIDAS - PENDENTE DE RENOVAÇÃO
14	VALIDAÇÃO DE CRONOGRAMA DE FATURAMENTO
15	ENVIAR E-MAILS AO CORRETOR INFORMANDO SOBRE O PRAZO DE FATURAMENTO
16	IMPORTAÇÃO DE ARQUIVO ANTES OU DURANTE O FOLLOW
17	EMISSÃO AUTOMÁTICA COM BASE NO FATURAMENTO ANTERIOR
18	PERMITIR QUE O CORRETOR AUTORIZE O FATURAMENTO COM BASE NO MOVIMENTO ANTERIOR
19	STATUS DE FATURAMENTO NO CORPORATE
20	IMPORTAÇÃO APÓS EMISSÃO AUTOMÁTICA
21	SOLICITAÇÃO DE CANCELAMENTO
22	ALTERAÇÃO DO PRAZO DE VALIDAÇÃO DO CARTÃO PROPOSTA PARA 6 MESES
23	REFATURAMENTO DE PARCELA RENOVADA PELO CORPORATE
24	LIBERAÇÃO AUTOMÁTICA DA CRÍTICA 84 - SEGURADO PERTENCE A OUTRA APÓLICE

Garantir o valor de negócio/ROI (*Return on Investment* – Retorno sobre o Investimento) dos itens do *Backlog* do Produto (PBIs)

O *Product Owner* deve garantir o retorno de cada requisito do *Backlog* do Produto (*Product Backlog Item*, que a partir de agora mencionaremos como PBI), seja de forma quantitativa (através da identificação do ROI) ou de forma qualitativa (justificando o valor de negócio associado àquele PBI).

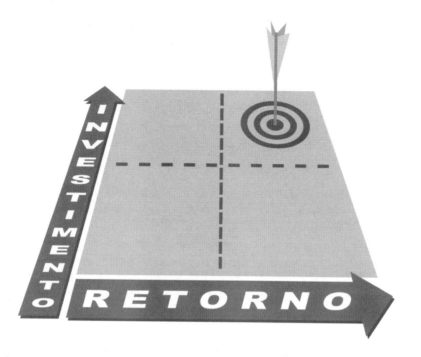

Definir os critérios de aceitação dos itens do Backlog do Produto

Cada PBI deve ter critérios de aceitação, ou seja, condições que precisam ser atendidas para que o *Product Owner* considere o PBI como 100% aceito. Esses critérios devem seguir o conceito de SMART:

- E**S**pecíficos → Critérios de claro entendimento e sem subjetividade.
- **M**ensuráveis → Critérios que podem ser medidos de forma quantitativa ou qualitativa.
- **A**lcançáveis → Critérios realísticos e viáveis de serem atingidos.
- **R**elevantes → Critérios que fazem sentido para o propósito de negócio.
- **T**emporais → Critérios que possuem um tempo determinado e conhecido para serem atingidos.

Frente - User story

Como comprador de livros quero pesquisar o catálogo de livros da livraria XB utilizando o título do livro.

Verso - Critérios de aceitação

O resultado da pesquisa deve ser exibido em até 3 segundos.
A pesquisa deve retornar o título, autor, o valor de livro e se está disponível em estoque.
Se o título não for encontrado, exibir a mensagem: "Título inexistente".

Trabalhar constantemente no refinamento dos itens do *Backlog* do Produto

Revisar constantemente o *Backlog* do Produto, reavaliando prioridades, incluindo, excluindo e refinando PBIs. Esse trabalho é conhecido como Refinamento do *Backlog* do Produto (*Product Backlog Refinement*) e será descrito mais detalhadamente no Capítulo 8.

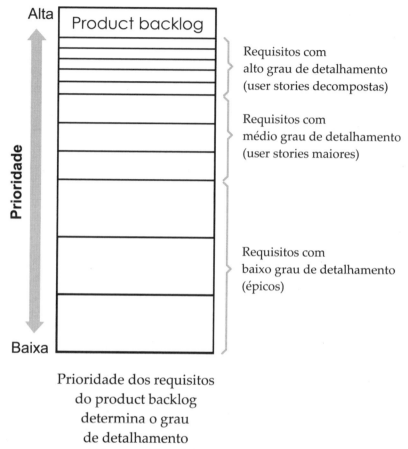

Prioridade dos requisitos do product backlog determina o grau de detalhamento

Traduzido e adaptado de Roman Pichler: <www.romanpichler.com>. Licenciado por Creative Commons Attribution-ShareAlike 3.0 Unported License (CC BY SA).

Planejar os requisitos das próximas *Sprints* enquanto o time de desenvolvimento está trabalhando na *Sprint* atual

Um dos maiores mitos sobre planejamento no *Scrum* é este: "ah, o pessoal só planeja aquilo que será feito durante a *Sprint*, desse jeito o projeto nunca termina, só funciona para projetos de escopo aberto, apenas para projetos abaixo de cinco dígitos, é uma forma de vender projeto *Time and Material*, etc. etc. etc.". O fato é que o *Product Owner* deve sempre olhar atentamente para uma a duas *Sprints* futuras, já focado em deixar o *Backlog* do Produto preparado (*ready*), priorizado e refinado para o planejamento dessas *Sprints* futuras. Essa técnica é conhecida como *rolling lookahead planning*.

Nenhuma grande novidade, uma vez que o descrito no parágrafo anterior se refere à técnica de elaboração progressiva de escopo, mencionada desde as primeiras versões do *PMBOK® Guide*.

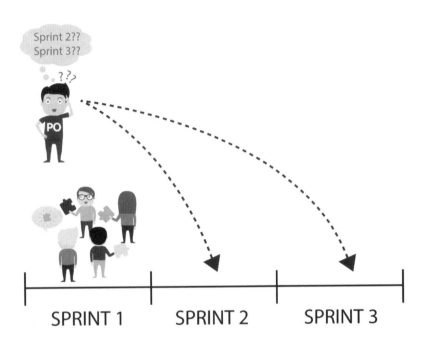

Ter disponibilidade total para participar das reuniões de planejamento, revisão e retrospectiva das *Sprints*

Um bom *Product Owner* deve sempre estar disponível para as cerimônias de planejamento, revisão e retrospectiva das *Sprints*. Na prática, um profissional *Product Owner* não desempenha esse papel o tempo todo, mas ele deve controlar sua agenda sabendo que as cerimônias das *Sprints* são primordiais, evitando marcar reuniões ou compromissos nos horários/dias determinados para a realização das cerimônias. Nada de: "ah, mas hoje eu estou tão enrolado! Aqui é muito corrido! A prioridade hoje é outra".

A participação do *Product Owner* é vital nessas cerimônias, pois:

♦ No planejamento da *Sprint*, ele fornece os insumos necessários para que o time de desenvolvimento compreenda a meta da *Sprint* e determine os trabalhos necessários para essa meta ser atingida.

- Na revisão da *Sprint*, ele provê o *feedback* final sobre o incremento de produto entregue ao final da *Sprint*, envolvendo demais partes interessadas nesse *feedback*.
- Na retrospectiva da *Sprint*, como membro da Equipe *Scrum*, ele deve fornecer sua perspectiva com relação à *Sprint* finalizada, identificando pontos positivos, pontos de melhoria e ações SMART de melhoria na visão do processo e dos relacionamentos entre as pessoas.

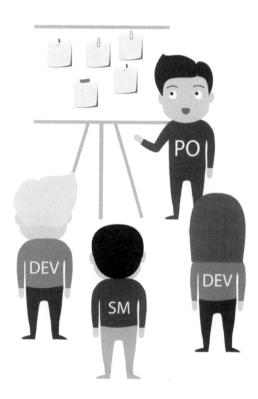

Ter disponibilidade total para esclarecer dúvidas do time de desenvolvimento durante a *Sprint*

O time de desenvolvimento precisa ter acesso direto ao *Product Owner* sempre que necessário para esclarecimento de dúvidas, refinamento de requisitos ou resolução de problemas relacionados ao produto. Nada de: "ah, mas no planejamento eu deixei isso bem claro para vocês". A tendência é que a demanda de tempo do *Product Owner* aumente no decorrer das *Sprints*, uma vez que os incrementos de produto serão entregues, *feedbacks* serão fornecidos e, talvez, mudanças sejam identificadas. Muitas vezes alguns imprevistos poderão surgir, por exemplo:

- Time de desenvolvimento se comprometeu com mais trabalho do que realmente consegue entregar.
- Houve uma mudança no negócio ou no mercado e a meta da *Sprint* não faz mais sentido.

Nesses casos, o *Product Owner* deve estar disponível para:

- Ajudar a replanejar os PBIs visando atingir e não comprometer a meta da *Sprint*.
- Cancelar a *Sprint* caso sua meta não faça mais sentido para o produto, negócio ou mercado.

Sobre meta da *Sprint*, gostaríamos de reproduzir uma frase marcante dita por um de nossos clientes: "o choro é livre e a meta da *Sprint* é fixa". É comum que algumas equipes se comprometam com mais trabalho do que realmente são capazes de realizar. Caso essa situação seja identificada, é responsabilidade de toda a Equipe *Scrum*, liderada pelo *Product Owner*, replanejar os PBIs visando manter e atingir a meta da *Sprint*. Se a meta não for cumprida, a cerimônia de retrospectiva deve servir para identificar as causas do não atingimento da meta e elaborar um plano de ação para evitar que esse tipo de situação ocorra novamente. Cancelar ou alterar a meta da *Sprint* durante a *Sprint*, somente em casos extremos.

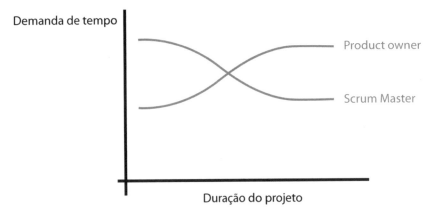

Traduzido e adaptado de Succeeding With Agile – Mike Cohn.

2.2. Características

Um bom *Product Owner* deve possuir um conjunto de características que são essenciais para a construção de produtos de sucesso utilizando *Scrum*. Essas características serão descritas a seguir.

Visionário e realizador

Precisa ter noção exata do que deve ser feito, saber qual o alinhamento do produto com o objetivo de negócio ou estratégico da organização, qual o retorno financeiro ou operacional previsto e, o principal de tudo, fazer acontecer. Não se perde em ideias mirabolantes, complexas e sem sentido para o negócio. É muito mais que um simples "coletador de requisitos", "documentador de requisitos" ou mesmo "garoto(a) de recados". É alguém que sabe aonde quer chegar.

Espírito de liderança

Independentemente da posição hierárquica, tem um senso de liderança que engaja não somente o restante da Equipe *Scrum*, mas também as partes interessadas do projeto e as demais áreas da organização, uma vez que deve ser visto como uma referência de negócio/produto.

Comunicador e negociador

Conflitos de prioridades e entendimentos entre as partes interessadas certamente ocorrerão, logo seu conhecimento de produto/negócio somado a habilidades de negociação e espírito de liderança serão fatores determinantes para a resolução desses conflitos. Essas características também são importantes nas interações com o time de desenvolvimento ao elaborar o planejamento das *Sprints* e no decorrer das *Sprints*.

Ter disponibilidade

Apenas reforçando o que já foi mencionado anteriormente sobre a participação do *Product Owner* nas cerimônias e sob demanda do time de desenvolvimento em caso de dúvidas, também é esperado que o *Product Owner* tenha disponibilidade para:

- Apresentar protótipos.
- Realizar testes.
- Realizar homologações.
- Sinalizar problemas identificados no decorrer das *Sprints*.

Ser qualificado

O *Product Owner* selecionado deve ter um sólido conhecimento da área de negócio do produto que será desenvolvido. Uma vez que o *Product Owner* é o grande responsável pelos rumos do produto, não fará sentido algum trazer um *Product Owner* pouco experiente no assunto.

2.3. Tipos de *Product Owner*

Podemos ter três tipos de *Product Owner*, que serão descritos a seguir.

O "dono do produto"

Geralmente é o criador e patrocinador do projeto responsável pela criação do produto. Possui forte autonomia para tomada de decisões e geralmente ocupa um cargo hierárquico alto (exemplos: gerente de produtos, CEO). Sobre oportunidades e riscos deste tipo de *Product Owner*, temos:

Oportunidades:

- ♦ Possuir autonomia na tomada de decisões do produto.
- ♦ Possivelmente será o usuário final do produto.
- ♦ Não gastará tanto tempo com o gerenciamento de necessidades, expectativas e conflitos das partes interessadas, uma vez que ele é a principal parte interessada.

Riscos:

- ♦ Indisponibilidade de tempo para interação com o time de desenvolvimento.
- ♦ Uso do cargo hierárquico para "forçar" uma solução que talvez não seja tão boa para o negócio/estratégia.

A "voz do cliente"/"funil"

Geralmente é responsável por capturar necessidades e expectativas das partes interessadas e dos clientes envolvidos no produto. Ele identifica os requisitos que realmente trarão valor ao produto e descarta os requisitos desnecessários ou irrelevantes. Esse tipo de *Product Owner* também é chamado de "funil", pois tem como desafio filtrar os desejos das partes interessadas, retendo somente o que entregará real valor ao produto. Sobre oportunidades e riscos deste tipo de *Product Owner*, temos:

Oportunidades:

- ♦ Ter uma visão imparcial sobre o produto, sempre focado em atender ao negócio e aos objetivos estratégicos da organização, sem privilegiar a área que "grita" mais.
- ♦ Atuar como uma espécie de "governança do produto".
- ♦ Preocupar-se com o gerenciamento de expectativas das partes interessadas, sempre as envolvendo durante as *Sprints*, principalmente nas cerimônias de revisão das *Sprints*.

Riscos:

- ♦ Gastar tempo excessivo na gestão de conflitos de prioridades, necessidades e expectativas das partes interessadas e deixar de focar nas responsabilidades e nos compromissos nativos do *Product Owner*.
- ♦ Ficar "vendido" e perder a autonomia da "governança do produto" em caso de decisões *top-down* geradas em momentos de conflito e que prejudiquem o valor de negócio que deveria ser entregue ao produto.

"Proxy"

Similar ao tipo "voz do cliente", mas com um grande desafio. Seus clientes e partes interessadas fazem parte do mercado consumidor, ou seja, o grande público. Como capturar necessidades e expectativas de um público que está totalmente externo à organização? Nesse caso é necessário realizar vários *benchmarkings* e pesquisas de mercado para garantir que o produto lançado atenda às necessidades e expectativas do consumidor. Sobre oportunidades e riscos deste tipo de *Product Owner*, temos:

Oportunidades:

- Explorar e "sentir" o mercado através do planejamento de versões de entrega/*releases* curtas.
- Gerar ROI rapidamente para o produto ao lançar versões de entrega/*releases* curtas para venda.

Riscos:

- Não captar de forma adequada as necessidades do mercado/consumidor.
- "Inventar" soluções mirabolantes em vez de lançar versões de entrega/*releases* simples e funcionais.
- Entregar uma solução de mercado para um problema que não existe.

2.4. Migrando para o papel de *Product Owner*

A organização decidiu trabalhar com *Scrum*. E agora? Como recrutar os *Product Owners* necessários? Quem pode assumir o papel?

Muitas vezes a organização investe em trazer *Product Owners* formados de mercado. Outras vezes a organização investe em "formar" os *Product Owners* através de treinamentos e capacitações. E em muitas outras vezes as pessoas são "jogadas na fogueira" sem nenhuma formação e informação e buscam ajuda através de pesquisa em sites e literaturas.

Alguns passos prévios para identificar os *Product Owners* da sua organização são:

- Entender qual tipo de *Product Owner* é mais aderente com o modelo de negócios da sua organização ("dono do produto, funil ou proxy").
- Identificar quais pessoas se encaixam melhor dentro das responsabilidades e características esperadas do *Product Owner* e descritas anteriormente neste capítulo.

Agora vamos entender como encaixar os papéis/perfis atuais da organização no papel de *Product Owner*. Podemos considerar como opções, mas não limitadas a:

- Um analista de negócio.
- Um gerente de produtos.
- O próprio cliente.
- Um usuário-chave (*key user/expert user*) especialista no produto.
- Um gerente de projetos.
- Um *Scrum Master*.

Quais as oportunidades e riscos de cada papel?

Analista de negócio

Oportunidades:

- Experiência em coleta de requisitos de partes interessadas.
- Experiência em técnicas de priorização de requisitos orientadas a valor.
- Experiência em gerenciar expectativas das partes interessadas.
- Negociação de conflitos de prioridades de requisitos com as partes interessadas.
- Autonomia para tomada de decisões sobre os rumos do produto.

Riscos:

- Estar acostumado com o método tradicional de coleta de requisitos, com preenchimento de longos *templates* e excesso de detalhamento, consequentemente sentindo dificuldade na transição para a coleta de requisitos no *Scrum*.
- Ter o cargo e/ou a formação de analista de negócio, mas conhecer pouco sobre o produto ou sobre o ambiente de negócios da organização.

Gerente de produtos

Oportunidades:

- Alto conhecimento sobre o produto e a área de negócio.
- Mensurar o ROI (*Return On Investment* – Retorno sobre o Investimento) do produto.

- ♦ Forte autonomia na tomada de decisões sobre os rumos do produto.
- ♦ Influência na organização através de sua hierarquia.

Riscos:

- ♦ Pouca disponibilidade de tempo para atuar com o restante da Equipe *Scrum*, devido às atribuições de seu cargo.
- ♦ Usar a hierarquia para pressionar o time de desenvolvimento, desrespeitando sua velocidade/capacidade de entrega.
- ♦ Devido à hierarquia, talvez não aceitar opiniões/sugestões do *Scrum Master* e/ou time de desenvolvimento por capricho e adotar a seguinte postura: "eu quero assim, pois quem manda aqui sou eu".

Cliente ou usuário-chave (*key user/expert user*)

Oportunidades:

- ♦ Alto conhecimento sobre o produto e sua utilização.
- ♦ Conhecimento detalhado dos problemas/necessidades operacionais que o produto ajudará a resolver.

Riscos:

- ♦ Dificuldade em traduzir suas necessidades/expectativas em requisitos de negócio, sendo necessária a intervenção de um intermediador como um analista de negócio ou mesmo o próprio *Scrum Master*.
- ♦ Dificuldades na priorização de requisitos, adotando a seguinte postura: "ah, mas tudo é prioritário! Tudo é urgente".
- ♦ Dificuldade/resistência em entender o conceito de entregas rápidas e incrementais, adotando a seguinte postura: "ah, para que você quer me mostrar só uma parte se eu não vou poder usar o produto ainda?".
- ♦ Dificuldade/resistência em entender o conceito de versões de entrega/*release* antecipadas e MVP (*Minimum Viable Product*), adotando a seguinte postura: "ah, não quero saber de MVP, MDC, MMC! É tudo ou nada".

Gerente de projetos

Oportunidades:

- ♦ Alinhamento com a tendência chamada "gerente de projetos do futuro", aliando conhecimentos de ferramentas e técnicas, liderança e estratégia de negócios para definir os requisitos do produto.
- ♦ Bom conhecimento dos custos envolvidos no projeto de construção do produto e definição de uma boa estratégia para obtenção do ROI (*Return On Investment* – Retorno sobre o investimento).
- ♦ Gerenciamento adequado das necessidades e expectativas das partes interessadas do projeto.

Riscos:

- ♦ Acreditar na filosofia de que um bom gerente de projetos só deve "cobrar, cobrar e cobrar".
- ♦ Sofrer sobrecarga de atribuições, tendo que gerenciar diversas áreas de conhecimento do projeto complementares ao *Scrum* (integração, partes interessadas, aquisições, custos, recursos humanos), trabalhar constantemente no refinamento do *Backlog* do Produto e interagir frequentemente com o time de desenvolvimento para o esclarecimento de dúvidas e reuniões de planejamento, revisão e retrospectiva da *Sprint*.
- ♦ Conflito de papéis, uma vez que o *Product Owner* tem interesse no produto disponibilizado rapidamente e o gerente de projetos deve blindar a Equipe *Scrum* contra possíveis atitudes que visam acelerar o time de desenvolvimento, desrespeitando sua capacidade/velocidade.

Scrum Master

Oportunidades:

- ♦ Elaboração de requisitos buscando equilibrar uma visão técnica e uma visão de negócios.
- ♦ Proximidade com o time de desenvolvimento.
- ♦ Por conhecer bem o *Scrum* e os conceitos de entregas rápidas através das *Sprints*, poderá priorizar cuidadosamente os requisitos do produto, identificando assertivamente os itens cruciais e essenciais para o produto.

Riscos:

- ♦ Sobrecarga de atribuições, tendo que trabalhar na construção e no refinamento do *Backlog* do Produto, definição de critérios de aceitação, além de realizar entrevistas com as partes interessadas para a coleta de requisitos, gerenciar expectativas das partes interessadas, realizar testes e homologações das entregas, remover impedimentos, liderar e realizar *coaching* com o time de desenvolvimento, além de garantir que todas as regras do *Scrum* estejam sendo seguidas.
- ♦ Conflito de papéis, uma vez que o *Product Owner* tem interesse no produto disponibilizado rapidamente e o *Scrum Master* deve blindar o time de desenvolvimento contra possíveis atitudes que visam acelerar o time de desenvolvimento, desrespeitando sua capacidade/velocidade.

> *Obs.: Scrum Master assumindo o papel de Product Owner somente é recomendado em casos esporádicos – por exemplo, se o Product Owner estiver doente e não puder comparecer na cerimônia de planejamento da Sprint. Nesse caso o Scrum Master deve assumir a frente da cerimônia e realizá-la.*

Os candidatos a *Product Owners* dentro da organização que nunca trabalharam com o *framework Scrum* precisam ser devidamente capacitados. Evite o autodidatismo e encurte caminhos. Para isso, nossa recomendação é:

- ◆ Realização de treinamento de capacitação em gestão ágil de produtos (interno ou externo).
- ◆ Contratação de um *Scrum Master* ou *Agile Coach* experiente de mercado (interno ou externo) para fornecimento de *coaching* e *mentoring* aos futuros *Product Owners*.

2.5. Erros na escolha do *Product Owner*

Constantemente as organizações cometem alguns erros na escolha das pessoas que irão desempenhar o papel de *Product Owner*. Nossa ideia é ajudá-lo a orientar sua organização para que ela não cometa esses erros e, consequentemente, não comprometa a iniciativa de adotar uma gestão ágil de produtos. A seguir, listaremos os erros e as consequências práticas desses erros.

Product Owner com poucos poderes e autonomia parcial

Uma vez que o *Product Owner* definirá os rumos do produto, definirá e priorizará os requisitos, negociará conflitos e gerenciará expectativas de partes interessadas, não faz muito sentido escolher alguém sem influência, força, alçada ou respaldo suficientes para tomadas de decisão sobre o produto.

Também não faz sentido um *Product Owner* que serve somente para ser uma espécie de intermediário entre as pessoas que detêm as visões, objetivos e prioridades do produto e o time de desenvolvimento, o que acabará transformando o *Product Owner* em um mero "coletador/documentador de requisitos".

Na vida real, essa situação acaba gerando um *Product Owner* com poucos poderes e autonomia, que certamente se tornará uma espécie de "garoto(a) de recados", não provendo os insumos necessários para o time de desenvolvimento atingir as metas definidas nas cerimônias de planejamento das *Sprints* e também não sendo efetivo no caso de esclarecimento de dúvidas da equipe.

Product Owner sobrecarregado

Sua organização descobriu o *Scrum* e elegeu você como *Product Owner* dos oito projetos em andamento da organização e dos outros cinco a iniciar. Quais as chances de você conduzir todos esses projetos com atenção, foco e qualidade? Mínimas ou praticamente nulas, certo? O *Product Owner* precisa dedicar boa parte do tempo ao projeto, então selecionar uma pessoa envolvida com muitas outras atividades dentro da organização não será uma boa escolha.

Na vida real, essa situação acaba gerando:

- O *Product Owner* negligencia as cerimônias de retrospectiva: "ah, depois vocês me contam o que foi discutido. Tenho que entregar outro relatório mais urgente e não tenho tempo para fazer terapia de grupo".
- O *Product Owner* conduz as cerimônias de planejamento sem foco, pois está com vários outros assuntos na cabeça ou compromissos na agenda: "pessoal, temos que fechar a meta da *Sprint* em trinta minutos porque daqui a pouco vou para a cerimônia de planejamento da equipe XPTO".
- Uma cerimônia de planejamento de *Sprint* mal executada reflete diretamente em resultados ruins exibidos na cerimônia de revisão da *Sprint*.
- O *Product Owner* negligencia o refinamento do *Backlog* do Produto, deixando para fazer isso na cerimônia de planejamento da *Sprint*, consequentemente gerando desperdício de tempo e trazendo falta de foco na cerimônia.
- O *Product Owner* passa o dia inteiro nas cerimônias e avaliações de todos os *Backlogs* do Produto que estão sob sua responsabilidade e acaba tendo que fazer horas extras todos os dias para conseguir realizar todas suas atividades, só que a qualidade......

Product Owner distante

O *Product Owner* trabalha de forma interativa e constante com a Equipe *Scrum*. É o oposto de pessoas acostumadas a trabalhar com modelos que privilegiam processos longos de especificação de requisitos e que sentenciam a seguinte frase ao final: "só me procurem quando estiver tudo pronto; no caso de dúvidas basta ler a documentação de 487 páginas, que está tudo definido de forma clara lá". Esse tipo de postura é inadmissível em um *Product Owner*. A comunicação entre *Product Owner* e o restante da Equipe *Scrum* deve ser feita da maneira mais interativa e pessoal possível, preferencialmente cara a cara.

Na vida real, essa situação acaba gerando dúvidas na construção dos requisitos do produto e, devido à distância do *Product Owner*, o time de desenvolvimento acaba assumindo algumas premissas de entendimento, o que acaba levando a:

- Problemas na demonstração dos requisitos do produto na cerimônia de revisão da *Sprint*: "ah, mas não foi isso que eu quis dizer na documentação, vocês que entenderam errado".

Cuidado para não deixar que essa situação transforme suas *Sprints* em pequenos e temidos **golfos de avaliação**, muito bem representados através da clássica figura a seguir:

Product Owner com pouco conhecimento do produto

Como o *Product Owner* tomará decisões sobre o produto se ele pouco o conhece? Quais serão as chances das decisões, estratégias e priorizações serem assertivas?

Na vida real, caso se atribua o papel de *Product Owner* a alguém com pouco conhecimento do produto, teremos:

- ♦ Metas de *Sprint* muito mal definidas nas cerimônias de planejamento.
- ♦ Resultados fracassados de reuniões de revisão de *Sprint*, uma vez que a meta foi mal definida no planejamento.
- ♦ Um excesso de mudanças tornando o *Backlog* do Produto inviável de ser gerenciado, uma vez que o *Product Owner* está "descobrindo" a visão do produto com a construção em andamento.
- ♦ Risco de revisitar a visão ou até mesmo os objetivos do produto, forçando a volta da concepção do produto para um estágio inicial.

Um comitê de *Product Owners* ou *Product Owners* substitutos

Dentro de uma Equipe *Scrum* só pode existir um único *Product Owner*. Já ouviu falar naquela expressão: "tem muito cacique para pouco índio"? É exatamente o que acontece quando você tem vários *Product Owners* dentro de uma mesma Equipe *Scrum*. São muitas pessoas opinando sobre os rumos do produto e são grandes as chances de aparecerem conflitos de priorização e falta de entendimento entre o time de desenvolvimento e os *Product Owners*.

Se o projeto for grande o suficiente para existir mais de um *Product Owner*, avalie como escalar o *Scrum* através de métodos/*frameworks* conhecidos e consagrados para esse fim, tais como Nexus, SAFe, LeSS, DAD. Não invente! No Capítulo 9 abordaremos com mais detalhes o papel do *Product Owner* em produtos escalados.

2.6. O *Product Owner* e os relacionamentos dentro da Equipe *Scrum*

O *Product Owner* vai interagir muito com os demais papéis da Equipe *Scrum*, e a ideia deste tópico é explicar como deve ser a interação entre esses papéis.

Product Owner e *Scrum Master*

Nas literaturas existentes sobre as responsabilidades do *Scrum Master* encontraremos os seguintes tópicos:

- Remove impedimentos.
- Blinda o time de desenvolvimento de interferências externas.
- Garante que todos estejam seguindo as regras do *Scrum*.
- Garante a realização de todas as cerimônias e atua como um facilitador delas.
- Não gerencia ou chefia a equipe, atuando mais como um *coach*.
- Ajuda e facilita o entendimento de *Scrum* pela organização.
- Possui perfil de líder servidor (mais sobre esse conceito de líder servidor é abordado no livro "Gerenciamento Ágil de Projetos", também publicado pela Brasport).

Muitas implementações equivocadas de *Scrum* colocam o *Scrum Master* como uma espécie de ponto focal de contato do *Product Owner*, sem permitir acesso direto ao time de desenvolvimento, como se o *Scrum Master* fosse uma espécie de "chefe" ou "líder técnico" do time de desenvolvimento. O *Scrum Master* deve garantir que o *framework Scrum* funcione de ponta a ponta, contemplando as interações entre os papéis dentro e fora do *Scrum*.

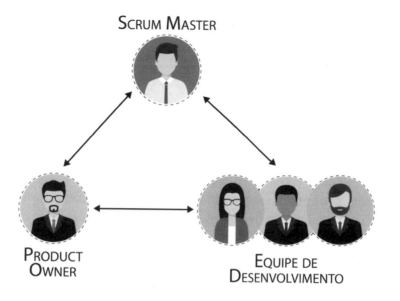

Logo, o relacionamento entre o *Scrum Master* e o *Product Owner* deve contemplar:

- A descoberta de técnicas para um gerenciamento efetivo e eficaz do *Backlog* do Produto.
- Sinalização e alerta ao *Product Owner* caso algum requisito não esteja alinhado às necessidades do cliente (*customer value*) e/ou, principalmente, do negócio (*business value*).
- Facilitação da comunicação entre o time de desenvolvimento e o *Product Owner*, além de orientá-los sobre a escrita de bons requisitos e uma boa definição de preparado (*Ready*) e pronto (*Done*).
- Facilitação de reuniões de concepção do produto *(Inception Meeting* – maiores detalhamentos no Capítulo 6) para a descoberta da correta visão de produto.
- Intervenção caso a visão inicial do produto não esteja alinhada com os objetivos estratégicos da organização.
- Ajuda o *Product Owner* a compartilhar a visão, o objetivo e o *Backlog* do Produto com todo o time de desenvolvimento e as demais partes interessadas.
- Ajuda na identificação do Produto Mínimo Viável (MVP) e a estratégia de evolução do produto de forma empírica.
- Facilitação das cerimônias focadas no produto (planejamento e revisão) para que sejam efetivas.

Product Owner e time de desenvolvimento

Nas literaturas existentes sobre as características de um time de desenvolvimento encontraremos os seguintes tópicos:

- Auto-organização.
- Multidisciplinaridade.
- Não há segregação por áreas de conhecimento (exemplos: qualidade, testes, *front-end*, infraestrutura).
- Comprometimento com a meta da *Sprint*.
- Foco na construção e na entrega de qualidade e valor.

Muitas implementações equivocadas de *Scrum* continuam mantendo barreiras e "silos" como time técnico (time de desenvolvimento) e área de negócios (*Product Owner*), onde o time técnico se limita a desenvolver o solicitado pela área de negócios, sem questionamentos e interação entre as pessoas. Ou então o único contato sobre negócios é o *Product Owner*, sem espaço para interação entre o time de desenvolvimento e os clientes que realmente farão uso do produto.

Devemos migrar desse modelo:

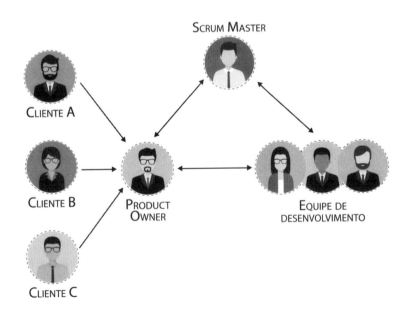

Para este modelo:

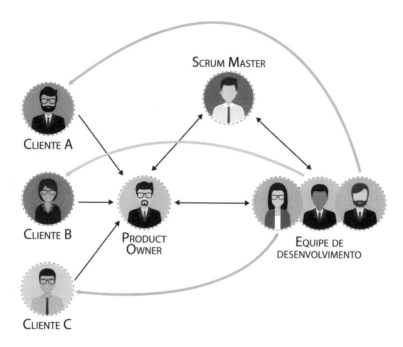

Logo, o relacionamento entre o time de desenvolvimento e o *Product Owner* deve contemplar:

- Senso de uma única equipe e não "silos".
- Entendimento de requisitos e critérios de aceite com o *Product Owner*, mas total liberdade para obter esclarecimentos com demais clientes/partes interessadas do produto.
- Comunicação face a face e desburocratizada.
- Proximidade física e disponibilidade.
- Acordar uma boa definição para requisito preparado (*Ready*).
- Acordar uma boa e consistente definição para requisito finalizado/pronto (*Done*), tentando evitar o máximo de trabalho não realizado (*Undone*) na *Sprint*. Exemplos: "está pronto, só falta testar" ou "está testado, só falta o *Product Owner* homologar".
- Determinar metas de *Sprint* audaciosas e coerentes com o produto, porém respeitando a capacidade produtiva da equipe e ritmos sustentáveis de trabalho, evitando horas extras.

- ♦ Transparência na comunicação nos possíveis desvios identificados no decorrer das *Sprints*.
- ♦ Disposição de todos para negociações, concessões e trocas necessárias visando atingir a meta da *Sprint* e/ou o objetivo do produto.
- ♦ Colaboração para a elaboração de requisitos não funcionais.
- ♦ Colaboração para refinamento do *Backlog* do Produto no decorrer da *Sprint*.
- ♦ Liberdade ao time de desenvolvimento para questionar os rumos do produto e levantar possíveis questões com o *Product Owner*.

2.7. O *Product Owner* e os relacionamentos externos

O *Product Owner* também terá que interagir com partes interessadas do produto durante sua construção. Podemos listar como partes interessadas:

- ♦ Clientes internos.
- ♦ Usuários finais.
- ♦ Clientes externos.
- ♦ Alta gerência.
- ♦ Etc.

É necessário captar e entender as necessidades e expectativas dessas partes interessadas, que possivelmente serão:

- ♦ Requisitos de negócios atendidos.
- ♦ Funcionalidades disponibilizadas para clientes externos.
- ♦ Melhorias operacionais.
- ♦ Disponibilização de informações para tomadas de decisões estratégicas.
- ♦ Estimativas de prazo.
- ♦ Métricas de progresso da construção do produto.
- ♦ Métricas de obtenção de retorno financeiro e operacional do produto.
- ♦ Atendimento às governanças corporativas.
- ♦ Etc.

Possivelmente em um único produto teremos todas essas necessidades e expectativas a serem atendidas. Cabe ao *Product Owner* filtrá-las e priorizá-las adequadamente, mantendo o alinhamento com a visão do produto.

Mas possivelmente teremos conflitos de prioridades, por exemplo:

- "Meu requisito é mais importante que o requisito da área A, porque eu sou o principal usuário desse produto".
- "Nosso requisito é mais importante que o requisito da área B, porque somos responsáveis pelo maior faturamento da organização".
- "Meu requisito é o mais importante porque sou o chefe de todos vocês, então manda quem pode e obedece quem tem juízo".
- "Meu requisito é o mais importante porque.... porque.... porque eu quero assim e ponto final".

O *Product Owner* tem o grande desafio de negociar esses conflitos de prioridades sempre mantendo o foco no que é mais relevante para o produto e na entrega de valor. Ele atua como uma espécie de "governança do produto" – assim, voltamos a enfatizar a importância do poder e da autonomia concedidos a um *Product Owner*.

Agora temos que tomar cuidado com a palavra "valor". O que é mais importante: entregar valor ao cliente (*customer value*) ou ao negócio (*business value*)?

Vamos explorar essa questão através de um exemplo prático: o desenvolvimento de um site de vendas de livros sobre *Agile*. A principal área afetada pelo produto (vendas) prioriza um requisito que ative imediatamente as vendas de livros através de cartão de crédito, porém a área de auditoria sinaliza que a transação deve atender aos requisitos da certificação PCI-DDS (*Payment Card Industry – Data Security Standard*), que visa garantir a prevenção de fraudes com compras realizadas com cartão de crédito. A área de vendas pede para o *Product Owner* desconsiderar a solicitação da área de auditoria, pois isso atrasaria a ativação da funcionalidade de venda de livros através de cartão de crédito. E agora? O que nosso *Product Owner* deve fazer?

Entregar a funcionalidade que gera retorno financeiro (*customer value*) ou manter a organização livre de riscos e possíveis sanções (*business value*)? Como equilibrar as responsabilidades de "governança do produto" e "governança de negócio"?

Em seu provocador livro "The Art Of Business Value", Mark Schwartz questiona o fato de muitas equipes *Scrum* atuarem como núcleos isolados do restante da organização, focando muito no valor para o cliente e o produto e, muitas vezes, ignorando o valor de negócio para a organização. Isso nos leva a alguns questionamentos:

- Será que as literaturas existentes deixam claro que o *Product Owner* deve possuir essa visão abrangente?
- Ou melhor, será que na prática nossos *Product Owners* estão preparados para assumir o papel de *Business Owner* também?

- Isso já está implícito nas responsabilidades e caraterísticas do *Product Owner* detalhadas logo no início deste capítulo?
- Teríamos um papel fora do *framework Scrum* pensando no valor de negócio da organização fornecendo insumos para o *Product Owner*?
- Ou não? Estaríamos "carregando" o *framework* desnecessariamente?

Uma boa discussão, não é mesmo? Como nós, os próprios autores deste livro, temos algumas divergências com relação a esse tema, vamos deixar as perguntas abertas no ar para a reflexão do amigo leitor.

Por ora, nossa preocupação maior é mencionar que o *Product Owner* **não deve focar somente no valor para o cliente e para o produto, deve pensar também no valor para o negócio da organização.**

2.8. O *Product Owner* e as etapas de concepção do produto

Ao planejar o produto, quais são as principais preocupações que o *Product Owner* deve ter? Essas preocupações serão abordadas logo a seguir.

Product Owner e a visão do produto

Conceber a visão do produto é uma das etapas iniciais e primordiais para saber se a organização irá gastar tempo, esforço e dinheiro em um produto que possui chances de trazer retorno.

Começar a concepção de um produto sem uma visão é o mesmo que caminhar no deserto.

Geralmente produtos que iniciam sem visão contemplam funcionalidades totalmente desconexas, geradas através daquela famosa solicitação: "já que vocês estão mexendo nisso, dá para colocar mais essa funcionalidade?". Sem uma visão e um objetivo definido, fica difícil o *Product Owner* filtrar se a funcionalidade requerida é realmente necessária. Logo, corremos o risco de ter um produto com uma "sopa de funcionalidades" (DEMARCO, 2008), sendo que algumas delas muitas vezes são totalmente desnecessárias.

Também temos que tomar cuidado com uma visão profética, tentando adivinhar o que pode acontecer no futuro. Nem sempre uma visão se materializa em um produto de sucesso, por isso que a inspeção e adaptação realizadas entre as *Sprints* são cruciais para verificar se ajustes de rota serão necessários.

Outro cuidado é evitar ficar paralisado e gastar um grande tempo criando a visão, com o objetivo de ter previsibilidade extrema tanto do comportamento do produto quanto do prazo de entrega. Se você faz isso, volte a revisitar a comparação entre a "escola tradicional" e a "escola moderna" de gestão de produtos logo no início deste capítulo.

Mais um cuidado é evitar achar que o *Product Owner* sabe mais que o cliente final do produto. O *Product Owner* captura as necessidades e expectativas desses clientes, alinha essas necessidades e expectativas com o valor gerado para produto e negócio e estabelece a visão e o *roadmap*, convertendo-os em requisitos do *Backlog* do Produto, que serão desenvolvidos pelo time de desenvolvimento. Mas sempre devemos lembrar que o produto final precisa fazer sentido para o cliente e a organização. Já falamos sobre o golfo de avaliação, não é mesmo? Mas vale mostrar a figura novamente para não esquecer!

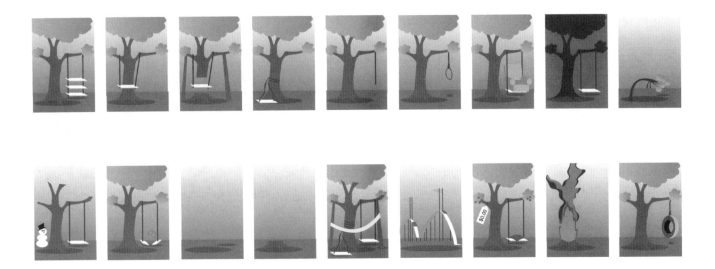

Ao elaborar uma visão, o *Product Owner* precisa avaliar qual o menor conjunto de funcionalidades de que essa visão precisa para materializar um produto mínimo comercializável/lançável, ou seja, o MVP. Uma visão que contempla uma grande quantidade de funcionalidades pode gerar um produto "pesado" e, talvez, com muitas dessas funcionalidades sendo desnecessárias. Utilizar o princípio da parcimônia (também conhecido **Navalha de Ockham**) é fundamental para a escolha das funcionalidades estritamente necessárias para o produto.

Ao conceber uma visão de produto, os seguintes questionamentos devem ser considerados:

- Para qual público-alvo o produto está sendo concebido?
- Quais necessidades desse público-alvo serão atendidas com o produto?
- O que é o produto?
- Qual é o objetivo do produto?
- Quais são os diferenciais do produto?
- Quais são os ganhos quantitativos e qualitativos que serão obtidos com o lançamento do produto?
- Trata-se de evolução de um produto já existente?
- Trata-se de adaptação de um produto já existente para explorar um novo mercado?
- Trata-se de um produto inovador, nunca construído antes?
- Qual é a viabilidade para a construção do produto?

No Capítulo 6 abordaremos técnicas para a criação da visão, através de um exemplo prático.

Product Owner e o *roadmap* do produto

Transformar a visão do produto em um *roadmap* do produto, já identificando as funcionalidades necessárias, o produto mínimo comercializável/lançável/viável (MVP) e as evoluções do produto na linha do tempo é outro trabalho crucial que deve ser realizado pelo *Product Owner*.

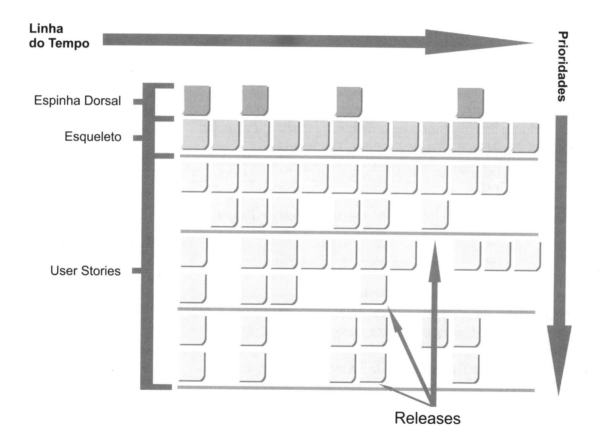

Projetar o *roadmap* com uma visão de curto/médio prazo (entre 6 e 12 meses) costuma ser uma boa prática, pois permite ajustes, mudanças, repriorizações e também mantém as expectativas das partes interessadas em um nível mais realista, mais pé no chão, sem grandes sonhos e devaneios pairando no ar.

Outra boa prática é questionar cada funcionalidade do *roadmap* da seguinte forma: "se eu retirar essa funcionalidade do meu *roadmap*, eu invalido a visão ou o objetivo do meu produto?". Se a resposta for não, o *Product Owner* deve reavaliar a real necessidade daquela funcionalidade no produto.

No Capítulo 4, voltaremos a abordar *roadmap* do produto com uma visão mais prática.

2.9. O *Product Owner* e as cerimônias do *Scrum*

Se pudéssemos classificar a ordem de importância da participação do *Product Owner* nas cerimônias do *Scrum*, teríamos:

- Crítica/indispensável/fundamental/vital/obrigatória nas cerimônias que focam o produto: planejamento e revisão da *Sprint*.
- Muito importante na cerimônia de melhoria contínua: retrospectiva da *Sprint*.
- Opcional na cerimônia de inspeção e adaptação diária: *Daily Scrum*.

Product Owner e o planejamento da *Sprint*

A seguir, algumas recomendações importantes para a participação efetiva do *Product Owner* na cerimônia de planejamento da *Sprint*.

Na primeira parte da cerimônia:

- Trazer o *Backlog* do Produto devidamente priorizado e refinado.
- Garantir que cada requisito do *Backlog* do Produto esteja de acordo com a definição de preparado (*Ready*) acordada. Exemplo:
  - O requisito está bem escrito e claro para o time de desenvolvimento?
  - Consegue ser estimado?
  - O esforço para finalizá-lo é suficiente dentro da *Sprint*?
  - O requisito possui alguma dependência implícita?
  - Realmente agrega valor ao produto?
  - Possui os critérios de aceite definidos?
- Apresentar a meta desejada da *Sprint* para o time de desenvolvimento.
- Esclarecer toda e qualquer dúvida do time de desenvolvimento durante a estimativa.
- Respeitar a estimativa fornecida pelo time de desenvolvimento. Em caso de discordância, colocar os motivos da discordância e, caso necessário, acionar o *Scrum Master* para uma possível mediação.

- Respeitar a capacidade produtiva de trabalho da equipe dentro da *Sprint*, evitando estabelecer metas que gerem ritmos insustentáveis de trabalho. Por exemplo, acúmulo de horas extras.

Na segunda parte da cerimônia:

- Estar disponível caso o time de desenvolvimento tenha dúvidas no momento de decompor os requisitos em tarefas.
- Estar aberto a negociações, caso o time de desenvolvimento descubra alguma inviabilidade ou dificuldade técnica que provoque a retirada ou troca de algum requisito dentro da *Sprint*.

Product Owner e a revisão da *Sprint*

A seguir, algumas recomendações importantes para a participação efetiva do *Product Owner* na cerimônia de revisão da *Sprint*:

- Trazer os reais clientes e partes interessadas do produto para a cerimônia e receber o *feedback* deles sobre a entrega realizada.
- Evitar realizar a "homologação" do produto na cerimônia. Essa "homologação" deveria estar contemplada na definição de pronto (*Done*) acordada com o time de desenvolvimento e ter sido realizada durante a *Sprint*.
- Aceitar apenas os requisitos entregues e que atenderam totalmente à definição de pronto (*Done*).
- Não aceitar requisito parcialmente pronto.
- Não aceitar requisito entregue com problemas/defeitos.
- Fornecer *feedback* franco, honesto e direto sobre o produto entregue pelo time de desenvolvimento.
- Identificar possíveis mudanças, adaptações e repriorizações no *Backlog* do Produto, de acordo com o resultado da cerimônia de revisão da *Sprint*.
- Participar e dar *feedback* mesmo quando a entrega for referente a um valor implícito, porém não tangível. Por exemplo: entrega da arquitetura do produto. Em vez de adotar a postura: "o que isso agrega de valor para mim? Não consigo fazer nada com isso!", peça para o time de desenvolvimento demonstrar quais os ganhos qualitativos ou quantitativos que aquela entrega intangível trará ao produto.

Product Owner e a retrospectiva da *Sprint*

A seguir, algumas recomendações importantes para a participação efetiva do *Product Owner* na cerimônia de retrospectiva da *Sprint*:

- Trazer os pontos positivos da *Sprint* em sua visão referentes ao processo de trabalho, ao relacionamento entre as pessoas e à qualidade do produto entregue.

- Trazer os pontos de melhoria em sua visão referentes ao processo de trabalho, ao relacionamento entre as pessoas e à qualidade do produto entregue.
- Listar as ações sugeridas para resolver os pontos de melhoria apontados.
- Contribuir com a identificação de outras ações de melhorias para itens apontados por outros membros da Equipe *Scrum*.
- Contribuir para que toda a Equipe *Scrum* finalize a retrospectiva com um plano de ação SMART de melhorias consolidadas para serem incorporadas nas *Sprints* seguintes.

Product Owner e a *Daily Scrum*

A participação do *Product Owner* na *Daily Scrum* é totalmente opcional. O *Product Owner* pode participar quando quiser ou ser convidado caso o time de desenvolvimento queira compartilhar algum impedimento referente ao produto. Porém, alguns pontos de atenção devem ser levados em consideração:

- O *Product Owner* deve participar somente como ouvinte. Caso exista algum ponto relevante a ser discutido, essa discussão deve ser realizada após a *Daily Scrum*.
- Jamais deve existir desconforto do time de desenvolvimento, caso o *Product Owner* participe. Não deve existir aquela sensação de: "hoje a área de negócio vai participar da *Daily*". Lembre que não existem "silos", "muros" e barreiras dentro de uma Equipe *Scrum*.
- O *Product Owner* não deve participar da cerimônia com o intuito de obter um relatório de status através de artefatos como *Kanban* e *Sprint Burndown*.

Agora que você já entendeu a importância do *Product Owner* dentro do *Scrum*, vamos dar subsídios para que ele possa colocar a "mão na massa".

3.
Concepção de Novos Produtos

Mude,
Mas comece devagar,
Porque a direção é mais importante
Que a velocidade.

Edson Marques

A concepção de um novo produto desde seu início depende sempre de muita orientação e foco em entender os reais problemas do cliente. Saber por onde rumar permite prover soluções mais ajustadas às reais necessidades do usuário, o que aumenta a probabilidade de acerto. Assim, saber o que o satisfaz, o que precisa ser atendido prioritariamente e aquilo que gera algum tipo de valor ou benefício ao cliente se torna essencial.

Mas o que faz um produto ser diferente hoje em dia e acrescentar algo de valor para o seu usuário? Como ele pode transformar a jornada do cliente em uma experiência diferenciada? De fato, quando iniciamos um novo produto, temos mais perguntas do que certezas. Para que consigamos inovar, ter sucesso e conseguir investimentos para um novo produto, saber qual caminho trilhar ainda nos parece ser uma incógnita. Mas o que podemos fazer para acertar rápido?

Tanto para errar como para acertar, os caminhos são muitos! Nessas horas é primordial que uma sólida estratégia seja construída antes mesmo de iniciar o planejamento de qualquer produto que seja. Saber mais sobre o comportamento do negócio e tentar prover maior previsibilidade é a ordem do dia! Perguntas como: "para que isso serve?" e "para qual fim está sendo desenvolvido?" são o mínimo que devemos fazer antes de pôr a mão na massa.

Este capítulo, além de tentar auxiliar o *Product Owner* em sua jornada de descoberta do produto e de definição do seu *Backlog*, tem um algo a mais! Esse algo a mais é auxiliar todos aqueles envolvidos no desenvolvimento de novos produtos a definir uma estratégia vencedora. Mais do que apenas conhecer seu cliente, é tão ou mais importante descobrir o seu próprio negócio, o que na maioria das vezes é esquecido por parte daqueles que desejam criar produtos vencedores. E como fazer para não deixar isso tudo para trás em seu próximo produto?

Nos dias atuais e com a crise continuada pela qual passamos, racionalizar investimentos passou a ser o mantra entoado pela maior parte das empresas! Para Paulo Caroli (2015): "basicamente, você não quer desperdiçar tempo, dinheiro e esforço construindo um produto que não vai atender e validar as hipóteses sobre o negócio". Você concorda?

Por isso, quando negligenciamos os riscos do negócio estamos nos expondo a prejuízos de toda sorte, os quais não se restringem apenas às perdas tangíveis, tais como investimentos já realizados em produtos e serviços. Podemos também adentrar terrenos intangíveis.

Quanto custa arranhar a imagem da empresa com uma ação mal dirigida? Para investidores, tal cenário catastrófico potencializa perdas para todos os envolvidos e depõe contra a sustentabilidade do próprio negócio. Uma gestão de produtos efetiva se faz necessária, mas por onde começar?

3.1. Gestão de produtos

Não se gerencia o que não se mede,
não se mede o que não se define,
não se define o que não se entende,
e não há sucesso no que não se gerencia.

William Edwards Deming

Segundo Torres (2015), a gestão de produtos "é a função responsável por fazer a conexão entre a estratégia da empresa e os problemas e necessidades dos clientes por meio do produto de software. Este deve, ao mesmo tempo, ajudar a empresa a atingir seus objetivos estratégicos e solucionar os problemas e as necessidades dos clientes".

Já para Kotler (2006), a gestão do produto está diretamente ligada ao seu ciclo de vida. Para isso, a gestão deve assumir como premissa que todo e qualquer produto tem um ciclo de vida limitado. Isso influencia diretamente na sua venda, pois diferentes cenários de oportunidades e problemas exigem soluções exclusivas.

Sendo a gestão de produtos um importante elo para a realização de ações estratégicas da empresa, como podemos definir objetivos para o negócio, lidar com os problemas do cliente e realizar a gestão integral do ciclo de vida do produto?

Para Pichler (2016), a adoção de uma gestão mais ampla, onde cada produto possui um *roadmap* próprio, precisa ser definida em forma de roteiro, onde as ações para a execução de cada estratégia da empresa estão mapeadas e direcionadas por um plano que pode ser posto em prática.

Ao fornecer um direcionamento para o desenvolvimento de equipes de produtos e sobre como lidar com partes interessadas, o ciclo de vida deve ser visto sob diversas óticas e necessita de diferentes abordagens estratégicas. Os *assets* financeiro, de produção, vendas, marketing e recursos humanos devem ser constantemente monitorados e geridos por um responsável, chamado de Gestor de Negócio.

Para que o Gestor de Negócio tenha essas diferentes visões sobre a gestão de produtos é necessário criar um *roadmap* que trate o desdobramento das ações estratégias de forma integrada. Porém, para assegurar que diversas perspectivas estão sendo trabalhadas corretamente, precisamos de uma clara definição de objetivos, metas e indicadores, que possibilitem direcionar a execução desses planos.

3.2. *Assessment* de produtos

Temos alta probabilidade de perder o grau de investimento por todas as agências de investimento. O cenário brasileiro para o início do próximo ano dependerá do equacionamento do déficit público, independentemente de quem estiver no governo.

Fernando Honorato Barbosa, economista-chefe da Bradesco Asset Management (2015)

Como vimos, a gestão de produtos depende da construção de uma estratégia que nos permita enxergar as diversas linhas de produtos sob um mesmo *roadmap* de forma única e integrada ao mesmo tempo. Realizar o *assessment* de um produto é uma boa prática; porém, o que significa o termo *assessment* para o contexto de produtos?

O termo *assessment* é derivado da definição de *asset*. Segundo a Wikipédia, *asset* é "o gerenciamento de ativos financeiros em um processo sistemático que prevê: implantação, operação, manutenção, atualização e descarte da visão econômica". O *asset* é a condição para que se faça uma análise abrangente sobre os pontos que definem o valor de um produto. *Assessment*, por sua vez, é um processo voltado a descobrir fatores de risco, o que permite a avaliação e a correção do *asset* realizado.

Comumente usados no mundo financeiro para descrever a saúde financeira de governos, pessoas e empresas, quando falamos em *assessment* de produtos temos um direcionamento semelhante. Estamos, de fato, cuidando dos investimentos relativos ao produto em nome de outros, para garantir o retorno financeiro para aqueles que investem sob uma análise crítica de possíveis cenários de acerto e erro.

Perceba que a motivação para a definição do *asset* inicial do produto está diretamente ligada à geração de um conjunto de métricas para gerenciar cada item que consta em um *roadmap*, o qual deve ser direcionado por um *assessment* inicial. A integridade do *roadmap* depende da integração das diversas visões sobre um mesmo problema a ser solucionado.

Em grande parte das empresas, as diversas visões são monitoradas por meio da análise de um conjunto de indicadores. Essa análise, conhecida como *assessment*, tem por objetivo avaliar competências, identificar problemas, riscos potenciais e obter um diagnóstico atual do negócio. Por isso ela é segmentada por diversos pontos de vista. São averiguadas posições relacionadas às pessoas envolvidas, planejamento, produção, vendas e marketing.

Para Vidal (2017), "definir indicadores é medir o nível de risco – do aceitável ao crítico – e monitorá-los. Essas são boas práticas que ajudam a melhor direcionar as ações dos times de desenvolvimento e a resolver as reais necessidades do cliente, respeitando suas intenções, sensações e necessidades de forma integrada ao processo de utilização do produto ou serviço". Para Massari (2017), "indicadores, números e métricas norteiam a otimização do processo e evitam que decisões sejam tomadas na base do 'feeling' e do 'romantismo'".

A construção de um *roadmap* confiável depende de diversas visões sobre um mesmo produto. Ao colocar em um mesmo "tubo de ensaio" versões sob o ponto de vista de áreas complementares como planejamento, produção, vendas, marketing, riscos e indicadores de sucesso, estamos exercitando não apenas o comportamento desse produto, mas também observando aquilo que gera retorno do investimento e garante modelos de negócios mais enxutos e sustentáveis.

3.3. Objetivos e resultados-chave (OKR)

> *Os objetivos são o que a empresa quer fazer e os resultados-chave são a maneira de atingir os objetivos medidos por indicadores.*
>
> *John Doerr – General Partner KPCB (2015)*

No mundo real, para estabelecer um conjunto mínimo de valores para construir um novo produto, é necessário hoje que se tenha uma estratégia bem definida. Algo que possa garantir maior previsibilidade e mitigar as chances de fracasso numa visão de longo prazo. Mudanças e cenários do produto precisam ser simulados, bem como os principais problemas e riscos mapeados.

Entretanto, o que mantém um produto competitivo? Como conseguimos alinhar os objetivos estratégicos de uma empresa em torno de ações-chave para um determinado produto? Objetivos relacionados à estratégia da empresa devem ser ambiciosos, enquanto aqueles que estão relacionados ao produto devem ser voltados à operação. Logo, determinar o que precisa ser feito para atingir esses objetivos deve ser mensurável, para que possamos avaliar se as ações tomadas estão sendo efetivas ou não.

Um elemento poderoso para realizar esse alinhamento é conhecido por OKR (*Objectives and Key Results*). O OKR foi popularizado pelo Google no início do século XXI e foi seguido por diversas empresas e *startups* do Vale do Silício que adotaram o modelo para realizar seus planejamentos estratégicos. Também foi popularizado por ser um modelo colaborativo e de fácil assimilação, utilizado por grandes empresas como Intel, Nubank, LinkedIn, Walmart, Whirlpool, entre outras.

O OKR é uma forma de vincular objetivos estratégicos da empresa, indicadores a serem perseguidos, ações operacionais possíveis e riscos em uma mesma visão.

Para a construção da visão é mais importante que o OKR evidencie um modelo de operação, o qual permita realizar o alinhamento de comunicação entre as equipes estratégicas, táticas e operacionais. Como o OKR é pensado com objetivos e métricas associadas, quando uma visão é repassada para os níveis mais baixos de gestão para a execução, o principal desafio está em "como fazer" e não "o que fazer".

Por sua vez, a equipe responsável por executar a demanda pode utilizar o mesmo modelo para planejar a operação. Assim, o OKR pode ser desdobrado em ações específicas para cada nível de visão, criando uma organização única para os conteúdos gerados pelas diversas áreas de conhecimento envolvidas na criação do produto.

Ao juntarmos a visão dos objetivos a serem alcançados, representada pelo OKR, com o *roadmap* do produto, podemos dizer que temos o essencial no que diz respeito à estratégia. A continuidade desse tipo de planejamento auxilia na priorização das decisões. Segundo Pichler

(2016), "o produto tende a amadurecer com estratégia estabilizada e o *roadmap* do produto torna-se uma ferramenta que expressa as decisões estratégicas tomadas".

3.4. Construindo produtos de valor

O primeiro passo para superar as expectativas do seu cliente é saber quais são essas expectativas.

Roy H. Williams, Wizard Academy Institute

O que seus clientes e usuários estão comentando sobre o produto? Quais são suas dores? Você pensou em algo novo nos últimos tempos para melhorar seu produto? Qual foi a última vez que falou com seu cliente? Para responder a essas perguntas, em muitas literaturas sobre gestão de produtos com *Design Thinking* ouve-se falar no termo MVP (*Minimum Viable Product*), que é entoado a todo momento e posto várias vezes como a "bala de prata".

Na prática, o conceito do MVP é apresentado como uma forma de resolver um problema do cliente. O MVP deve viabilizar condições mínimas de valor em um produto para que este possa ser validado pelo cliente. Com a validação, é estabelecido o aprendizado, com problemas e defeitos, que, quando apontados, são utilizados para ajustar o produto até que se tenha uma versão confiável e rentável para o seu lançamento comercial.

Ainda assim, o grande direcionador de um MVP é resolver prioritariamente as principais dores do usuário, o que vai definir os próximos passos a serem dados pelo time de desenvolvimento do produto. Para Vidal (2017), "a tomada de decisão de continuidade ou não do desenvolvimento do produto pelo cliente pode ser alterada mediante os resultados obtidos nos MVPs e nos cenários de incerteza. Entretanto, saber conviver com o risco e as incertezas envolvidas no produto ou serviço é fundamental para melhor gerir e lidar com o negócio". Para Massari (2017), "o MVP ajuda a evitar desperdícios de rios de dinheiro e esforço em iniciativas desnecessárias ou cujas ideias precisam ser refinadas".

Por tal motivo, hipóteses e premissas devem sempre ser validadas o mais rápido possível. Para que possamos verificar se o direcionamento estratégico dado inicialmente está correto, a validação das hipóteses permite o prosseguimento dos trabalhos, mesmo que seja necessário mudar ações já planejadas.

A construção de produtos de valor segue a lógica definida pela estratégia. Ela é quem nos guia para entregar aquilo que realmente é relevante para a empresa, para o negócio e para o cliente. Isso pode ser traduzido em maior retorno para o negócio. O planejamento do *Backlog* do Produto passa a ser uma decorrência de todo o trabalho anterior, oferecendo conhecimento e segurança para determinar o que será construído. É dessa maneira que se dá a aprendizagem sobre o negócio e, ao mesmo tempo, define-se aquilo que traz maior retorno aos investimentos realizados.

3.5. Planejando o *Backlog* do Produto

A visão do produto descreve de maneira clara e objetiva a meta da fase e suas principais realizações.

Fábio Cruz (2015)

A jornada da definição de um produto de valor é longa e demanda uma revisão crítica da estratégia e dos planos traçados durante todo o ciclo de vida. A construção do MVP depende do direcionamento do cliente e de como a estratégia vem sendo trabalhada pela empresa. Isso permite compreender não apenas como o produto atenderá à estratégia da empresa, mas também qual será sua relevância para o mercado.

Tudo isso faz parte de uma visão, a qual foi iniciada com a descrição de uma estratégia, passou por objetivos a serem alcançados, determinou o valor do produto e culminou no que se deseja para um produto que satisfaça as necessidades de clientes e usuários. A visão passa a ser uma decorrência do planejamento estratégico e do *roadmap*.

Todo *Backlog* do Produto é construído a partir de uma visão, também conhecida como *roadmap* do produto. A definição de cada item pertencente ao *Backlog* do Produto representa as reais necessidades do cliente e seus usuários com relação ao produto. Dentre as características desejáveis do *Backlog* do Produto, temos que este deve estar adequado à visão do produto. Para isso ele deve ser detalhado de forma incremental, conforme as funcionalidades de maior prioridade emerjam.

Assim, ao entrarmos na seara do planejamento do *Backlog* do Produto, devemos nos ater àquilo que se espera de uma lista como essa: esta deve estar priorizada e estimada para que possamos planejar como o produto será desenvolvido e entregue para o cliente. Segundo Pichler (2011), "a priorização direciona o trabalho da equipe, para que focalize os itens mais importantes. Isso também congela o conteúdo do *Backlog* progressivamente".

O "congelamento" do *Backlog* do Produto é o que chamamos de "pulmão do produto". Isso permite flexibilizar o processo de desenvolvimento, pois fornece o tempo necessário para a validação dos itens entregues, resultando em melhores decisões quanto àquilo que é essencial ao produto. Em linhas gerais, o exercício de planejamento deve ser uma atividade constante dentro de um modelo ágil de desenvolvimento de produtos, tarefa que cabe ao *Product Owner*.

3.6. *Agile Think® Business Framework*

O *Agile Think® Business Framework* é um modelo forjado para estabelecer uma organização para o processo de criação de novos produtos, partindo da definição estratégica, passando pela concepção do produto e culminando no planejamento de como o produto será construído.

Os processos utilizados estão baseados nos modelos proposto pelo *Lean* e incluem OKR (*Objective and Key Results*), *Design Thinking*, cerimônia de *Inception* e planejamento derivado de modelos baseados em APM (*Agile Project Management*) e *Scrum*.

O objetivo é integrar as visões estratégica, tática e operacional para promover a interação entre essas áreas e **transformar os processos do Agile Think® Business Framework em um *workflow* intuitivo e direcionado ao gerenciamento de produtos**.

O *Agile Think® Business Framework* busca compreender como a estratégia da criação de novos produtos pode gerar valor ao negócio da empresa e do cliente, melhorando aspectos de liderança executiva, definição de objetivos de negócio e do produto, direcionamento do cliente, integração com áreas de produto e planejamento de projetos.

Em linhas gerais, o *Agile Think® Business Framework* engloba quatro macroprocessos: **Visão Estratégica,** *Design Thinking,* **Inception** e **Planning,** conforme apresentado no fluxo a seguir:

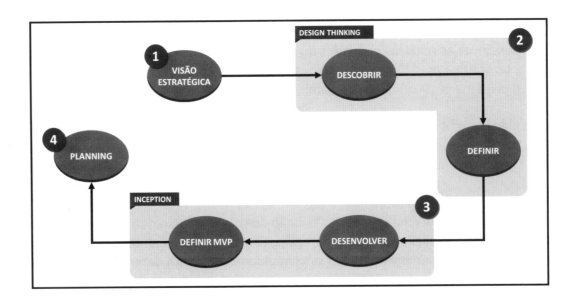

Como todo modelo descrito em forma de *framework*, temos uma história a ser contada. Pretendemos apresentar as características e descrever as atividades do *Agile Think® Business Framework* separadamente, para melhor compreensão e didática do modelo.

Cada processo contido no *Agile Think® Business Framework* possui atividades que podem ser visualizadas no modelo expandido, conforme segue.

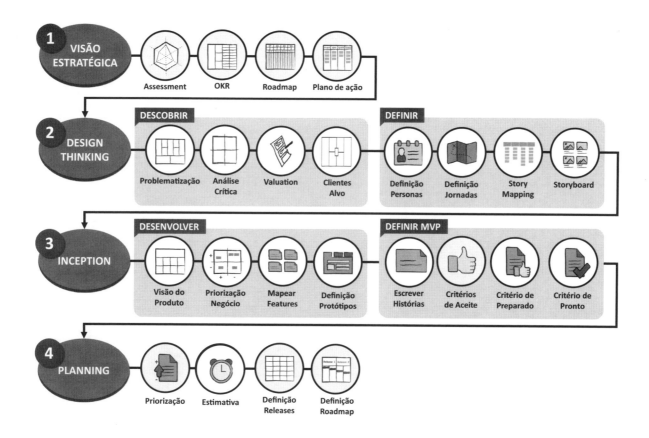

No início de cada etapa do processo, apresentaremos um desenho que guiará o entendimento sobre a descrição do cenário. A abordagem utilizada para a apresentação do *framework* foi construída usando recursos de *storytelling*, o que torna bastante lúdico o aprendizado das técnicas, as quais são evidenciadas com fotografias e exemplos práticos dos demais materiais necessários para o entendimento.

O processo contido no desenho será especificado acerca de suas entradas, saídas, papéis e atividades. Cada elemento do fluxo também será explicado, porém, mais do que apenas apresentar o que é, pretendemos mostrar como é feito na prática. Essa documentação talvez ajude a compreender como trabalhamos com cada um desses elementos no dia a dia dos times de produto e projetos ágeis.

Então vamos mergulhar juntos nessa jornada chamada *Agile Think® Business Framework* para ajudar você, *Product Owner*, na sua desafiadora jornada de planejar produtos vencedores?

4.
Visão Estratégica do Produto

Os objetivos da etapa de criação da visão estratégica estão centrados em encontrar os reais objetivos da empresa, de seus clientes e a definição de possíveis ações para o endereçamento e a resolução de problemas.

Para isso, é importante se perguntar:

- ♦ Como a empresa entende que seus produtos geram valor aos seus clientes e o que eles precisam para ser cada vez mais reconhecidos?
- ♦ Como atendemos às necessidades de negócio e resolvemos problemas operacionais que permitam a entrega de produtos mais condizentes com os desejos do cliente?
- ♦ É possível quantificar e definir metas e indicadores a serem perseguidos para transformar os objetivos estratégicos da empresa em ações integradas?
- ♦ Existe um plano de ação realístico para atender às necessidades do negócio, dos clientes e do portfólio de produtos?

4.1. Fluxo e especificação do processo

O processo *Agile Think® Business Framework* inicia com a definição de uma visão estratégica do produto. Mas o que fazemos durante no processo de visão estratégica do produto?

Essa história começa com a realização de um *assessment* da empresa, onde o *framework* será aplicado. O *assessment* é um *checklist* onde algumas visões são visitadas para que se tenha uma fotografia inicial da empresa. Para ter esse retrato de como é a visão atual da empresa, é importante o envolvimento de representantes das áreas de tecnologia da informação, marketing, negócios e quem mais for importante para a tomada de decisões dentro da organização.

Para a aplicação dessa técnica, deve ser considerado o trabalho de um *Agile Manager* ou *Coach*, alguém que ajude a direcionar o *assessment* e compilar as informações obtidas. Com essa visão inicial, ele poderá direcionar ações para atacar os principais problemas levantados. Na gestão de produtos, esses problemas devem ser endereçados e os principais riscos identificados.

Nesse tipo de sessão, fica nítido para todos os participantes aquilo que interfere de maneira significativa nos resultados da empresa. Esse trabalho prévio ajuda os envolvidos a pensar melhor nos objetivos estratégicos da empresa.

Essa atividade é aplicada com o auxílio do *Agile Think® OKR Canvas*. O OKR nos auxilia a enxergar não apenas quais são nossos objetivos, mas também como viabilizá-los e transformá-los em ações exequíveis pelas demais áreas da empresa. É primordial o envolvimento de membros do corpo estratégico da empresa, pois isso permite decidir metas e índices de performance a serem alcançados.

Para a formulação dos Indicadores-Chave de Desempenho (KPIs) de cada iniciativa, devem ser dados como referencial informações quantitativas como custos a serem perseguidos, tempo esperado para a realização das ações, índices relacionados à melhoria de performance de processos, de áreas, etc. O importante é que as metas tenham um número compreendido e o desafio aceito por todos os presentes.

Com objetivos estratégicos e KPIs definidos, essas informações devem ser compartilhadas com o restante do time. A contribuição do time está relacionada à definição de ações que podem ser realizadas para que os objetivos sejam atingidos. Os riscos também devem ser visitados, para que possam ser monitorados.

Finalizada a definição dos OKRs, cada grupo de ação deve ser transportado para uma linha do tempo. Geralmente esse trabalho é precedido por uma priorização das principais ações a serem realizadas. A visibilidade dada às ações possibilita uma visão inicial do planejamento.

Uma das características mais interessantes desse tipo de planejamento é que ele já está organizado em um modelo de programas. Pense: ao considerarmos que as metas e os KPIs são os benefícios a serem colhidos e que ações podem ser traduzidas em projetos, temos uma estrutura praticamente pronta para a gestão do produto.

O processo de visão estratégica do produto é finalizado então com a definição de um plano de ação. O modelo do plano de ação deve ser estruturado de forma simplificada. No entanto, devem ser nomeados responsáveis para cada ação (projeto) incluída na linha do tempo. No plano de ação também são estabelecidas datas limite e ações requeridas para iniciar as atividades de cada um dos projetos.

Como pudemos ver, a visão estratégica do produto é uma poderosa ferramenta para obtermos um retrato atual do que é preciso realizar e permite o mapeamento de ações para a tomada de decisões durante o desenvolvimento de novos produtos e serviços que gerem valor à empresa e seus clientes.

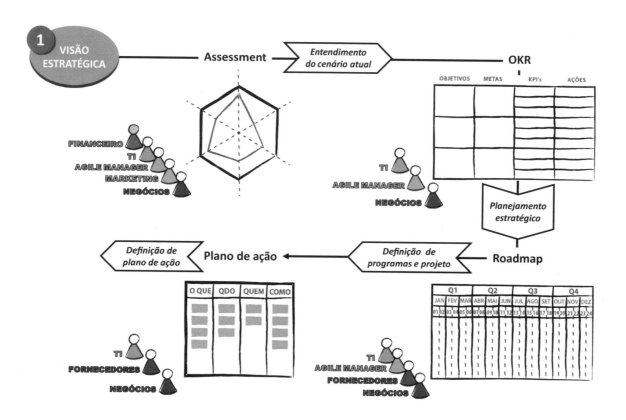

PROCESSO: VISÃO ESTRATÉGICA DO PRODUTO	
Entregáveis	*Assessment* inicial Definição de objetivos estratégicos KPIs de acompanhamento *Roadmap* de projetos Plano de ação (5W2H)
Papéis envolvidos	Cliente, área de negócios, TI, marketing, fornecedores, *Agile Manager* (*Coach*)
Atividades	Realizar *assessment* Definir objetivos e resultados pretendidos (OKR) Definir KPIs para acompanhamento dos trabalhos e resultados esperados Definir *roadmap* de programas e projetos Estabelecer plano de ação com os envolvidos nos programas e projetos
Ferramentas	Planilha de *assessment* *Status report assessment* OKR canvas *Timeline* Plano de ação (5W2H)

4.2. Atividade: realizar *assessment*

O que é *assessment*?

Assessment é o nome dado à primeira reunião de entendimento dos processos de criação de produtos da empresa, onde estão presentes executivos, responsáveis por áreas estratégicas de negócio e da alta gestão da empresa. O objetivo dessa atividade é obter um retrato inicial dos trabalhos que antecedem a implantação da gestão estratégica do produto.

Como é feito?

No *assessment* é realizada a aplicação de um *checklist*, cujo objetivo é entender a situação atual da empresa, observando aspectos importantes relacionados à orientação por resultados, à gestão de clientes e aos processos operacionais. As perguntas executadas devem garantir relevância qualitativa e quantitativa, para que estatísticas referentes às respostas sejam obtidas após a aplicação dos questionamentos.

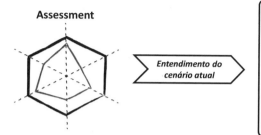

A construção das perguntas deve referenciar diretamente as áreas que podem ser impactadas com a implantação da gestão de produtos, uma vez que elas fazem parte da cadeia de valor da empresa. Processos estratégicos, de planejamento, aspectos humanos e culturais, produção, relacionamento com cliente e visão financeira devem ser entendidos antes do início dos trabalhos. Isso permitirá uma melhor compreensão da situação atual, pontos fortes, fracos e aquilo que é preciso ser melhorado

As respostas devem ser analisadas sob diversos pontos, o que permite um melhor entendimento do cenário atual da empresa. É comum relacionar os questionamentos feitos às dimensões de planejamento, estratégia, produtos, pessoas, operacional, processos e financeira.

Se essas visões forem insuficientes para iniciar os trabalhos, pode ser acordada uma nova reunião com a participação de outras pessoas para complementar os cenários colhidos.

Questionário do *assessment*

Visão estratégica: definição de metas de produtos e programas				
Item de aferição	Nota (0 a 10)	Comentário	Ação necessária
O *Agile Think® Business Framework* já é utilizado pela empresa?			Realizar *assessment*
É aplicado algum *framework* e/ou metodologia para a gestão de produtos?			Realizar *assessment*
Existe planejamento estratégico formalizado?			Definir OKR
Existe um plano de metas definido?			Definir OKR Definir *roadmap*
É cultura da empresa endereçar suas atividades por meio de um plano de ação?			Definir *roadmap* Criar plano de ação
Os problemas, quando endereçados, possuem cronograma para realização?			Definir *roadmap* Criar plano de ação

Visão financeira: avaliação das necessidades do produto			
Item de aferição	Nota	Comentário	**Ação necessária**
Existe uma visão clara do problema a ser resolvido?			Obter visão do problema Realizar análise crítica
Existe um mapeamento claro das capacidades da empresa?			Obter visão do problema Realizar análise crítica
Existe um mapeamento de negócios e oportunidades?			Realizar análise crítica
Todo produto passa por um funil de projetos?			Realizar análise crítica Realizar *valuation*
É realizado o *valuation* para todos os projetos do funil?			Realizar *valuation*
Tomadas de ação são realizadas considerando o Retorno sobre o Investimento (ROI)?			Realizar *valuation*
Os problemas do cliente são mapeados?			Obter visão do problema Mapear clientes-alvo
O cliente é ouvido durante a definição do contexto de negócio?			Obter visão do problema Mapear clientes-alvo
Estão claras as dores do cliente?			Mapear clientes-alvo

Visão de negócio: definição do produto			
Item de aferição	Nota	Comentário	**Ação necessária**
As personas que utilizam o produto estão mapeadas?			Definir personas
Existe uma visão geral dos principais processos de negócio?			Definir personas Definir jornadas
As jornadas de interação do usuário e do produto foram mapeadas?			Definir personas Definir *story mapping*
Foi feito um mapeamento dos processos de utilização do produto?			Definir *story mapping*
A empresa possui um modelo visual e de usabilidade?			Definir *story mapping* Definir *storyboard*
A equipe de negócios possui um profissional de *User Experience* (UX) no time?			Definir *storyboard*
O cliente costuma participar do processo de cocriação dos *wireframes* com a equipe de negócios?			Definir *story mapping* Definir *storyboard*

Visão Produto: definição das principais funcionalidades				
Item de aferição	Nota	Comentário	Ação necessária
Existe uma visão clara do produto?			Definir visão do produto
O produto é mapeado de acordo com a visão estratégica de negócio?			Definir visão do produto Priorizar produto
A priorização é feita junto com cliente?			Priorizar produto
Os épicos do produto foram mapeados?			Priorizar produto Mapear *features*
Foi construída a *Product Breakdown Structure* (PBS)?			Mapear *features*
Foram definidos os protótipos de interface com a solução de negócio?			Mapear *features* Definir protótipos
Existe uma visão clara do MVP do produto?			Definir protótipos

Visão priorização: práticas de gestão e qualidade de produtos				
Item de aferição	Nota	Comentário	Ação necessária
Já existe uma versão do MVP do produto?			Definir *Backlog* do Produto Priorizar *Backlog* do Produto
As histórias do usuário são mapeadas com base em um levantamento de processos (*story mapping*)?			Realizar *story mapping* Mapear *features* Escrever histórias do usuário
As histórias do usuário estão mapeadas utilizando o conceito de INVEST?			Mapear *features* Escrever histórias do usuário
As histórias do usuário possuem critério de aceitação definidos?			Escrever histórias do usuário Definir critérios de aceitação
Os requisitos não funcionais locais e global foram mapeados?			Escrever histórias do usuário Definir critérios de aceitação Definir critério de pronto
O critério de preparado foi estabelecido entre o *Product Owner* e o time de desenvolvimento?			Definir critério de preparado
O critério de pronto foi estabelecido entre o *Product Owner* e o time de desenvolvimento?			Definir critério de pronto

Visão planejamento: planejamento de entrega do produto			
Item de aferição	Nota	Comentário	Ação necessária
Existe uma versão preparada do *Backlog* do Produto?			Definir *Backlog* do Produto Priorizar *Backlog* do Produto
O *Backlog* do Produto está priorizado?			Definir *Backlog* do Produto Priorizar *Backlog* do Produto
O *Backlog* do Produto está pronto para ser estimado pelo time de desenvolvimento?			Priorizar *Backlog* do Produto Estimar *Backlog* do Produto
É possível realizar o planejamento de entregas (*roadmap*)?			Definir *releases*
É possível identificar a velocidade do time de desenvolvimento?			Definir *releases* Definir *roadmap* de entregas
As metas das *Sprints* são definidas entre o *Product Owner* e o time de desenvolvimento?			Definir *roadmap* de entregas

Resultados gerados

Os resultados obtidos a partir do *checklist* são consolidados e transformados em uma fotografia inicial da empresa. O relacionamento entre as visões permite enxergar áreas problemáticas e que podem interferir nos resultados desejados para o produto.

Com a visão inicial do ambiente da empresa é possível evidenciar áreas mais críticas que podem ou precisam receber atenção especial durante a implantação da gestão de produtos. Esse é o momento propício para criar um senso de urgência para com mudanças e transformações necessárias.

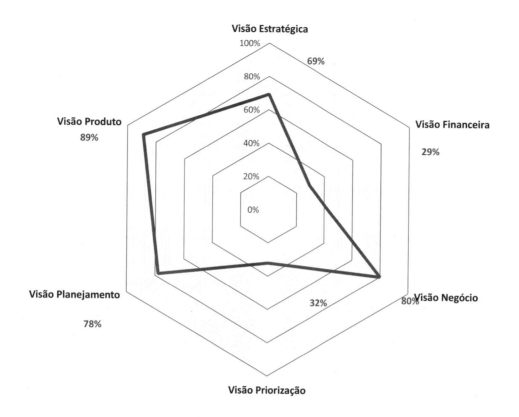

Ações esperadas

É esperado que a partir desse trabalho uma liderança da empresa seja constituída para montar uma equipe de pessoas qualificadas. Estas devem ser responsáveis por levar as definições estratégicas às demais áreas da empresa, sendo esse um time de orientação.

O time de orientação tem por incumbência desenvolver a visão estratégica compatível com a execução do trabalho de promulgação do modelo digital pela empresa. Para isso, deverá propor regras de como orientar e integrar (*framework*) as demais áreas da corporação, propagando os valores e princípios a serem atingidos em um primeiro momento.

Como pôr em prática?

Esse trabalho deve seguir um roteiro de planejamento mínimo:

1. Certifique-se de que as pessoas certas estarão disponíveis para a reunião.
2. Convoque todos com antecedência.
3. Prepare o local com *flipchart*, *post-its*, *bullets* e canetas.
4. Certifique-se de que o *checklist* estará disponível para a atividade.
5. Gere os resultados preliminares ao final da reunião.
6. Crie um *report* executivo para repassar as informações coletadas durante o *assessment*.

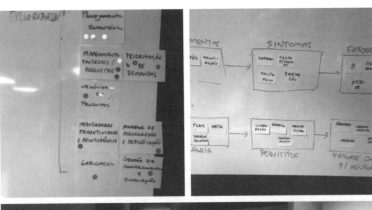

4.3. Atividade: definir objetivos e resultados pretendidos (OKR)

O que é *Objective and Key Results* (OKR)?

Conforme explicado anteriormente, OKR é um processo de planejamento estratégico onde objetivos e resultados esperados para o negócio são definidos. Inicialmente um OKR deve ser estabelecido em alto nível, pois essa abordagem se baseia em criar grandes objetivos que devem ser transformados em metas realistas para o negócio. Uma vez que as metas estiverem definidas, são estabelecidos indicadores de performance e ações a serem executadas.

Como é feito?

Com toda e qualquer ação traçada em um OKR associada a uma KPI (*Key Performance Indicator*), ou indicador de sucesso, temos aqui uma forma eficiente de estabelecer uma relação direta entre objetivos, metas, ações e indicadores.

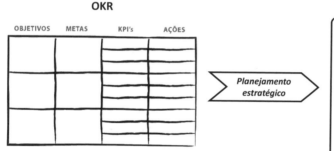

A definição de um OKR pode produzir novos OKRs de acordo com o modelo de negócio estabelecido pela empresa. Isso acontece para que as metas sejam tangíveis e os indicadores sejam traçados de forma realizável por todos os níveis da organização. Ou seja, um objetivo estabelecido pelo CIO da empresa pode ser quebrado em metas e ações táticas, que, por sua vez, precisam ser derivadas em metas e ações operacionais, e assim por diante.

O OKR é um modelo vivo que deve ser revisitado periodicamente, tendo em vista avaliar se as metas e os KPIs determinados estão sendo alcançados através das ações propostas. Quanto às ações, estas podem passar por reavaliações e adequações sempre que for necessário, para que as metas definidas anteriormente possam ser atingidas.

A montagem do OKR segue um processo linear, onde devemos estabelecer **objetivos, metas, indicadores, ações e riscos**. O preenchimento do quadro deve ser guiado por um interlocutor experiente na técnica, que ajudará tanto no entendimento do fluxo como em uma melhor reflexão sobre os itens prioritários para a organização.

O Agile Think® OKR Canvas oferece um roteiro com cada uma das informações necessárias para a definição do fluxo do planejamento estratégico, o qual poderá ser construído de forma linear e estruturada. O *OKR Canvas* tem sua ordem de criação de acordo com o fluxo representado pelos números, contendo os seguintes campos de informação a serem preenchidos pela equipe:

1. OBJETIVOS	2. METAS	3. INDICADORES	4. AÇÕES	5. RISCOS
• Quais são os objetivos estratégicos definidos pela empresa para o próximo ano? • Os objetivos são realizáveis? • Os objetivos podem ser desdobrados em metas?	• Quais metas correspondem aos objetivos estratégicos estabelecidos? • As metas estão claras? Cada meta tem seu indicador de sucesso? • Quais são os benefícios estratégicos a serem atingidos? • As metas podem ser desdobradas em ações?	• Defina pelo menos um indicador de performance para cada meta.	• Cada meta deve ter pelo menos três ações possíveis para serem executadas. • Ações podem ser desdobradas em projetos, atividades e tarefas. • As ações são estabelecidas com foco em atingir o resultado previsto pelo indicador. • Cada indicador tem pelo menos uma ação associada.	• Quais riscos podem fazer com que a ação não ocorra? • Existem problemas a serem solucionados? • Existem restrições a serem observadas para que uma ação seja realizada?

AGILETHINK.COM.BR

Os itens a serem mapeados no *OKR Canvas* seguem uma ordem de criação, conforme os seguintes campos de informação a serem preenchidos pela equipe:

	Objetivos	Indicar quais são os objetivos estratégicos a serem alcançados pela empresa durante o próximo período de aferição.
	Metas	As metas são obtidas mediante a definição dos objetivos estratégicos. Com isso, a meta passa a ser um conjunto de ações que a empresa deverá realizar durante o período de vigência do OKR.
	Indicadores	Indicadores são criados a partir do cruzamento dos objetivos e das metas traçadas como estratégicas para a organização. Os indicadores devem ser definidos de forma quantitativa, para permitir que, quando a meta for aferida, cada indicador possa representar de forma numérica os ganhos e as perdas realizadas.
	Ações	As ações fazem parte do planejamento estratégico, cuja proposta deve atender ao propósito de alcançar os indicadores previamente definidos. As ações devem ser acompanhadas e consolidadas em períodos fixo de tempo, para que seja possível avaliar sua efetividade diante do atingimento das metas.
	Riscos	Os riscos fazem menção a cada ação prevista e a possibilidade de esta não ocorrer a contento. Consequentemente, ao não atingir as metas e os indicadores predefinidos, os objetivos precisarão ser revistos.

4.4. Atividade: definir KPIs para acompanhamento dos trabalhos e resultados esperados

Como os KPIs são definidos?

Conforme dito anteriormente, as perguntas feitas pelo interlocutor devem conduzir aqueles que estiverem presentes na reunião de planejamento a entenderem a cadeia de ações necessárias para atingir os objetivos traçados. Segundo Mello (2016), "a definição de metas melhora o desempenho dos times. No entanto, ficar horas repassando as metas pela organização, não". Dessa forma, ao final dessa etapa, cada área envolvida com ações que fazem parte da estratégia da organização deve montar seu próprio OKR.

Para ajudar a compreender como se faz para definir os objetivos estratégicos da organização, é importante que limites sejam estabelecidos. Não adianta determinar metas extremas, difíceis de ser realizadas. Além de atrapalhar, por serem intangíveis, criam um movimento contrário ao objetivo da técnica, que é motivar.

Por tal motivo, os KPIs devem ser um parâmetro atingível e precisam ter como ser aferidos de tempos em tempos. KPIs devem ser utilizados para motivar sua aferição e corrigir rotas e ações tomadas. Nem sempre significa fracasso uma meta não ser batida – pode ser sinal de que algo deve ser melhorado ou que novas ações devem ser disparadas para sua correção.

Resultados gerados

Para que não se desperdice tempo demasiado nesse planejamento, objetivos e metas estratégicas devem ser mapeados com as ações previstas pelo plano principal. Isso permitirá identificar mais rapidamente os resultados que devem ser obtidos.

Por esse motivo existe a necessidade de estabelecermos limites, tanto para aferição de resultados como também para estabelecer a validade das ações propostas.

A construção do *Canvas* deve auxiliar na contextualização da estratégia e permitir às equipes estabelecerem seus próprios indicadores e ações possíveis de ser executadas, as quais refletem de fato os objetivos da empresa.

A dinâmica de preenchimento do *OKR Canvas* visa alinhar um entendimento comum para a equipe sobre metas e objetivos a serem atingidos. Para exemplificar, estabelecemos o modelo estratégico deste livro, o qual tem por objetivo principal proporcionar à empresa um maior crescimento e volume de vendas da sua área responsável por mídias digitais. Veja como ficou nosso planejamento estratégico definido pelo OKR.

OBJETIVOS	METAS	INDICADORES	AÇÕES	RISCOS
Leitores do livro "Agile Scrum Product Owner na Gestão Ágil de Produtos" precisam consumir mais produtos do ecossistema Agile Think® no formato digital.	Preparar a estratégia de venda dos livros somente no formato digital	Aumentar vendas em 20%	Criar campanha em redes sociais com foco na venda do livro digital	Definir estratégia de acordo com público
		Reduzir 15% custo produção	Criar livro somente no formato digital para reduzir custos de produção	Plataforma de vendas fora do ar
		Aumentar em 30% acessos ao EAD	A compra do livro digital permite acesso livre ao curso de EAD	Problemas de acesso à plataforma EAD
	Aumentar o fluxo de usuários do site de ensino a distância (EAD)	Aumentar venda EAD em 30%	Criar campanha em redes sociais com foco na venda do EAD	Escolha do público-alvo errado
		Reduzir 25% dos custo dos cursos	Diminuir custos com fornecedores, mantenedores e storage	Qualidade do produto EAD
		Aumentar lucro com EAD em 30%	Definir fornecedor que mantenha qualidade e permita a redução de custo dos cursos	Problemas de acesso à plataforma EAD
	Aumentar número de seguidores da Agile Think® nas redes sociais	Aumentar "likes" Facebook em 30%	Criar campanhas no Facebook para aumento de seguidores	Custo-benefício das campanhas
		Aumentar LinkedIn 40%	Postar conteúdo relacionado a OKR, Agile e gestão de produtos (um por semana)	Equipe insuficiente para escrever posts
		Aumentar em 20% acesso ao blog	Convidar escritores conhecidos para escrever para o blog Agile Think®	Aumentar custos com equipe de escritores

AGILETHINK.COM.BR

Como pôr em prática?

Esse trabalho deve seguir um roteiro de planejamento mínimo:

1. Certifique-se de que as pessoas certas estarão disponíveis para a reunião.
2. Prepare o *Agile Think® OKR Canvas* e coloque-o em um ponto central, onde todos possam ver.
3. Revisite os resultados obtidos pelo *assessment*. Eles podem direcionar os riscos.
4. Divulgue os resultados ao final da reunião.

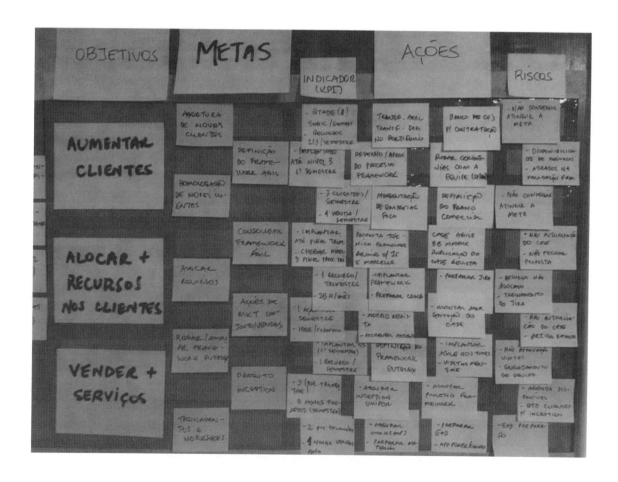

4.5. Atividade: definir *roadmap* de programas e projetos

O que é o *roadmap* de programas e projetos?

O *roadmap* de programas e projetos é uma organização temporal dada às metas criadas no OKR. Esse elemento tem como princípio a definição explícita das principais metas a serem executadas na linha do tempo. Por se tratar de um mapeamento visual com a descrição dos passos necessários para a execução das ações estratégicas programadas pela organização, o *roadmap* de programas e projetos, a exemplo do próprio OKR, deve ser desdobrado em novas ações, as quais estarão voltadas para a construção do produto.

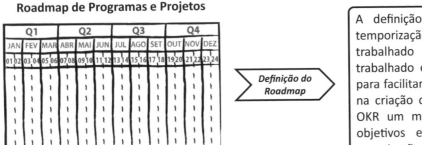

A definição do *roadmap* tem como princípio a temporização das metas. Para isso o *roadmap* deve ser trabalhado em ciclos curtos. O eixo do tempo é trabalhado em escala quinzenal, mensal e trimestral para facilitar a aferição de resultados. A transparência na criação de uma visão temporal das metas faz do OKR um modelo vivo, o qual representa como os objetivos estratégicos devem ser realizados pela organização.

A utilização desse tipo de elemento na gestão dos objetivos é deixar claro a todos os envolvidos qual processo de trabalho deverá ser seguido pelos envolvidos e quais são os resultados esperados. No que diz respeito ao plano estratégico, trata-se de sua viabilização com uma predefinição de datas, sendo uma forma poderosa de gerar urgência para as atividades propostas pelo plano principal do OKR.

Como é feito?

1. A montagem do quadro de tempo (*timeline*) tem como objetivo auxiliar a compreensão das etapas de trabalho e limitar a duração dos ciclos para a realização de objetivos e das metas da organização. O quadro está originalmente dividido em três tipos de ciclo de tempo:
   - **Ciclo curto:** conhecido como iteração, tem periodicidade mensal.
   - **Ciclo médio:** conhecido como *release*, é o agrupamento de três iterações e tem periodicidade trimestral.
   - **Ciclo longo:** horizonte de 1 ano, considera o agrupamento dos *releases* trimestrais.

METAS	INDICADORES	AÇÕES	Q1 Jan Fev Mar	Q2 Abr Mai Jun	Q3 Jul Ago Set	Q4 Out Nov Dez
Preparar a estratégia de venda dos livros somente no formato digital	Reduzir 15% custo produção	Criar livro somente no formato digital para reduzir custos de produção				
	Aumentar vendas em 20%	Criar campanha em redes sociais com foco na venda do livro digital				
	Aumentar 30% acessos ao EAD	A compra do livro digital permite acesso livre ao curso de EAD				
Aumentar o fluxo de usuários do site de ensino a distância (EAD)	Aumentar lucro com EAD em 30%	Definir fornecedor que mantenha qualidade e permita a redução de custo dos cursos				
	Reduzir 25% custo cursos	Diminuir custos com fornecedores, mantenedores e storage				
	Aumentar venda EAD em 30%	Criar campanha em redes sociais com foco na venda do EAD				
Aumentar número de seguidores da Agile Think® nas redes sociais	Aumentar "likes" Facebook 30%	Criar campanhas no Facebook para aumento de seguidores				
	Aumentar LinkedIn 40%	Postar conteúdo relacionado a OKR, Agile e gestão de produtos (um por semana)				
	Aumentar 20% acesso ao blog	Convidar escritores conhecidos para escrever para o Blog Agile Think®				

AGILETHINK.COM.BR

2. A distribuição é feita em forma de programas e projetos. Programas têm por objetivo dividir as ações estratégicas em projetos e transformá-los em ações que permitam a aferição dos resultados em ciclos curtos e longos. Cada meta pode ser referenciada como um programa, o que mantém a lógica do planejamento, pois a meta representa um benefício estratégico a ser alcançado. Assim, cada ação, ou projeto, passa a ser um desdobramento da meta, o qual tem atrelado uma ou mais KPIs para evidenciar quantitativamente o atingimento ou não do objetivo traçado.
3. Divisão do tempo em *timebox*: o formato de divisão do tempo em iteração/*Sprint* fornece uma unidade mínima de tempo, sendo esse *timebox* a representação de um único ciclo de trabalho. Agrupar a iteração em um *release* permite definir uma entrega de valor do ciclo de vida do programa. A cada três iterações os resultados são consolidados e a estratégia deve ser revisitada.

Resultados gerados

A cada final de ciclo de *release* é feita a aferição de resultados. No que diz respeito à prática de conferir os resultados obtidos ao final de cada *release*, KPIs e riscos de negócio devem ser também revisitados. Essa dinâmica permite que você possa corrigir, iterar e aprender mais rapidamente, redirecionando as ações logo no início do próximo ciclo do programa, quando metas podem ser refinadas e ações (projetos) redefinidas.

Dessa maneira, os objetivos podem então passar por uma readequação, o que não é necessariamente ruim, dependendo dos resultados obtidos. O desempenho de cada equipe então é medido de acordo com as entregas feitas durante o ciclo de vida do projeto, comprovando o trabalho executado pelas equipes.

Como pôr em prática?

Esse trabalho deve se orientar pelo o seguinte roteiro:

1. O desdobramento dos objetivos estratégicos da organização deve ser definido por metas do OKR.
2. Cada meta deve ser quebrada no máximo em três ações possíveis de ser executadas. Lembre-se de que a meta representa um programa!
3. Cada ação deve ter pelo menos um KPI e um risco associado. Lembre-se de que a ação representa um projeto!
4. Defina datas de início e fim para cada uma das ações.
5. Divulgue os resultados ao final da reunião.

4.6. Atividade: estabelecer plano de ação com os envolvidos nos programas e projetos

O que é o plano de ação?

Plano de ação é um artefato gerencial para controlar atividades e tarefas necessárias para a execução de uma determinada estratégia acordada entre uma equipe com objetivos comuns. Nele estão definidas atividades que devem ser executadas, sinalizando recursos necessários, os responsáveis pela execução, o que deverá ser realizado e quando estarão disponíveis para averiguação.

O plano de ação tem por objetivo definir as atividades que deverão ser entregues pelos membros do time envolvidos com o planejamento estratégico. O foco desse planejamento é direcionar ações que devem ser realizadas para que as metas sejam alcançadas. O plano de ação deverá ser desdobrado em ações gerenciais, táticas e operacionais, com a definição de prazos, responsável, data de entrega e aquilo que deverá ser apresentado ao final do trabalho.

Na grande maioria das vezes, um plano de ação está ligado a um planejamento anterior, cuja execução contempla uma visão operacional mais ampla, atrelada a indicadores de performance e riscos. O seu detalhamento deve ser realizado por meio de atividades que fazem parte de um projeto, o que definirá um caminho crítico. Consequentemente, os riscos devem ter um plano de resposta associado.

Nesse caso, o próprio plano de ação faz com que surjam novas necessidades, as quais serão tratadas pelos membros da equipe responsável por sua execução. Vale lembrar que na definição do OKR estão contemplados os riscos de execução de cada uma das ações decorrentes para alcançar os objetivos do plano, o que já traz um ponto de partida para a definição das ações necessárias de mitigação, ou, quem sabe, eliminação dos riscos associados à sua execução, identificando possíveis impedimentos que podem vir a impactar na realização da ação pretendida.

Como é feito?

O plano de ação é um artefato visual que estabelece pequenas metas e define quais recursos serão necessários para a execução das tarefas do projeto naquele momento. Por ser a última etapa do planejamento estratégico, esse plano está atrelado à visão operacional, contemplando mais detalhes para a execução das tarefas referentes à viabilização do produto.

É possível identificar atividades do caminho crítico ou isoladas do planejamento. Para a execução dessas atividades, devemos definir a distribuição de quem as realizará, quando devem ser entregues e o que deverá ser feito.

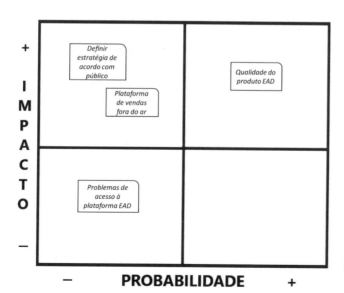

Resultados obtidos

Os resultados obtidos a partir do planejamento estratégico, com o disparo de um conjunto de ações possíveis, nos remetem àquilo que é essencial para a execução das ações antes de um produto: ter uma **visão** clara do problema; uma **missão** que direcione nossas ações; e **critérios de aceitação** bem estabelecidos.

Embora a construção do OKR tenha sido mostrada de forma simplificada (e assim deve ser), ela deve trazer como proposta a definição de uma visão não apenas do problema a ser resolvido, mas também o que está por trás dele.

Ao ser mais bem estudado, o objetivo é traduzido em metas, as quais podem ser consideradas uma missão a ser cumprida. Essas metas possuem parâmetros relacionados aos KPIs e aos riscos, o que nos remete diretamente à definição de critérios de aceitação. Por tal motivo, ao concluir um plano de ação estratégico, podemos dizer que os motivadores para a criação de um projeto devem responder de forma clara às seguintes indagações:

- **Com relação à visão:** qual a razão para que o produto seja desenvolvido? Existem objetivos a serem atingidos a partir dessa visão inicial? Está claro o porquê da ação proposta? Podemos dizer que a visão inicial determina um propósito ou razão para que tarefas sejam realizadas para viabilizar os objetivos estabelecidos pelo planejamento estratégico?
- **Com relação à missão:** o objetivo a ser alcançado está claro? Está bem definido "o que é" o projeto e para que ele é necessário? Temos uma missão bem estabelecida acerca do que deverá ser feito para que o projeto alcance os resultados esperados? Os resultados estão bem claros e definidos de forma compreensível? É possível realizar a missão dada?
- **Com relação ao critério de aceitação:** os critérios de aceitação estão aderentes aos KPIs? A visão e a missão estão aderentes aos critérios estabelecidos? Cada ação ou produto tem seu KPI definido? Os riscos mapeados permitem entender o desafio a ser atendido pelo produto? Os critérios de aceitação do produto estão claros?

Como pôr em prática?

Esse trabalho deve seguir um roteiro de planejamento mínimo:

1. As metas devem estar previamente definidas.
2. As ações devem estar em congruência com as metas.
3. KPIs devem estar definidos.
4. Riscos devem ter sido mapeados.
5. Definir o impacto e a probabilidade de cada risco se realizar.
6. Estabelecer um plano de ação descrito para cada risco mapeado.

Visão Estratégica do Produto

5.
Construção de Produtos com *Design Thinking*

O objetivo da etapa de construção de produtos com *Design Thinking* está centrado em descobrir as reais necessidades do produto, do ponto de vista de quem utiliza. O esforço deve estar centrado em buscar respostas para soluções mais aderentes às necessidades do negócio. Para isso, precisamos atender ao cliente e a seus usuários de forma única, criar novas experiências e direcionar com o produto a estratégia definida pelo negócio.

Times de negócio que aplicam as técnicas de *Design Thinking* devem ter em mente que os desejos do cliente precisam ser aplicáveis a um contexto real. Formular um modelo prático nesse sentido é essencial, pois permite estruturar um plano mais ajustado ao modelo de negócio e atestar sua viabilidade de construção.

Segundo Vidal (2017), "um time de design é formado por profissionais preparados para entender o universo da formação e formulação de marcas fortes para seus clientes, dentre outros atributos. Sua formação engloba noções de artes, marketing, uso de recursos visuais, tecnologia, ciências cognitivas, além de captar com mais sensibilidade as informações vindas de seus clientes, atuando em modelos de trabalho mais colaborativos. Esses profissionais estão acostumados a trabalhar orientados a resultados, o que lhes oferece flexibilidade e foco para a criação de modelos e peças que geram grande retorno ao cliente". Segundo Massari (2017), "o *Design Thinking* vem para nos lembrar que devemos entregar produtos que encantem nossos clientes e não a nós mesmos".

O modelo utilizado para orientar a jornada de trabalho das equipes de design está dividido em quatro grandes fases. Conhecido como diamante duplo (do inglês, *double diamond*), as atividades do processo de criação do produto estão segregadas pelas seguintes fases:

- **Descobrir:** fase voltada ao entendimento do problema do cliente, com foco em estabelecer a visão de negócio.
- **Definir:** fase orientada à pesquisa por soluções. São definidas personas, jornadas e histórias do usuário.
- **Desenvolver:** fase voltada à definição de possíveis soluções que atendam ao problema do negócio.
- **Entregar:** fase em que as entregas são programadas por meio de um MVP e se dá o aprendizado da equipe.

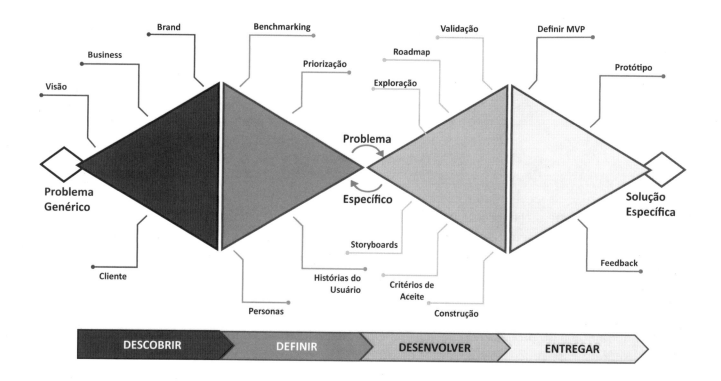

A jornada de construção de produtos utilizando o *Design Thinking* considera que novos produtos devem ser pensados e aprendidos por uma equipe durante o processo de criação junto com o cliente. Isso faz com que os produtos ou serviços gerados passem por um processo contínuo de inspeção e adaptação, uma vez que ele é todo pautado pelos valores e pelo entendimento de quem os utiliza, o que torna o produto ajustado para atender a determinados nichos de mercado.

Por uma questão didática, o tópico sobre *Design Thinking* está subdividido em duas partes. A primeira trata a fase de descoberta e a segunda referencia a definição do produto. Mas por quê? Simplesmente pelo fato de que descobrir um produto exige um estudo prévio para entender como podemos fazer para resolver o problema de nossos clientes, para que, aí sim, utilizemos técnicas de definição para estabelecer um produto que atenda às suas necessidades.

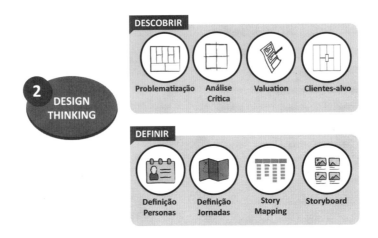

Uma vez que **descobrimos** aquilo de que o cliente precisa, a equipe passa a trabalhar as informações obtidas para **definir** modelos cada vez mais próximos da realidade do cliente e de seus usuários. Dessa maneira, entramos na fase de definição do produto.

5.1. Etapa 1: descobrir o produto

Descobrir o produto é a primeira etapa do processo de *Design Thinking*. Nesta fase, estaremos centrados em entender quais as reais necessidades do cliente e de seus usuários. Esse processo chamamos de problematização, onde são entendidas as situações em que uma solução de negócio não atende aos anseios do usuário, o que diminui seu interesse ou o que sente falta quando utiliza um determinado produto.

A descoberta do produto é o início de uma transformação da necessidade do cliente em um problema a ser solucionado pela equipe de negócios. Tratar as questões ainda não resolvidas, cujas respostas serão definidas por meio de pesquisas e com a interação da equipe de negócios com seu cliente, é a tônica desta fase.

Por se tratar de uma atividade que envolve empatia, pois está centrada nos problemas do usuário, durante esse trabalho a equipe de negócios está responsável por entender como clientes-alvo são atingidos por valores relacionados ao negócio e como isso pode ser utilizado para a criação de *brands*.

Para isso, é importante entender, quanto à descoberta do produto:

- ♦ Como a empresa define a visão de seus produtos que geram valor aos seus clientes?
- ♦ Quais as necessidades que devem ser atendidas para que um produto esteja aderente às necessidades de negócio, clientes e usuários?
- ♦ O que é importante para a empresa ser reconhecida junto ao seu mercado consumidor?
- ♦ Como a empresa entende que sua marca e seus produtos devem estar posicionados?

5.1.1. Fluxo e especificação do processo

O segundo passo do processo *Agile Think® Business Framework* nos convida a fazer uma reflexão sobre os problemas enfrentados pelo usuário de um determinado produto ou serviço. Essencialmente, para descobrir o produto é preciso dar um "passo atrás"! E faz parte dessa descoberta uma releitura do problema, o que nos leva a indagar as capacidades do produto e para que ele serve. Como suas funcionalidades futuras devem permitir resolver os problemas do usuário? É possível conter desperdícios? Que problema desejamos que seja resolvido?

Assim, entender um problema mais a fundo pode abrir novas oportunidades, além de facilitar a criação de propostas de valor e a definição de um *business case* compatível com as necessidades do produto. Por tal motivo, é preciso se aprofundar sobre os problemas enfrentados por clientes e usuários, o que leva a identificar o que traz maior valor agregado e benefícios com o uso de um novo produto ou serviço.

Para isso teremos que formular hipóteses e gerar *insights*. Mas como? Saber o que precisa ser feito para que os problemas atuais sejam resolvidos pelo novo produto nada mais é que tornar plausível a transformação de impressões e sentimentos do cliente em uma visão clara do seu problema.

Segundo Macedo (2017), "isso possibilita que a equipe atue muito mais como direcionadora do processo de passagem de conhecimento do que como responsável por promover o desenvolvimento da solução do problema. Costumamos dizer que, nesse momento, 'as respostas vêm antes das perguntas'".

Antes mesmo de realizar experimentações, o melhor caminho é tentar eliminar ou ter o máximo de controle sobre incertezas e riscos que possam vir a correr. Por isso indagamos: é possível criar soluções mais enxutas e menos dispendiosas? Em quais caminhos não vale a pena empregar tempo, dinheiro e energia? Quais precisam ser descartados? Esse produto é viável do ponto de vista do negócio?

Com o objetivo de prover tais respostas, a etapa de **descoberta** é um passo quase que essencialmente criativo. Sua jornada começa com a problematização e formulação de hipóteses sobre o negócio. Mas isso serve para qual tipo de negócio? Qualquer negócio! Partiremos do plano de ação definido pelo OKR estratégico, o qual orienta o trabalho inicial. Precisamos encontrar como viabilizar as ações traçadas, seguindo seus objetivos, metas, indicadores de performance e riscos já mapeados.

As dificuldades iniciais do cliente, suas necessidades, usabilidade e valor percebido pelo usuário são informações importantes para todo e qualquer negócio, seja ele de produto ou serviço. Por isso a pergunta: é possível prover uma solução sem ao menos entender qual é o problema que devemos atacar? Como é possível resolver um problema se você não sabe do que precisa? O que pode ser feito?

Abordagens oriundas de processos *Lean* facilitam o entendimento de novas propostas de valor de produtos e serviços. Elas auxiliam na criação de uma visão inicial do negócio, o que permite começar um planejamento mínimo para avaliar um novo negócio ou produto, além de permitir que ganhos, perdas e tarefas do cliente sejam entendidos.

O resultado da etapa de descoberta é uma visão mais ampla do negócio e do valor agregado pelo produto ao cliente. É feito o direcionamento do *brand* do produto, detalhando atividades, recursos e necessidades essenciais que devem ser atendidas pelo negócio e que gere valor tanto à empresa quanto ao cliente.

A descoberta do produto é composta pelas etapas de:

- ♦ **Problematização:** representa um conjunto de necessidades do negócio. Contempla as características de um produto que atendem a um determinado público-alvo (cliente).
- ♦ **Análise crítica:** apresenta uma visão das potencialidades do produto do ponto de vista interno e externo ao negócio.
- ♦ ***Valuation*:** estabelece uma proposta de valor para um produto que atenda às necessidades do cliente, definindo uma estrutura de custos, fontes de receita e riscos necessários para composição do *business case*.
- ♦ **Identificar clientes-alvo:** é representado por um público-alvo, quem tem interesse no produto e quais são suas necessidades.

Construção de Produtos com *Design Thinking* **91**

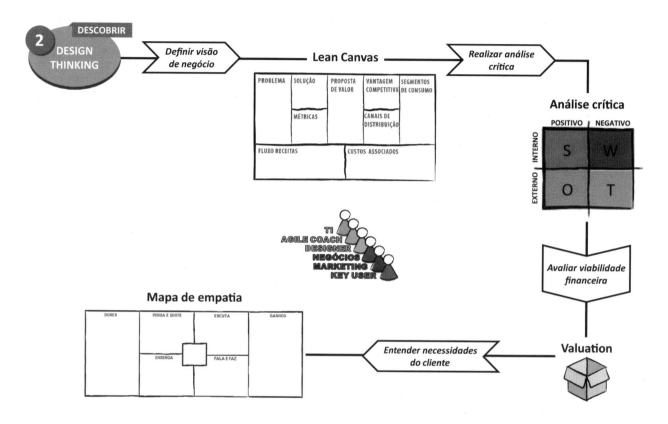

PROCESSO: DESCOBRIR O PRODUTO	
Entregáveis	Definir visão de negócio para o novo produto Estabelecer o *business plan*
Papéis envolvidos	Cliente, negócios, TI, fornecedor, designer de UX, *Agile Coach*
Atividades	Definir visão de negócio Realizar análise crítica Avaliar viabilidade financeira Entender necessidades do cliente e do produto
Ferramentas	*Lean Canvas* Análise SWOT *Valuation* Mapa de empatia

5.1.2. Atividade: definir visão de negócio

O que é definir visão de negócio?

Definir a visão de negócio marca o início da fase de **descoberta** do *Agile Think® Business Framework*. Nesta etapa, é realizado o entendimento dos principais problemas que afligem o usuário, do ponto de vista do negócio ou produto. Não se trata apenas de entender quais são as suas necessidades, mas, sim, dar início à busca por respostas sobre "como" um novo produto (ou a melhoria do atual) poderá criar diferencial competitivo diante da concorrência e ser preponderante para a retenção do cliente e o desenvolvimento da marca.

Para a definição da visão é sempre importante utilizar modelos que permitam planejar o negócio de forma simplificada, colaborativa e orientada à geração de valor. Nesta etapa é preciso entender quais são os pontos-chave para definir o que trará sucesso ao futuro empreendimento, bem como testar modelos de negócios antes mesmo de iniciar o planejamento.

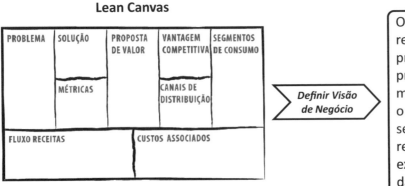

O *Lean Canvas* é uma técnica voltada à definição e ao refinamento do planejamento de produtos, com uma proposta simplificada para o levantamento das principais necessidades do negócio. Inspirado no modelo *Business Model Canvas* (BMC) de Osterwalder, o uso do *Lean Canvas* amplia a visão daquilo que deve ser realizado de forma prioritária dando foco na resolução de problemas, definindo regras para a experimentação e explicitando métricas para validação das hipóteses formuladas inicialmente para o negócio.

A construção da visão depende da estruturação clara de metas. Os problemas precisam ser solucionados e metas são o foco desse mapeamento. Uma boa visão inicial deve permitir que tenhamos o entendimento do negócio por diversos prismas; para isso, é preciso entender informações sobre resultados econômicos esperados, aspectos humanos, papéis, responsabilidades e metas vislumbradas para o negócio.

A proposta do *Lean Canvas* é auxiliar a captação das ideias iniciais do negócio com base na problematização. Ou seja, como podemos objetivamente aumentar o aprendizado, otimizar ações e não gerar desperdícios dos recursos que serão empregados. Esses princípios possibilitam uma melhor racionalização dos recursos disponíveis para o trabalho das equipes de produto e projetos.

Segundo Ash Maurya[1], idealizador do modelo, o resultado esperado da aplicação desse processo deve implicar na identificação do problema, como seria a solução desse problema para o mercado que o consome e qual a melhor forma de ganhar escala e atingir os objetivos traçados. Outro ponto importante a ser salientado é que esse modelo deve auxiliar o aprendizado.

Isso se dá por meio da validação e experimentação dos modelos de negócio apresentados. É saudável pensar que não estamos apenas preocupados em fazer o negócio nascer, mas também é desejável que este conquiste seu público-alvo para que ganhe corpo e cresça de forma sustentável e orgânica.

A construção da modelagem da visão de negócio pelo *Lean Canvas* pode ser facilitada quando utilizamos um modelo de negócio (ou produto) já existente como base para comparação. Pode não parecer, mas a utilização desse tipo de abordagem ajuda na criação de metáforas e ilustra o trabalho dos times de negócio.

Como não adianta também falarmos somente da teoria, vamos pôr o *Lean Canvas* para funcionar na prática?

---

[1] <https://leanstack.com/is-one-page-business-model>.

Os itens a serem mapeados no *Lean Canvas* têm os seguintes campos de informação a serem preenchidos pela equipe:

	Problema	Identifique quais são os principais problemas atuais. Liste aqueles que considera mais impactantes para o negócio ou produto e promova uma breve discussão sobre eles.
	Segmentos de consumo	É preciso definir para quem deseja vender ou oferecer seu produto. Saber quem é o perfil que compra seus produtos ou serviços auxilia na resolução dos problemas elicitados. Isso define o segmento de consumo diretamente impactado pelos problemas descritos. Defina também o público-alvo a quem deseja se dirigir.
	Proposta de valor	Qual a proposta de valor que atende aos segmentos de consumo e resolve os problemas apresentados? É possível que essa proposta de valor contenha mais de uma possibilidade viável. Se for o caso, consulte na concorrência quem atende ao público-alvo com uma proposta de valor que resolve os problemas de forma semelhante. As atividades-chave estão mapeadas?
	Solução	Indique quais são as soluções que, mediante a proposta de valor, podem ser viabilizadas. Outra abordagem é evidenciar na solução proposta aquilo que resolve os problemas mais importantes. Todos os recursos-chave fazem parte da solução proposta?
	Canais de distribuição	Os canais de distribuição e relacionamento com o cliente definem como o produto ou serviço será entregue. Esse modelo deve ser pensado de acordo com o publico definido pelos segmentos de consumo, pois será a partir dele que os melhores canais de distribuição serão selecionados de acordo com o perfil.
	Fluxo de receitas	Como será a entrada de receitas do negócio? O fluxo contempla apenas as vendas do produto ou haverá algum outro fundo de investimento? O mapeamento das fontes de receita é um passo importante para tornar o negócio sustentável e é necessário entender como o fluxo de receitas providenciará sua sobrevivência. É importante lembrar que a carteira e os canais de entrada de dinheiro precisam expandir.
	Custos associados	A estrutura de custos deve ser compatível com os investimentos realizados no negócio. É preciso ter uma visão consolidada das principais fontes de custos para otimizar os investimentos iniciais no produto. Lembre-se de que o dinheiro investido deve gerar retorno. Otimizar os investimentos é fundamental para que o plano inicial seja bem-sucedido.
	Métricas	Para que o negócio possa ser medido ao longo do tempo, a definição de algumas métricas que forneçam essa visibilidade é importante para o acompanhamento do sucesso da proposta de valor. Lembre-se de que todo plano deve ter um conjunto de métricas relevantes, e isso determinará quais são os principais riscos associados ao negócio e que não podem ser negligenciados.
	Vantagem competitiva	Abordar soluções mais adequadas ao problema permite converter a proposta de valor em algo inovador. Isso promove uma vantagem competitiva, que deve se destacar na comparação do negócio ou produto mediante aquilo que foi observado junto ao trabalho de *benchmarking* dos concorrentes.

Como identificar os riscos do negócio?

Todo e qualquer negócio, durante o seu ciclo de vida, é permeado por riscos! E não saber identificá-los é um risco por si só. A adoção do *Lean Canvas* para o mapeamento e a problematização do negócio tem a facilidade adicional de auxiliar na identificação dos principais riscos que precisam de um plano de ação inicial. Lembre-se de que, na definição do OKR feito anteriormente, a parte referente aos riscos ainda estava em um alto nível.

Revisite o plano de ação definido anteriormente e refine um pouco mais os riscos identificados na fase da definição estratégica. Com o preenchimento do *Lean Canvas*, pelo menos três tipos de risco podem ser mapeados: visão de produto, cliente e financeira. Mas como identificar? Vejamos...

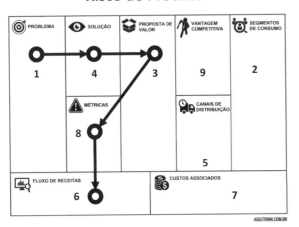

Risco de Produto

A visão de risco do produto pode ser obtida mediante a análise da trilha que leva em consideração o Problema (1), a Solução (4), a Proposta de Valor (3), as Métricas (8) definidas e o Fluxo de Receitas (6). Os pontos críticos a serem observados devem ter foco na segurança e na eficácia do produto. Embora possa parecer complexo, é preciso entender se o problema é realmente solucionado pela proposta de valor apresentada e se suas métricas estão compatíveis com a solução definida. Isso impacta diretamente no fluxo de receitas, uma vez que é necessário prever a existência de especificações especiais que precisam ser seguidas. Dessa forma, a análise deve levar em conta se todos os requisitos de desempenho estão sendo atendidos corretamente, se há a necessidade de embalagem que previna contra a deterioração do produto antes de seu uso, se todos os suprimentos para seu funcionamento estão contemplados, se há a necessidade de prever sua sustentação após a implantação. Veja que temos bastante trabalho a fazer!

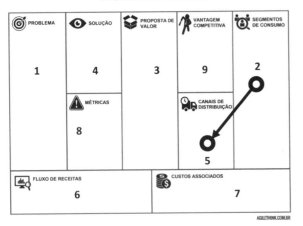

Risco de Cliente

A visão de riscos relacionados aos clientes é facilmente percebida quando analisamos as dimensões referentes à trilha dos Segmentos de Consumo (2) e Canais de Distribuição (5). Os pontos a serem levados em consideração dizem respeito à correção do produto ou serviço ao público-chave selecionado. As informações do produto estão claras para esses públicos? Os canais de distribuição são efetivos para que o produto chegue a quem o consome? As pessoas selecionadas precisam ter alguma habilidade especial para utilizar o produto? A apresentação do produto ou serviço, bem como sua distribuição, está adequada? É preciso inserir instruções especiais ou as condições de uso expressas já estão claras o suficiente? Os resultados esperados pelo cliente durante a utilização do produto estão ambíguos ou causam dúvidas quanto à sua perfeita utilização? Perceba que essas informações são relevantes quando o produto ou serviço estiver disponível, o que pode trazer problemas de manuseio e entendimento, fazendo com que os resultados obtidos não sejam aqueles esperados inicialmente.

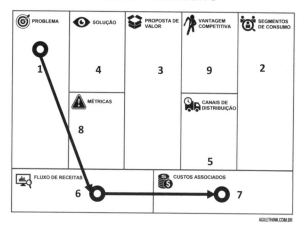

A visão dos riscos financeiros é obtida quando analisamos as dimensões referentes à trilha que inicia com o Problema (1), Fluxo de Receitas (6) e Custos Associados (7). Os pontos a serem levados em consideração dizem respeito aos riscos anteriormente mapeados, relativos ao produto e ao cliente, fazendo a leitura de como estes impactam não apenas o Fluxo de Receitas, como também os Custos Associados. Essas visões permitem que sejam obtidos riscos relacionados ao crédito, operacionais e de mercado. Perceba que riscos de crédito estão diretamente ligados ao fluxo de receitas, as quais podem ser insuficientes para tratar os problemas referentes à operação. Por sua vez, os riscos de operação muitas vezes estão ligados à inadequação do produto, o que leva a gastos suplementares e diminuem sua rentabilidade ao longo do tempo. Da mesma forma, riscos de mercado estão orientados ao cliente, pois, para o produto se manter rentável, necessita ser comprado, e isso deve ser tratado como crítico.

Resultados gerados

Quando realizamos a aplicação do *Lean Canvas* para analisar o negócio como um todo, percebemos que o resultado da análise permite visualizar diversos pontos de vista sobre uma mesma temática do produto. Os diferentes estágios de entendimento sobre o negócio fornecem informações fundamentais para o desenvolvimento inicial do plano de negócios, o que propicia eliminação de desperdícios e foco na resolução do problema. Veja como ficou o exemplo do nosso *case*!

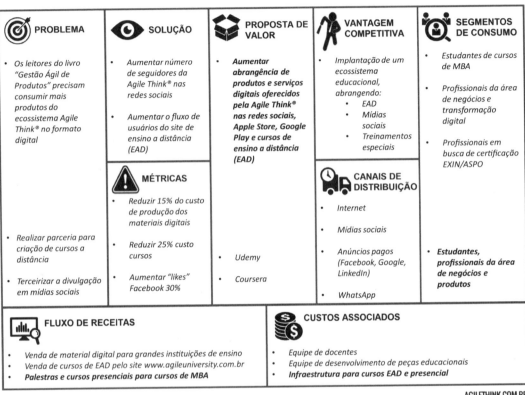

Perceba que os modelos até agora utilizados se baseiam na formulação de uma estratégia voltada à descoberta das principais informações relevantes para o negócio, sempre com foco naquilo que pode impactar e fazer com que o plano de negócio seja mais robusto, com um grau de detalhamento suficiente que permita ao empreendedor percorrer um caminho mais positivo, dando à equipe maior capacidade de analisar possíveis soluções para os problemas apresentados antes mesmo da execução do projeto.

Voltando ao *case* de aplicação proposto neste livro, o preenchimento do *Lean Canvas* trouxe maior facilidade no desenho de como viabilizar a estratégia construída no OKR. Podemos dizer que, ao "descer um degrau", o produto se tornou mais compreensível e as informações mais detalhadas possibilitaram uma melhor visibilidade do que é preciso ser feito para tornar o empreendimento mais palpável e realizável. Ou seja, o plano de negócio começou a ganhar forma!

Como pôr em prática?

Esse trabalho deve seguir um roteiro de planejamento mínimo. Para isso é interessante dividir a sessão em duas fases. Para a primeira etapa dessa reunião:

1. Convoque todos aqueles que são relevantes para o entendimento do negócio (ou produto). Esse momento é importante para que todos estejam cientes do problema a ser resolvido e se engajem em uma solução possível.
2. Ao iniciar a dinâmica, tente apresentar algum modelo de negócio ou produto como referência. Isso facilitará a visualização do problema e, consequentemente, um melhor entendimento da solução mais adequada.
3. Certifique-se de que as soluções propostas estão aderentes à resolução do problema. Embora a melhor forma de preencher o *canvas* seja em um modelo de *brainstorming*, não perca o foco do problema.
4. Sempre que possível, questione a validade das soluções propostas. Isso permite que os presentes foquem na resolução do problema!
5. Pense sempre no cliente! É para ele que a solução está sendo proposta.
6. Não perca de vista que o produto deve sempre estar orientado à percepção de qualidade que o cliente tem sobre ele. Esse é o principal gatilho das soluções que têm no seu público-alvo o ponto que norteia as ações do time.
7. As métricas devem ser pautadas por resultados diretos do produto, pois estamos exercitando como reter o cliente. Dessa forma, pense naquilo que consegue ser mensurado.
8. Sempre que possível envolva nesse tipo de reunião possíveis clientes e investidores. Saber de seus clientes como eles estão resolvendo atualmente esses problemas é um diferencial. Lembre-se de que um bom produto deve levar em consideração a experiência do usuário para ser bem aceito e sua viabilidade só será completa se tiver alguém que acredite na solução.

Na segunda etapa da reunião, o foco estará no entendimento dos riscos. Dessa forma:

9. A visão de possíveis investidores traz à discussão uma contribuição concreta, que vai além do simples aporte de capital. Tome cuidado apenas para não engessar a solução com base naquilo que seu investidor quer "enxergar", pois isso limita a possibilidade de inovar!
10. Tente validar nesse primeiro momento se o problema e a solução proposta estão aderentes à ideia inicial do produto. Não perca de vista que o produto faz parte de uma estratégia definida anteriormente.
11. Sempre que for necessário, revisite o OKR e os planos de ação.
12. Tente validar se o problema atende ao seu mercado-alvo! Não adianta nada criar um belo plano de negócio se quem consome o produto não estiver contemplado na solução!
13. Antes de pensar em como escalar seu produto, veja se tem ao menos a visão de um produto mínimo viável. Você terá que validar com seu público-alvo essas premissas antes de seguir adiante. Portanto, pés no chão para que não queime etapas!

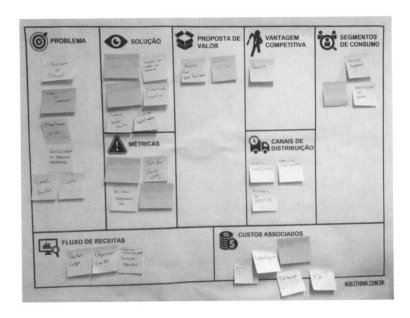
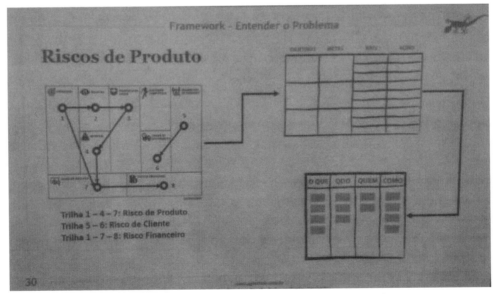

5.1.3. Atividade: realizar análise crítica de cenários

O que é realizar análise crítica de cenários?

Análise crítica é uma etapa de autoconhecimento das potencialidades do negócio. Mais do que saber o que pode contribuir para uma boa performance e aceitação de um novo produto por seu público-alvo, entender aquilo que porventura pode fazê-lo fracassar é tão ou mais importante.

Um bom planejamento de cenários permite formatar produtos de maneira mais eficiente, com foco na resolução de problemas não apenas do cliente, mas também da própria empresa. Ao explorar potencialidades e criticidades do negócio, a única certeza é que ambos sempre estarão envoltos por incertezas. Assim, ao identificar tipos de força que possam impactar a situação atual e futura do produto, os cenários internos e externos à organização podem ser previstos antes mesmo do início de um novo projeto.

Isso não lhe parece importante?

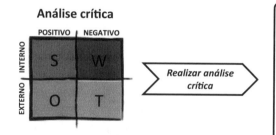

A análise crítica de cenários é uma fase de autoconhecimento do próprio negócio, o que nos possibilita entender como podemos planejar produtos que potencializem aspectos positivos e reduzam a chance de perdas e desperdício de investimentos. Segundo Vidal (2017), a "análise SWOT permite, pela sua simplicidade, analisar os cenários do ambiente interno mediante as forças e fraquezas e do ambiente externo através das oportunidades e ameaças".

O pragmatismo é a palavra de ordem dessa etapa do *framework*. Essa visão deve guiar a atuação da equipe responsável pelo negócio e aprofundar de forma mais ampla quanto possível a identificação das principais forças e deficiências do produto. Dessa maneira será possível não apenas identificar os principais riscos inerentes ao negócio, mas também estabelecer meios para que planos de ação propostos sejam mais condizentes com a realidade apresentada pela análise desses cenários.

Como é feito?

O *Agile Think® SWOT Canvas* é um roteiro para realizar a análise dos cenários propostos pelo modelo SWOT. Como é sabido, o acrônimo SWOT é oriundo do inglês e a técnica está centrada na identificação de características do negócio de forma crítica, apontando **forças** (*strenghts*), **ameaças** (*weaknesses*), **oportunidades** (*opportunities*) e **fraquezas** (*threats*).

Essa análise tem por característica uma visualização do problema através de aspectos internos e externos. Assim, um possível roteiro para a aplicação dessa técnica seria responder algumas perguntas, as quais podem ser utilizadas para direcionar os trabalhos de *brainstorming*. Para determinar os pontos fortes dessa análise, geralmente utilizamos as seguintes indagações com o grupo responsável pela análise:

 FORÇAS

- *O que você faz bem?*
- *O que sua empresa tem de melhor?*
- *Tudo está sob seu comando?*
- *Quais são os recursos que você tem?*
- *O que possui que é melhor que seus concorrentes?*
- *O que faz os clientes voltarem para a sua empresa?*

OPORTUNIDADES

- *Quais oportunidade são possíveis a partir de uma iniciativa?*
- *Quais são as tendências atuais?*
- *Existem novidades no mercado que podem ser aproveitadas?*
- *Como podemos transformar nossas forças em novas oportunidades de negócio?*

FRAQUEZAS

- *Todos os recursos são capacitados para as funções necessárias de gestão?*
- *Onde eu preciso melhorar?*
- *Do que meus parceiros mais reclamam?*
- *Quais são as deficiências da comunicação com meus fornecedores?*
- *Qual é o índice de reincidência em problemas sobre um mesmo tema?*

AMEAÇAS

- *O que pode ameaçar o posicionamento da empresa junto aos nossos principais clientes?*
- *Quais competências estão sendo postas à prova?*
- *O que o mercado e a concorrência fazem melhor que nós?*
- *Quais fraquezas expõem a marca?*
- *Quais fraquezas podem se tornar uma ameaça?*

AGILETHINK.COM.BR

Os itens a serem mapeados no SWOT *Canvas* têm os seguintes campos de informação a serem preenchidos pela equipe:

🚶	Forças	Indique quais são as forças de seu negócio ou produto, do ponto de vista externo. Que recursos únicos podem ser aproveitados para dirimir essa análise?
🎯	Oportunidades	Indique quais são as oportunidades para o seu negócio ou produto, do ponto de vista interno. Que oportunidades tem disponíveis? Que tendências pode aproveitar? Como transformar suas forças em oportunidades?
👁	Fraquezas	Indique quais são as fraquezas de seu negócio ou produto, do ponto de vista interno. O que pode melhorar? Quais recursos e capacidades os concorrentes possuem a mais? O que é que os outros veem como suas fraquezas?
⚠	Ameaças	Indique quais são as forças de seu negócio ou produto do ponto de vista externo. Que ameaças podem prejudicá-lo? O que os seus competidores estão fazendo?

Resultados obtidos

A matriz para análise SWOT tem como objetivo auxiliar o corpo diretivo da empresa a aplicar a melhor estratégia e a obter vantagem competitiva para seus produtos ou negócios, através do mapeamento das características de seus ambientes interno e externo.

FORÇAS

- Consultoria especializada
- Produtos alinhados com as necessidades do mercado
- Livro que apresenta modelos atualizados
- Networking e redes sociais ativas

 OPORTUNIDADES

- Modelo disruptivo que traz novas práticas para gestão ágil e estratégia de produtos
- Nova linha de produtos EXIN
- Alavancar novas certificações da EXIN
- Promover cursos de ensino a distância diferenciados
- Pioneirismo

 FRAQUEZAS

- Fluxo de caixa desfavorável para o lançamento simultâneo de muitos produtos
- Plataforma de ensino a distância ainda carece de ajustes estruturais e de infra
- Equipes de vendas e comercial despreparadas para venda de produtos relacionados ao tema

 AMEAÇAS

- Custos envolvidos na criação de novos produtos
- Tempo de lançamento de novos produtos e cursos relacionados ao tema
- Time-to-market

AGILETHINK.COM.BR

Como pôr em prática?

A dinâmica de preenchimento do SWOT *Canvas* visa auxiliar a equipe na definição de uma estratégia que possibilite um melhor entendimento sobre como os riscos do produto podem ser mitigados e oportunidades possam ser mais bem aproveitadas. Embora a SWOT seja uma ferramenta importante para a identificação de problemas, uma de suas deficiências é não ter uma preocupação explícita com o endereçamento e a priorização de soluções. As informações obtidas a partir da análise podem ser então negligenciadas ou perdidas, sem que se tenha uma ação efetiva sobre elas. Sendo a obsolescência das informações vista como um ponto negativo da técnica, ressaltamos que, a partir da análise, os planos de riscos e de ação devem ser revisitados e as informações mais relevantes devem ser acrescentadas.

Dessa maneira, o trabalho deve seguir um roteiro de planejamento mínimo:

1. Defina as principais forças do negócio.
2. Defina as principais fraquezas do negócio.
3. Defina as principais oportunidades para o negócio.
4. Defina as principais ameaças ao negócio.
5. Mediante a análise dos riscos relacionados ao produto, obtidos na fase anterior, tente entender como é possível integrar e sintetizar tipos diversos de informações, quantitativas e qualitativas, das várias áreas da empresa, que permitam aumentar a aderência do produto às necessidades do cliente.
6. Mediante a análise dos riscos financeiros do negócio, obtidos na fase anterior, tente entender como é possível eliminar despesas envolvidas e reduzir custos associados com o plano estratégico.
7. Mediante a análise dos riscos relacionados ao cliente, obtidos na fase anterior, tente entender como é possível estimular a colaboração entre as áreas funcionais da empresa para que o engajamento destas com o produto e a marca seja mais bem endereçado.

5.1.4. Atividade: avaliar viabilidade financeira

O que é visão de valor de negócio?

A visão de valor sobre um negócio ou produto é um conceito que nos remete a algumas perguntas que devem ser respondidas: o que queremos com o desenvolvimento desse produto? Quanto vale a iniciativa do desenvolvimento do produto? Quanto tempo leva? Isso é rentável durante quanto tempo?

Assim, para responder a essas indagações é necessário aplicar diversas técnicas que permitam uma visão mais abrangente não apenas do que será construído, mas também das capacidades econômicas e financeiras do produto e seu tempo de ciclo de vida. O processo pelo qual tratamos essas e outras perguntas relacionadas à viabilidade de construção de um produto é conhecida por "período de *valuation*".

Mas o que é o período de *valuation*? *Valuation* é um modelo que permite entender a rentabilidade futura de um produto e quais são os resultados esperados durante um determinado período de tempo. Esse processo engloba, dentre outras técnicas, a análise de viabilidade econômica e financeira do produto.

Isso exige que estudos relacionados à rentabilidade e à capacidade de geração futura de valor de todos os ativos do produto, tangíveis e intangíveis, sejam mapeados para uma melhor compreensão se investimentos valem ou não a pena ser realizados. Essas informações são compiladas em um documento conhecido como *business case*.

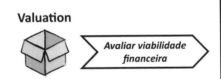

A viabilidade financeira do negócio depende da análise dos ativos tangíveis e intangíveis. Ativos tangíveis são bens concretos e materializados – aqueles que podem ser tocados, como equipamentos, máquinas, estoques, abrangendo capital físico e financeiro. Ativos intangíveis estão relacionados às capacidades do produto, tais como a marca, a estratégia operacional, distribuição, reconhecimento do público consumidor e características invisíveis, porém determinantes para o sucesso de todo e qualquer negócio.

A definição do valor de negócio deve ser estabelecida juntando visões financeiras (tangível) e operacionais (intangível). Isso permite que o cálculo de resultados futuros esperados englobe uma visão mais ampla, que vai desde o fluxo de caixa, receitas, entradas, saídas até o ROI (Return on Investment).

Nessa fase, no Agile Think® Business Framework são realizados tanto os cálculos que definem os valores tangíveis do produto, como uma projeção dos considerados intangíveis. Dessa forma, o valor do produto passa a ser uma composição de cálculos que levam em consideração projeções dos resultados operacionais, investimentos necessários, capital de giro e comportamento de ativos ao longo do tempo.

Como a visão de valor de negócio é definida?

Nessa etapa do *framework* o foco está em definir as bases para a confecção de um *business case*. Para isso, precisamos estabelecer premissas não apenas para o cálculo da viabilidade, o que permitirá planejar e monitorar o planejamento durante o desenvolvimento do produto durante seu ciclo de vida, mas também ter informações que determinem uma proposta de valor, problemas a serem resolvidos, indicadores de desempenho e diferenciais do produto.

A análise de viabilidade do produto nos prepara para fazer uma monitoração mais adequada, o que permite tomadas de decisão e prevenção de possíveis riscos de forma mais realista e estruturada. Assim, o *Agile Think® Business Framework* estabelece um ciclo de análises que possibilitam enxergar tanto os valores tangíveis como os intangíveis do produto. Para a definição dos valores intangíveis, trabalharemos com o *Lean Canvas* e o Mapa de Valor.

O objetivo dessa etapa do *framework* é obter insumos suficientes para a confecção de um *business case* simplificado para validar as premissas de negócio. As seguintes informações devem ser geradas:

- **Descrição do produto:** é uma definição simplificada, orientada pelo princípio SMART. Trata-se de um mnemônico, em inglês, que é aplicado à definição de critérios que orientam a especificação de objetivos estratégicos do produto. Todas as letras têm um significado, sendo S = específico, M = mensurável, A = alcançável, R = relevante e T = temporal. As vantagens de aplicar o modelo SMART à descrição de um produto é permitir um entendimento mais direto das principais necessidades. Vale ressaltar que elementos mapeados em outros artefatos, tal como o OKR (*Objective and Key Results*), já possibilitam que os objetivos SMART sejam obtidos de maneira mais simplificada.
- **Custos:** as estimativas de custos são obtidas através do entendimento dos objetivos e das ações traçadas para o desenvolvimento do produto. O refinamento dessas estimativas é o foco dessa fase do *framework*.
- **Benefícios:** os benefícios pretendidos já foram previamente mapeados no OKR. Quando definimos os objetivos estratégicos, podemos dizer que sua derivação em metas reproduz quais benefícios estão sendo esperados. No entanto, nessa fase do *framework* precisamos aprofundar essa visão, acrescentando a ela uma proposta de valor.

- **Riscos de oportunidade e de produto:** os riscos associados ao produto trazem uma importante fonte de informação sobre oportunidades e possíveis problemas que precisam ser mitigados. É preciso ter uma visão abrangente dos riscos que estão sendo enfrentados, bem como dos benefícios trazidos com a realização do empreendimento. Devem ser respondidas perguntas como: quais são nossas condições iniciais? Quais são as possíveis limitações? Que formas temos de atingir os objetivos? Lembre que no OKR temos uma fonte inicial de informações para a criação da visão dos riscos e das oportunidades criadas a partir do produto. Porém, para esse trabalho, uma análise do ponto de vista de forças, oportunidades, fraquezas e ameaças, representada por uma matriz SWOT, parece ser mais adequada para a exploração dos principais problemas a serem mapeados inicialmente.
- **Cálculo de viabilidade econômico-financeira:** esse estudo leva em consideração os cálculos do Valor Presente Líquido (*NPV – Net Present Value*), Taxa Interna de Retorno (*IRR – Internal Rate of Return*), Retorno sobre o Investimento (*ROI – Return on Investment*) e *Payback*.
- **Recomendações iniciais:** diz respeito às informações que devem ser levadas em consideração na criação de um planejamento inicial. Sempre que realizamos esse tipo de levantamento temos como objetivo preparar a equipe para saber identificar quem são as pessoas-chave, restrições a serem respeitadas, impedimentos de diferentes ordens e eventos que podem facilitar os trabalhos.

Resultados obtidos

Na etapa inicial de descoberta do produto, saber para onde ir e o que é preciso fazer parece ser a melhor opção que temos. Por tal motivo, o mais indicado no momento é responder às dúvidas e saber o que está sendo feito, para quem o produto está sendo gerado, o que ele deve atender e, principalmente, quais os ganhos obtidos a partir de seu desenvolvimento.

A descoberta é também uma fase de preparação. As informações obtidas na fase anterior devem ser compiladas e orientadas a responder as principais dúvidas com relação ao produto ou negócio. Lembre-se de que nesse momento precisamos preparar justificativas que permitam entender se o negócio atende minimamente aos requisitos econômicos para que seja transformado em produto.

A divisão do problema em valores tangíveis e intangíveis é feita de forma proposital.

Como pôr em prática?

Esse trabalho exige que um roteiro mínimo de planejamento seja seguido. A prática dessa etapa consiste em obter alguns índices e cálculos necessários para saber a viabilidade econômico-financeira do produto a ser construído. Nosso trabalho estará focado em obter os seguintes índices: Retorno sobre o Investimento (*ROI – Return on Investment*), Valor Presente Líquido (*NPV – Net Present Value*), Taxa Interna de Retorno (*IRR – Internal Rate of Return*) e *Payback*. Então, vamos a eles!

1. *Cálculo do Retorno sobre o Investimento (ROI)*

Oriundo do termo em inglês ROI *(Return on Investment),* por meio deste índice é possível saber como medir o retorno esperado para uma quantia de recursos investidos durante um determinado tempo. O objetivo principal deste indicador é responder às seguintes perguntas:

- Quanto ganharemos com o investimento realizado?
- Quanto tempo é necessário para obter o retorno para o valor investido?

Dessa forma, o cálculo do ROI consiste em estabelecer uma relação entre os lucros gerados sobre um montante de capital investido, durante um determinado espaço de tempo. Pela aplicação direta da fórmula, de acordo com o exemplo a seguir, temos o seguinte cálculo de ROI:

Período	Benefícios	Custos	Fluxo	Balanço
Ano 0	-	R$100.000,00	R$100.000,00	- R$100.000,00
Ano 1	R$60.000,00	-	R$60.000,00	- R$40.000,00
Ano 2	R$60.000,00	-	R$60.000,00	R$20.000,00
Ano 3	R$80.000,00	-	R$80.000,00	R$100.000,00
Ano 4	R$100.000,00	-	R$100.000,00	R$200.000,00
Ano 5	R$120.000,00	-	R$120.000,00	R$320.000,00

Cálculo de Retorno de Investimento (ROI)

ROI = (Lucratividade Média / Custos) * 100, onde:
Lucratividade Média = (Σ Benefícios – Custos) / Σ Anos

Lucratividade média = (Σ Benefícios – Custos) / Σ Anos
Lucratividade média = (420.000,00 – 100.000,00) / 5 = 64.000,00

Assim, teremos:

ROI = (Lucratividade Média / Custos) x 100
ROI = (64.000,00 / 100.000,00) x 100
ROI = 0,64 x 100
ROI = 64%

E o que nos diz esse índice? A melhor forma de interpretar é que, em um período de cinco anos, o retorno sobre o investimento obtido, para cada R$ 100.000,00 investidos, é da ordem de 64%.

2. *Cálculo do Valor Presente Líquido (VPL)*

Oriundo do termo em inglês NPV (*Net Present Value*), este indicador demonstra o valor dos benefícios futuros para um determinado produto, considerando os índices calculados em valores monetários atuais. E o que esse cálculo nos diz? O VPL é uma medida utilizada para determinar se o investimento a ser realizado no produto é viável ou não, considerando um determinado período de tempo. O objetivo principal deste indicador é responder às seguintes perguntas:

- ♦ O dinheiro que receberemos no futuro vale o mesmo montante que temos no presente?
- ♦ O investimento é rentável durante quanto tempo?

Dessa forma, o cálculo do VPL consiste em saber se, com a variação do dinheiro ao longo do tempo, o custo desse capital é atrativo o bastante para garantir a viabilidade do investimento. Para isso, a taxa de desconto aplicada é o que define a rentabilidade do fluxo de caixa para um determinado investimento. Pela aplicação direta da fórmula, de acordo com o exemplo a seguir, temos o seguinte cálculo de VPL:

Cálculo do VPL considerando a Taxa de Desconto de 15%		
Período	Fluxo	Balanço
Ano 0	1/(1=0,15)⁰	1,00000
Ano 1	1/(1=0,15)¹	0,86960
Ano 2	1/(1=0,15)²	0,75610
Ano 3	1/(1=0,15)³	0,65750
Ano 4	1/(1=0,15)⁴	0,57180
Ano 5	1/(1=0,15)⁵	0,49720

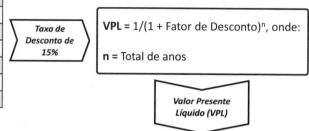

Cálculo do VPL considerando a Taxa de Desconto de 15%			
Período	Fluxo	Fator de desconto	Fluxo descontado
Ano 0	- R$100.000,00	1,00000	- R$100.000,00
Ano 1	R$60.000,00	0,86960	R$52.176,00
Ano 2	R$60.000,00	0,75610	R$45.366,00
Ano 3	R$80.000,00	0,65750	R$52.600,00
Ano 4	R$100.000,00	0,57180	R$57.180,00
Ano 5	R$100.000,00	0,49720	R$49.720,00

A melhor forma de interpretar o Valor Presente Líquido é se ele está positivo ou negativo. Se o índice for positivo, trata-se de um bom investimento. Se for negativo, reconsidere se vale a pena investir no produto.

No caso do fluxo apresentado, descontados os R$ 100.000,00 investidos inicialmente, durante 5 anos e com uma taxa de desconto de 15%, o resultado realizado será da ordem de R$ 157.042,00. Como o valor é positivo, trata-se, sim, de um bom investimento.

3. *Taxa Interna de Retorno (TIR)*

Oriundo do termo em inglês IRR *(Internal Rate of Return)*, a TIR é um dos indicadores essenciais em análises de retorno de investimentos em projetos ou para a valoração de empresas. Este indicador demonstra o valor do benefício de um projeto, calculado com uma taxa de desconto, para um VPL = 0.

Trata-se de um índice aplicado ao fluxo de caixa, o qual é utilizado para comparar a taxa de retorno entre projetos. O objetivo principal deste indicador é responder à seguinte pergunta: a porcentagem daquilo que receberemos vale mais que a taxa de desconto?

Taxa Interna de Retorno (TIR)

$$VPL = 0 = Fluxo + \sum_{t=1}^{n} Fluxo_t /(1+TIR)^t$$

Taxa de Desconto de 40% → **Retorno Positivo**

Cálculo da TIR considerando a Taxa de Desconto de 40% ao ano			
Período	Fluxo	Fator de Desconto	Fluxo Descontado
Ano 0	- R$1.200.000,00	1,00000	- R$1.200.000,00
Ano 1	R$950.000,00	0,71430	R$678.585,00
Ano 2	R$850.000,00	0,51020	R$433.670,00
Ano 3	R$800.000,00	0,36440	R$291.520,00
Ano 4	R$600.000,00	0,26030	R$156.180,00
Ano 5	R$400.000,00	0,18590	R$74.360,00
		Resultado	R$ 434.315,00

Taxa de Desconto de 80% → **Retorno Negativo**

Cálculo da TIR considerando a Taxa de Desconto de 80% ao ano			
Período	Fluxo	Fator de Desconto	Fluxo Descontado
Ano 0	- R$1.200.000,00	1,00000	- R$1.200.000,00
Ano 1	R$950.000,00	0,55360	R$525.920,00
Ano 2	R$850.000,00	0,30860	R$262.310,00
Ano 3	R$800.000,00	0,17150	R$137.200,00
Ano 4	R$600.000,00	0,09530	R$57.180,00
Ano 5	R$400.000,00	0,05290	R$21.160,00
		Resultado	R$ 196.235,00

A melhor forma de interpretar esse índice é com relação ao valor resultante do cálculo da TIR. Caso este seja positivo, trata-se de um bom investimento. Caso o retorno seja negativo, desconsidere investir no produto.

4. *Payback*

O termo em inglês *payback* representa o tempo necessário para que o investimento realizado se pague. Dessa forma, o *payback* é um dos indicadores essenciais para que tenhamos uma demonstração do tempo necessário para que os benefícios alcançados retornem o investimento inicial do projeto.

Trata-se de um índice aplicado ao fluxo de caixa, que responde à seguinte pergunta: "quando" o projeto recuperará o investimento?

Período	Benefícios	Custos	Fluxo	Balanço
Ano 0	-	R$100.000,00	R$100.000,00	- R$100.000,00
Ano 1	R$60.000,00	-	R$60.000,00	- R$40.000,00
Ano 2	R$60.000,00	-	R$60.000,00	**R$20.000,00**
Ano 3	R$80.000,00	-	R$80.000,00	R$100.000,00
Ano 4	R$100.000,00	-	R$100.000,00	R$200.000,00
Ano 5	R$120.000,00	-	R$120.000,00	R$320.000,00

Período de Payback

O cálculo do *payback* é definido da seguinte forma:

No fluxo de caixa anual, a partir do ano 2, o balanço se torna positivo. Dessa maneira, considerando o fluxo = R$ 60.000,00 / 12 = R$ 5.000,00

A quantidade de meses necessária para pagar o investimento será 60.000,00 – 20.000,00 = 40.000,00 / 5.000,00. Assim, o investimento será pago no mês 8 do terceiro ano.

5.1.5. Atividade: entender necessidades do cliente

O que é entender a necessidade do cliente?

O entendimento das necessidades do cliente é a etapa que finaliza a **descoberta** do *Agile Think® Business Framework*. Durante as fases anteriores do processo, criamos uma visão do problema, realizamos uma análise crítica dos cenários, fizemos o *valuation* da oportunidade de negócio e agora, com uma visão mais abrangente do contexto do negócio, montaremos uma hipótese do perfil do cliente que consumirá a solução proposta.

Esse tipo de abordagem tem como objetivo estabelecer um conjunto de características de um perfil ou grupo, que pode ser utilizado posteriormente para direcionar ações de marketing ou até na construção de módulos específicos para o produto. Esse estudo deve auxiliar a equipe de negócios a decidir e aperfeiçoar ações direcionadas ao modelo de negócio.

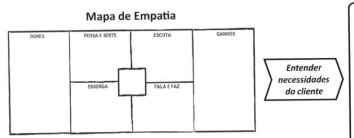

O Mapa de Empatia é uma ferramenta que auxilia o time de negócios a promover um amplo entendimento sobre como podemos lidar com a persona em estudo e que pode ser utilizada para representar seu comportamento. Trata-se de um exercício de "colocar-se" no lugar da pessoa e definir algumas premissas que permitam enxergar o universo que está sendo proposto sob a sua ótica.

A construção da visão do cliente com o Mapa de Empatia demanda que algumas perguntas sejam feitas, para que você consiga adentrar seu universo. Lembre-se de que alguns perfis já foram previamente mapeados no *Lean Canvas*, e esse é o ponto de partida.

Para iniciar o mapeamento das necessidades do cliente, lembre-se das metas a serem atingidas pelo negócio e da proposta de valor do produto. Será de acordo com suas metas que se dá o início dessa busca pelo perfil e por aquilo de que ele precisa. O foco está em conhecer e explorar com mais eficácia o modelo mental do cliente, para que seja possível saber como é possível conseguir ter empatia por ele.

Lembre que o ambiente, em certos casos, é preponderante para a definição do comportamento. Pense que as pessoas têm uma rotina de vida. Essa rotina, por sua vez, determina algumas características marcantes, o que está diretamente ligado a aspectos físicos, sociais, mentais e até de gênero que compõem o perfil. Para realizar essa análise utilizamos o seguinte modelo:

Construção de Produtos com *Design Thinking* **115**

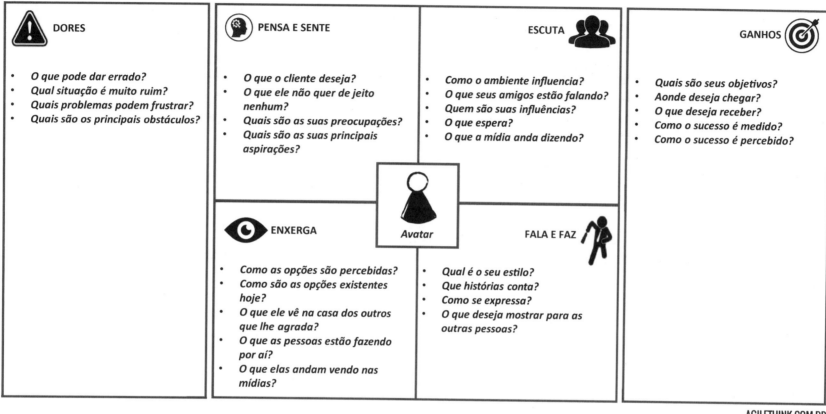

Os itens a serem mapeados no Mapa de Empatia têm os seguintes campos de informação a serem preenchidos pela equipe:

	Avatar	É sempre interessante iniciar o quadro com uma imagem ou referência visual que represente a persona, pois isso ajuda a definir suas características pessoais e fornece mais vida ao personagem.
	Pensa e sente	O que a pessoa pensa e sente com relação ao novo produto ou ao atual? Quais as características atuais que não atendem aos seus desejos? O que ela pensa do produto? O que ela deseja que o produto faça que atualmente este não executa?
	Escuta	O produto é falado no meio em que a persona convive? O que é dito pelas pessoas mais próximas? O que ela escuta sobre as deficiências atuais do produto? Com quais itens ressaltados pelas pessoas de seu meio ela concorda?
	Enxerga	Quais são as características visuais do produto que não agradam ao perfil? Existem opções em outros produtos que ela deseja? Quais são elas? O que ela vê nos outros que a agrada?
	Fala e faz	O que ela costuma falar do produto com as pessoas de seu relacionamento? O que ela não faz com o produto atual que gostaria de fazer? Ela comunica isso em mídias sociais? Qual é seu depoimento atual com relação ao produto?
	Dores	Quais são as suas principais dores? O que está errado no produto que precisa ser mudado? Existem problemas que bloqueiam a sua interação com o produto? Se sim, quais são eles? O que gera o sentimento de frustração?
	Ganhos	Identifique quais são os principais ganhos que o perfil gostaria de ter com o produto. Quais são seus objetivos com relação ao uso do produto? Isso pode ser evidenciado de qual maneira? O que pode garantir o sucesso e eliminar suas frustrações?

Resultados gerados

A aplicação do Mapa de Empatia é antes de mais nada um facilitador para a definição dos perfis que devem ser atendidos prioritariamente na possível construção ou melhoria de um produto. Antes de saber a quem atender, precisamos saber a quem não iremos atender. Muitas das inovações presentes nos novos produtos passam por aqueles que estão insatisfeitos com ele.

Sim! Saber as deficiências do produto é às vezes mais relevante que pensar em algo novo sem uma motivação forte. Isso evita muitas vezes que se gaste de forma desnecessária, o que pode encarecer os custos do produto de forma geral, sem trazer aparentemente a aceitação necessária.

É preciso então estudar o comportamento dos clientes, buscando perfis que se encaixem como público-alvo para implantação e testes posteriores. Muitas vezes isso pode ser realizado por meio de pesquisas internas, o que nos leva a compreender melhor como o cliente preferencial do produto enxerga a empresa, quais seus hábitos de consumo e aquilo que ele espera desse produto.

Pensando no *case* deste livro, perceba que o mapeamento do perfil traz informações valiosas, as quais vêm ao encontro das premissas estratégicas do negócio.

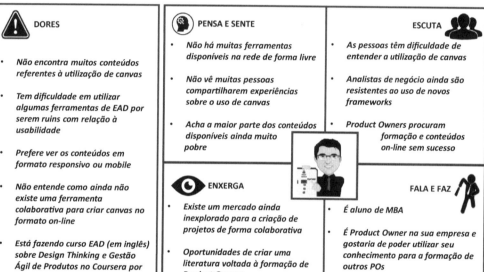

Como pôr em prática?

Mais do que apenas identificar perfis, a prática do Mapa de Empatia permite conhecer melhor quem consome os produtos da empresa. Se nos mapeamentos anteriores já tínhamos alguns perfis possíveis de ser trabalhados, nesse momento é preciso mais!

É necessário fazer pesquisas prévias, que nos permitam coletar o maior número de informações sobre comportamento, visão, entendimento e aspectos que definam a relevância não apenas dos perfis já sabidos, como também daqueles que são relevantes para o contexto do negócio, os quais podem ajudar tanto no desenvolvimento do produto como na sua validação.

Inicialmente, é importante ter informações básicas sobre os perfis a serem estudados pela equipe. Sendo assim, a execução do Mapa de Empatia exige um roteiro mínimo, o qual deve fazer parte de um planejamento prévio para chegar aos resultados esperados:

1. Faça uma pesquisa prévia para validar os perfis indicados no *Lean Canvas* do campo Segmentos de Consumo. Nessa pesquisa, colete informações sobre cada um dos perfis apontados com base no Mapa de Empatia.
2. Crie um nome e uma idade para a persona.
3. Utilize os estudos realizados anteriormente para dar relevância e criar intimidade com o personagem.
4. Preencha os quadrantes utilizando a expertise da equipe para definir o padrão comportamental da persona.
5. Crie um resumo com as principais características do perfil.

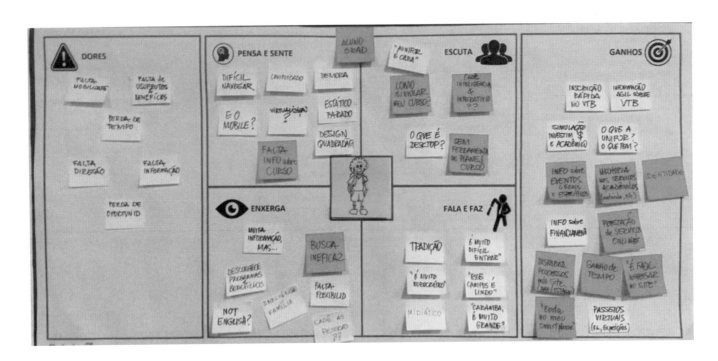

5.2. Etapa 2: definir o produto

Definir o produto é a segunda etapa do processo de *Design Thinking*. Nessa fase é feito um aprofundamento sobre como o produto atenderá às necessidades dos clientes. O foco está na definição de um alicerce sólido para a construção de hipóteses, as quais precisarão ser validadas nas etapas consequentes do *Agile Think® Business Framework*.

As atividades propostas nessa etapa ajudam a responder quem é o cliente que deve ser atendido. Com essa visão, é possível estabelecer sua jornada e quais os principais problemas que ele enfrenta e quais precisam ser resolvidos. Ao tentarmos saber como lidar com os seus problemas, mapeamos seus objetivos.

Isso nos permite descrever com mais propriedade os cenários onde as personas e seus problemas ocorrem, o que possibilita adotar soluções significativas para o contexto, aprofundando o entendimento de suas reais necessidades.

Por se tratar de atividades que envolvem definições e foco nos fluxos de negócio que trazem maior valor, a equipe de negócios precisa não apenas organizar as informações geradas, como também compilar todo esse material. Ao final dessa etapa, será preciso planejar como o produto será construído.

É importante que a fase de definição do produto responda às seguintes perguntas:

- ♦ Quais são as personas que melhor se identificam com o perfil desejado para o produto?
- ♦ Quais jornadas propiciam sua interação com o produto? Quais são seus objetivos ao utilizar o produto?
- ♦ Como estão desenhados os principais fluxos de interação da persona e sua jornada junto ao produto?
- ♦ É possível desenhar e definir interfaces que permitam visualizar a interação do perfil e do produto?

5.2.1. Fluxo e especificação do processo

Nesse momento precisaremos entender quais necessidades do cliente serão atendidas prioritariamente. Para isso, será importante estabelecer as seguintes informações:

- ♦ **Definição de personas:** é importante para identificar como os problemas podem ser resolvidos por meio de um produto. Esse artefato auxilia no desenho da solução de negócio, o que permite uma melhor identificação do público-alvo e como pode ser sua interação junto ao produto.
- ♦ **Definição de jornadas:** é uma atividade que permite o entendimento dos fluxos de interação de uma persona junto ao produto, definindo como serão realizadas as ações que permitam sua interação com o negócio.

♦ **Story Mapping**: é uma atividade voltada para a construção dos principais fluxos de negócio, onde a proposta de valor do produto é aplicada, estabelecendo uma conexão entre o comportamento do produto junto às necessidades identificadas pela definição das personas e suas respectivas jornadas.
♦ **Storyboard**: é uma atividade voltada à construção de *wireframes*. Essa técnica permite evoluir a construção de interfaces que possibilitem a interação da persona com o produto.

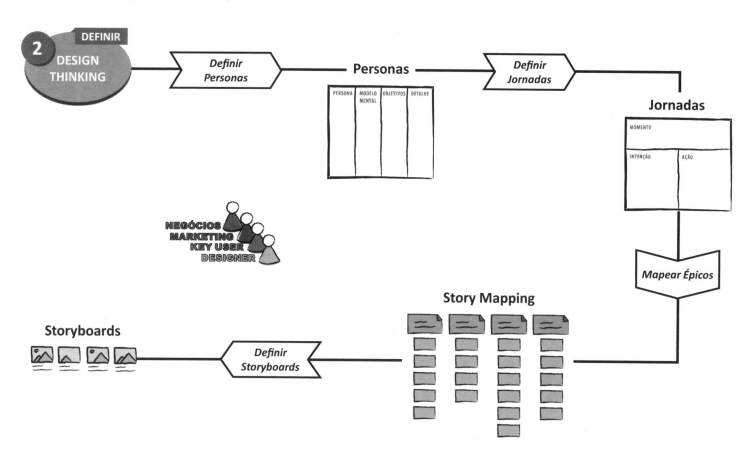

PROCESSO: DEFINIR O PRODUTO	
Entregáveis	Mapeamento de personas Mapeamento de jornadas *Story Mapping* *Storyboards*
Papéis envolvidos	Negócios, marketing, *key user* e designer
Atividades	Definir personas Definir jornadas Mapear épicos Definir *storyboards*
Ferramentas	*Canvas* de personas *Canvas* de jornadas

5.2.2. Atividade: definir personas

O que é definir uma persona?

O entendimento das necessidades do cliente é a atividade que finaliza a etapa de **descoberta** do *Agile Think® Business Framework*. Durante as fases anteriores do processo, criamos uma visão do problema, realizamos uma análise crítica dos cenários, fizemos o *valuation* da oportunidade de negócio e agora, com uma visão mais abrangente do contexto do negócio, montaremos uma hipótese do perfil do cliente que consumirá a solução proposta do produto.

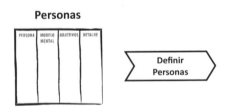

O mapeamento de personas permite ter um retrato do público-alvo, destacando dados demográficos, comportamentos, necessidades e motivações através da criação de um personagem ficcional baseado em *insights* extraídos de pesquisa. Esse levantamento é considerado fundamental para o alinhamento das expectativas tanto do cliente quanto da equipe, definindo recursos e funcionalidades que devem estar contidos no produto.

A identificação de personas é importante nesse sentido, pois é a partir dessa definição que podemos propor de forma efetiva funcionalidades que façam sentido para a construção de um produto que contenha aquilo que realmente é importante para um determinado perfil de consumo. Personas são utilizadas para esse fim: necessidades específicas são representadas de forma a nortear os trabalhos das equipes de produtos na definição das funcionalidades que comporão o produto.

É importante salientar que na etapa anterior foi feito um mapeamento de perfil que agora precisa ser consolidado em uma representação única sobre a persona a ser definida. Para a definição da persona é recomendada a utilização do Mapa de Empatia, pois transforma a atividade de composição do perfil mais fácil, visto que nesse momento faremos uma consolidação das informações já levantadas. E para realizar essa consolidação, utilizamos o *Canvas* de Personas, conforme o modelo que segue:

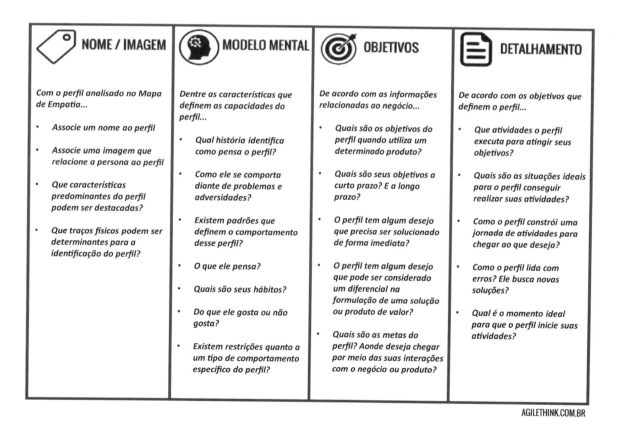

Os itens a serem mapeados no *Canvas* de Personas têm os seguintes campos de informação a serem preenchidos pela equipe:

	Nome/Imagem	Colete informações relacionadas aos aspectos pessoais do perfil, no que diz respeito tanto à sua composição física como também a características visuais que permitam sua identificação de forma única, quando comparada a outros perfis.
	Modelo mental	Devemos representar como o perfil constrói sua história, levando em consideração aspectos comportamentais importantes que se destacam quando é preciso estabelecer características marcantes. Seu temperamento, seus padrões na tomada de decisões, suas restrições e seu modo de pensar devem fazer parte da composição do modelo mental do perfil.
	Objetivos	Os objetivos do perfil devem ser analisados de acordo com as situações propostas pelo negócio, encaixando o modelo mental aos seus desejos, suas metas e sua formulação de valor de curto e longo prazos. Com base nas características e na proposta de valor do produto mapeadas anteriormente, quais são os pontos que convergem com os objetivos traçados para o perfil? Como eles se encontram?
	Detalhamento	O detalhamento deve contemplar informações que sejam úteis à composição das jornadas do perfil, principalmente no que se refere às atividades que costuma realizar para conseguir atingir seus objetivos.

Resultados gerados

O *Canvas* de Personas deve ser utilizado como um sintetizador das informações coletadas sobre os perfis, os quais farão uso do produto e fazem parte do mapeamento de negócios. Com as informações coletadas, é possível traçar estratégias mais aderentes aos objetivos de cada perfil, o que facilita a construção de um produto que realmente gera aceitação de seu público-alvo.

Ao conhecer as intenções e os desejos de cada perfil, fica mais intuitivo identificar as funcionalidades que devem fazer parte do produto em uma versão de lançamento. Ao final dessa atividade é comum que tenhamos mais de um perfil definido – e é importante que essas informações sejam tratadas e consolidadas com a classificação que faz de cada persona um perfil único dentro do contexto de utilização do produto.

Retornando ao *case* deste livro, vimos que, durante os trabalhos com o Mapa de Empatia, o comportamento de um perfil foi esmiuçado e o resultado gerado permitiu entender como ele pensa, se comporta, ouve, vê e compõe seu modelo mental para conseguir atingir seus objetivos.

Nesse momento, pegaremos tais informações e comporemos o *Canvas* de Personas, trazendo apenas elementos do perfil que realmente podem diferenciá-lo dos demais.

NOME / IMAGEM	MODELO MENTAL	OBJETIVOS	DETALHAMENTO
 • Nome: Vidal, 39 anos • Ex-aluno de MBA • Atuou como Product Owner • Tem 39 anos, casado e pai de dois filhos • Professor e coach oficial da EXIN • Possui diversas certificações em modelos ágeis • É autor de livros • Consultor em aplicações relacionadas a canvas	• *Procura conteúdos preferencialmente em livros ou artigos científicos* • *É autodidata e cria novos elementos para utilizar em suas dinâmicas* • *Está sempre em busca de profissionais que tenham conhecimento sobre temas relacionados a canvas* • *Prefere cursos EAD para aprender novas técnicas* • *Embora tenha diversos cursos e certificações, ainda se acha desatualizado* • *Acredita que o mercado brasileiro ainda é pobre em informações sobre gestão ágil de produtos*	• *Deseja alçar carreira internacional e está se especializando em gestão ágil de produtos* • *Quer encontrar com maior facilidade conteúdos relacionados a gestão ágil de produtos* • *Está prevendo tirar novas certificações sobre temas relacionados, tais como PMI-PBA e EXIN ASPO até o final do ano* • *Encontrar novos cursos EAD sobre o tema aqui no Brasil, pois só acha esses conteúdos em sites de fora* • *Deseja encontrar grupos de discussão sobre temas relacionados à utilização de canvas*	• *Compra pelo menos um livro por mês sobre temas relacionados ao Agile* • *É o típico usuário da internet que busca novos conteúdos em sites de universidades e livrarias virtuais* • *Segue autores consagrados nos temas que lhe agradam* • *Às vezes procura em grupos de discussão dicas sobre novos conteúdos* • *Devido à falta de conteúdo, disponibiliza no site de sua empresa artigos e tutoriais sobre como utilizar canvas na gestão ágil de produtos*

AGILETHINK.COM.BR

Trata-se de um forte instrumento para aferição de premissas sobre os perfis que utilizam o produto. Consideramos ser importante transformar essas informações em artefato, o qual deve ser consultado sempre que tivermos algum tipo de dúvida com relação ao comportamento do perfil destacado.

A escrita desse tipo de artefato deve ser vista como uma ficha que contém informações relevantes sobre o perfil. Essa ficha é composta por informações importantes que sintetizem características pessoais do perfil, tais como seu nome, idade, comportamento com relação ao uso do produto, dores, objetivos, desejos e hábitos que podem ser seus diferenciais quando comparados aos demais perfis.

A seguir utilizamos a persona mapeada no *case* do livro para exemplificar a criação do artefato que representa a ficha do perfil.

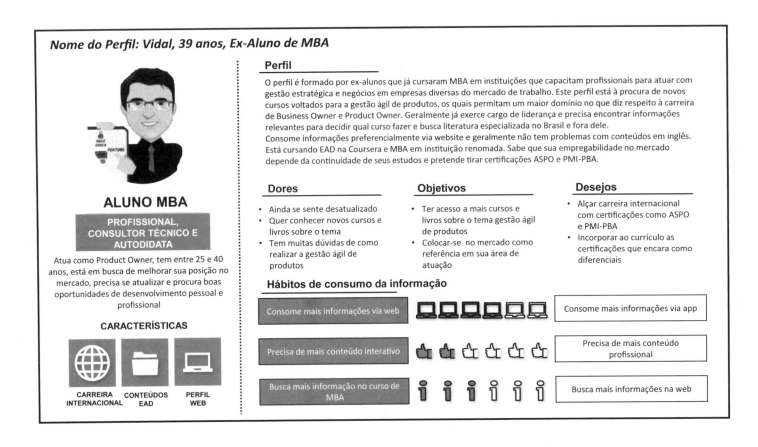

Como pôr em prática?

Pôr esse elemento em prática exige que as informações sobre o perfil tenham sido coletadas anteriormente. Por tal motivo sugerimos utilizar o Mapa de Empatia como um elemento facilitador desse trabalho.

O *Canvas* de Personas é utilizado então como um consolidador daquilo que já foi coletado. Em aplicações práticas, a técnica se mostra mais efetiva quando essa sequência de atividades é realizada antes. No entanto, isso não sobrepõe a utilização de uma ou outra ou ambas de forma conjunta.

É importante que as informações permitam identificar se os perfis estão bem claros. Não esqueça que compilar tudo isso em um único artefato por perfil facilitará o trabalho de validação das premissas básicas da persona. Dessa maneira, a execução da etapa de definição de personas exige como roteiro o seguinte planejamento:

1. Disponibilize e faça uma apresentação prévia das informações mais importantes de cada perfil para compor a análise da equipe de negócios.
2. Caso tenha criado o Mapa de Empatia anteriormente, disponibilize-o para o time.
3. Para cada persona, faça a consolidação de suas informações no *Canvas* de Personas.
4. Faça as perguntas sugeridas para compor cada coluna proposta no *Canvas* de Personas para buscar as respostas nas informações já obtidas e complemente.
5. Crie um resumo com as principais características do perfil na forma de ficha.

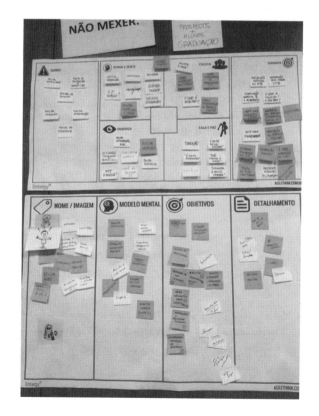

5.2.3. Atividade: definir jornadas

O que é definir jornadas?

A definição de jornadas permite identificar possíveis opções de uma persona dentro de uma sequência de passos, possibilitando que alcance seus objetivos por meio da interação com o produto. A abordagem para a construção da jornada de um perfil deve ser simplificada e orientada por uma ordem lógica.

O modelo mental do perfil e as informações relativas ao Mapa de Empatia (descrição da persona e momento vivido pelo perfil) devem ser analisados. O fluxo de ações e comportamentos possíveis do perfil interagindo com o produto deve ser estruturado por meio da descrição de tarefas simples, que possibilitam atingir os objetivos do perfil.

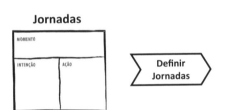

> Definir jornadas é ter mapeado um conjunto de intenções e ações de uma determinada persona diante do modelo de negócio previamente definido. É fundamental para ajudar no entendimento das possíveis ações do usuário durante sua interação com o produto. Para cada tarefa é formulada uma lista de ações para escolha do usuário. A partir do item selecionado da lista, é possível estabelecer como o perfil e sua jornada fazem a composição do processo de interação da persona com o processo de negócio.

A organização prévia das informações do perfil na forma de persona auxilia o time de negócios a entender melhor o comportamento daqueles que irão utilizar o produto e como gostariam que seus desejos fossem atendidos. É uma forma de entender aquilo que o usuário pode fazer durante sua interação com o produto. Com isso, é possível prover funcionalidades que dispõem desse tipo de interação com o produto.

O *Canvas* de Jornada é uma ferramenta que permite enxergar o universo que está sendo proposto, mas sob uma ótica mais pragmática. Times de negócio mais habituados à definição de jornada da persona com o produto muitas vezes não precisam desse tipo de elemento para descrever as possíveis jornadas. Porém, em alguns momentos recorremos a esse tipo de dinâmica para equalizar o conhecimento sobre um determinado produto.

Voltado para guiar esse trabalho, o *Canvas* de Jornada traz um conjunto básico de elementos que nos remetem a trabalhar com a definição do momento do perfil, suas intenções e as ações junto ao produto. Em alguns momentos, mais de uma jornada pode ser constituída para um mesmo perfil, o que traz mais possibilidades de interação.

Para realizar essa análise, utilizamos o seguinte modelo:

 MOMENTO

- *Qual o momento vivido pelo perfil?*
- *Qual o contexto da interação do perfil com o produto?*
- *Quando ocorre essa jornada? Quais as situações possíveis?*

 INTENÇÃO

- *Qual a intenção do perfil ao interagir com o produto naquele momento?*
- *Que condições estão sendo satisfeitas?*
- *Seus desejos estão sendo atendidos por meio de que tipo de sentimento?*
- *Qual o objetivo a ser atendido no final da jornada?*

 AÇÃO

- *Quais possíveis ações o perfil tem disponíveis para o momento?*
- *Quais são as ações a serem realizadas para cumprir seus objetivos?*
- *Para a construção de sua jornada, quais ações podem ser tomadas?*

AGILETHINK.COM.BR

Os itens a serem mapeados no *Canvas* de Jornada têm os seguintes campos de informação a serem preenchidos pela equipe:

	Momento	Qual momento está cumprindo a jornada do perfil? Ao relacionar a interação do perfil com o produto, qual momento está sendo vivido?
	Intenção	A intenção do perfil e a interação com o produto deve ser prevista. Que condições e dores do perfil estão indo ao encontro de seus desejos? Os objetivos e as intenções do perfil podem ser descritos? Existem intenções otimistas/pessimistas que podem ser previstas?
	Ação	O que o perfil costuma falar do produto com as pessoas de seu relacionamento? O que o perfil não faz com o produto atual que gostaria de fazer? Ele comunica isso em mídias sociais? Qual é seu depoimento atual com relação ao produto?

Resultados gerados

A aplicação do *Canvas* de Jornada auxilia na definição da interação do perfil e como os seus objetivos serão atendidos pelo produto. Com isso fica mais claro quais ações precisam ser atendidas para que a experiência do cliente com o produto seja a melhor possível.

O estudo prévio do comportamento do cliente e suas reais intenções nos traz muitas informações que permitem agregar o que ele espera do produto e quais ações podem ser atendidas. O nível de detalhamento deve ser proporcional ao entendimento desejado para a construção da jornada.

Ao pensarmos no *case* deste livro, o mapeamento da jornada do perfil deve caracterizar como é sua reação aos diferentes momentos de interação propostos. Nesse caso, os desejos de um perfil acadêmico tendem a se encaixar com a proposta de valor do produto, que oferece diferentes tipos de interação.

MOMENTO

1. O perfil está pesquisando sobre conteúdos on-line relacionados à utilização de canvas

2. O perfil encontra por meio de rede social um curso à distância sobre práticas de uso de canvas

 INTENÇÃO

1.1. Encontrar informações sobre a utilização do canvas

1.2. Aplicar o material sobre canvas nas próximas sessões de definição de produto em equipe

2.1. Procurar em grupos de discussão em redes sociais dicas sobre cursos relacionados à aplicação de canvas

2.2. Inscrever-se em um curso de EAD que fale sobre o tema pretendido

 AÇÃO

1.1.1. Realizar busca no Google e encontrar o site do livro

1.2.1. Entrar no site e encontrar mais informações sobre a aplicação de canvas

2.1.1. Procurar nas mídias sociais recomendações sobre palestras relacionadas ao tema

2.2.2. Preencher formulário encontrado nos sites da Agile Think e Hiflex Consultoria para acessar ambiente de EAD

AGILETHINK.COM.BR

Como pôr em prática?

Esse tipo de elemento em uma cerimônia de definição pode (e deve) ser acompanhado dos resultados obtidos dos trabalhos anteriores, que são o *Canvas* de Personas, o Mapa de Empatia e a compilação das informações de cada persona mapeada. Observar as jornadas do perfil e ter como referência os demais *canvas* já construídos pela equipe costuma auxiliar na contextualização do *Canvas* de Jornada.

A definição do momento deve estar orientada às necessidades e dores do perfil, pois indica aquilo que o produto precisa solucionar dos problemas já levantados. É importante orientar a construção das jornadas já prevendo que os objetivos do perfil estão sendo compreendidos para que sejam atendidos.

A descrição da jornada tem como referência inicial o momento pelo qual a persona está passando. Ao identificar o cenário, entenda quais são seus objetivos em tal contexto e quais ações podem ser realizadas. Veja o que é preciso fazer durante a dinâmica para chegar aos resultados esperados:

1. Faça junto com a equipe uma revisão dos materiais já construídos: *Canvas* de Persona, Mapa de Empatia e Resumo do Perfil.
2. Escolha um momento para a persona e inicie a definição da intenção do perfil e qual ação pode tomar diante do contexto apresentado.
3. Como se dá o início da jornada? São necessários mais passos para chegar ao momento da realização da ação possível?
4. Existem momentos que podem ser considerados antecessores? Existem momentos a serem realizados posteriormente?

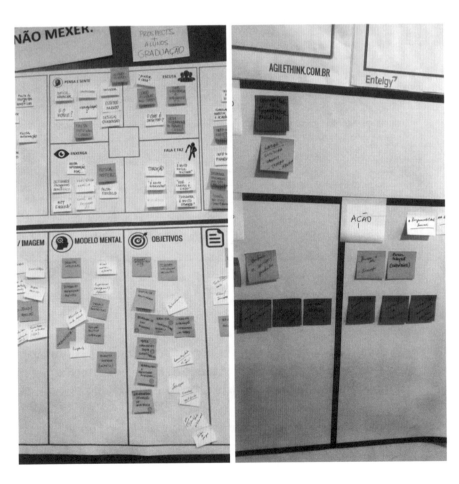

5.2.4. Atividade: mapear épicos

O que é o mapeamento de épicos?

Mapear épicos é um processo de trabalho voltado à definição e ao detalhamento dos principais processos de negócios. Para o *Agile Think® Business Framework*, podemos dizer que é a fase em que é realizado o levantamento de requisitos. Nessa etapa do *framework*, o mapeamento de épicos é aplicado por meio de uma técnica simples, conhecida por *Story Mapping*.

Originalmente criada por Jeff Patton, o *Story Mapping* é uma técnica voltada para a identificação de requisitos de forma colaborativa. A aplicação desse método é feita de forma bastante simplificada. Sua abordagem lúdica é aplicável a pequenas e grandes equipes. Uma característica dessa técnica é gerar resultados rapidamente, com a coleta de informações e expansão do entendimento do *Backlog* do Produto por todos os presentes nas sessões em que o método é aplicado.

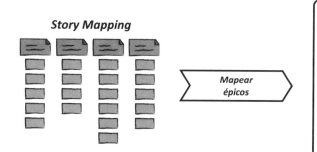

O *Story Mapping* é uma interpretação gráfica e textual da jornada do perfil na construção de seu processo de negócio. O mapeamento de épicos inicia sob o ponto de vista do indivíduo e define sua relação com a organização por meio da realização dos seus objetivos em uma linha do tempo. A técnica permite enfatizar a jornada do usuário e os requisitos de negócio necessários para sua execução, definindo as necessidades e as etapas de sua jornada.

O mapeamento de épicos inicia com uma visão abrangente das necessidades do negócio. Essas necessidades já foram coletadas quando realizamos a definição das jornadas dos perfis. As ações mapeadas no *Canvas* de Jornada definem objetivos e metas que deverão ser atingidos ao final das atividades.

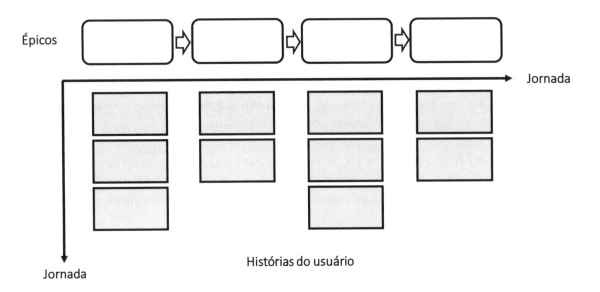

A aplicação dessa técnica prepara a equipe de negócios para realizar a descrição dos requisitos dos diversos perfis coletados anteriormente com o *Canvas* de Jornada. O mapeamento das épicas fica mais ágil quando seguimos uma estrutura de árvore. Os campos do *Canvas* de Jornada podem ser utilizados para compor o Mapeamento de Épicos.

Comece definindo sua jornada horizontal. Cada "Ação" contida no *Canvas* de Jornada deve ser utilizada para compor os "épicos" do *Story Mapping*. Uma dica para desenvolver o épico é pôr o objetivo no final e descrever passo a passo como o perfil busca realizar seus objetivos. Com isso compomos a jornada horizontal, em que o perfil atinge seu objetivo.

Cada épico da jornada horizontal pode ser decomposto em épicos/atividades menores. As histórias do usuário, que veremos a seguir no processo de *Inception*, emergem do mapeamento desses épicos/atividades. É possível afirmar que as atividades envolvidas na realização de cada épico entregam o objetivo de negócio do perfil por completo. Para isso descreva cada atividade com opções realistas e com foco na realização do objetivo final!

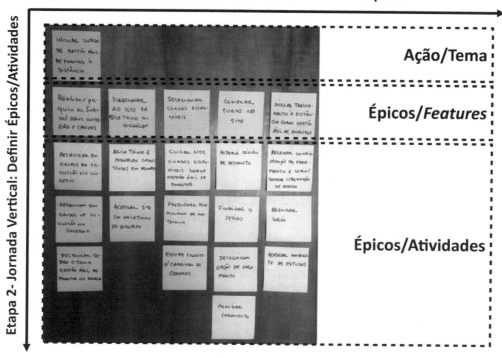

Definição do MVP (*Minimum Viable Product*)

Durante a aplicação do Mapeamento de Épicos, a definição do MVP (Produto Mínimo Viável) faz parte dessa dinâmica. Sua obtenção é quase uma decorrência direta dos trabalhos conduzidos pelo time de negócios e é de extrema importância para o entendimento e a definição daquilo que é mais importante para o cliente. Mas o que é MVP?

Ao estabelecer um conjunto mínimo de atividades que permitam a entrega de valor ao cliente, já estamos definindo um MVP. Segundo Vidal (2017), "o MVP se baseia na simplicidade como critério primordial de eficácia na disponibilização de um produto mínimo viável. Este deve ser constituído por um conjunto mínimo de funcionalidades que permitam à equipe coletar informações sobre a sua utilização o mais rápido possível, com custos razoavelmente baixos". Segundo Massari (2017), "o MVP é conjunto mínimo de funcionalidades ou processos que permitem o atingimento dos principais objetivos de negócio pretendidos com o lançamento do produto".

Para criar um MVP é necessário saber primeiro quais são os fluxos de valor para o cliente. Isso já deve estar mapeado através dos épicos. Com a visão de uma jornada completa, do seu início ao fim, é possível estabelecer o que é esperado pelo cliente ao final de sua interação com o produto.

Com a informação dos principais fluxos de valor, passa-se então à definição das atividades que garantem que a jornada do usuário seja completada e, assim, o fluxo de valor entregue. As demais atividades que "sobram" passam a ter uma prioridade menor dentro do contexto do *Backlog* do Produto mapeado, facilitando assim o trabalho de priorização da lista de necessidades.

Para frisar o conceito de MVP, costumamos usar um fluxo simples, o qual todos nós realizamos diariamente. Propomos ao time que crie um fluxo de sua rotina, tal como sair de casa e ir para a faculdade ou trabalho. Quase sempre temos no fluxo principal a sequência: Despertar → Alimentar-se → Arrumar-se → Transportar → Chegar ao local pretendido.

Perceba que esse processo pode ser considerado o fluxo de valor. O que varia, nesse caso, são as atividades que cada um considera importante em sua rotina no que diz respeito a cada uma dessas grandes jornadas ou épicos. Sempre que temos a visibilidade do fluxo como um todo, épicos e respectivas atividades, propomos que o conceito de MVP esteja diretamente ligado à resolução de um problema.

Nessa dinâmica, propomos que o problema a ser solucionado seja simples, como: você acordou às 8 horas e tem uma reunião agendada às 9 horas. Você deve chegar ao seu destino de qualquer maneira. A pergunta é: "quais atividades podem ser eliminadas para que você consiga cumprir a jornada de valor?"

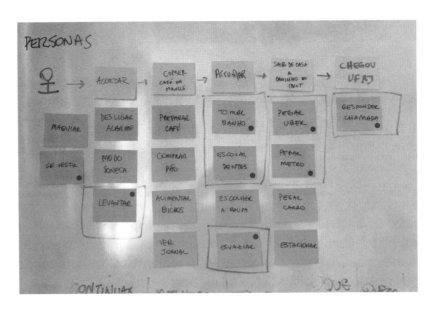

Nesse momento, distribuímos algo que possa marcar essas atividades e assim definir aquilo que é mais importante de ser realizado e que nos permita cumprir de fato os objetivos definidos. Consegue agora entender como gerar um MVP?

MVP na perspectiva fluxo de caixa

A estratégia de planejar o MVP também traz uma perspectiva muito interessante sobre o ponto de vista do fluxo de caixa. Vamos exemplificar com uma plataforma de EAD para formação de *Product Owners* cujos objetivos são:

- Preparar os atuais e potenciais *Product Owners* para o mercado.
- Possibilitar que pelo menos quinhentos profissionais obtenham a certificação *EXIN Agile Scrum Product Owner*.
- Possibilitar que Massari e Vidal se mudem para o Caribe em até cinco anos.

Dessa forma, identificamos os seguintes épicos:

- Vídeos.
- Controle de acesso.
- Simulados.
- Meio eletrônico de pagamento.
- Comprovante de conclusão de curso.
- *Feedback* individual.
- *Chat* 24x7 com facilitadores.

Utilizando uma abordagem de entrega única, considerando um custo médio hipotético de R$ 5.000,00 por épico em um horizonte de 12 meses de desenvolvimento, teremos o cenário a seguir:

Épico	Vídeos	Controle de acesso	Simulados	Meio eletrônico de pagamento	Comprovante de conclusão de curso	Feedback individual	Chat 24x7
Receita	0k	0k	0k	0k	0k	0k	0k
Despesa	5k	5k	5k	5k	5k	5k	5k
Acumulado	-5k	-10k	-15k	-20k	-25k	-30k	-35k

Ou seja, durante 12 meses temos uma saída de R$ 35.000,00 de custo. Supondo que o produto comece a ter uma receita de R$ 7.000 por mês após a entrega, teremos:

Mês	1	2	3	4	5	6	7
Receita	7k	7k	7k	7k	7k	7k	7k
Despesa	0k	0k	0k	0k	0k	0k	0k
Acumulado	-28k	-21k	-14k	-7k	0k	+7k	+14k

Perceba que o ROI começa a ser obtido somente a partir do sexto mês após a entrega do produto e 18 meses após o início da construção.

Se traçarmos uma estratégia lançando o produto após a construção do MVP, teremos o fluxo de caixa a seguir:

Épico	Vídeos (MVP)	Controle de acesso (MVP)	Simulados (MVP)	Meio eletrônico de pagamento	Comprovante de conclusão de curso	*Feedback* individual	*Chat* 24x7
Receita	0k	0k	0k	7k	7k	7k	7k
Despesa	5k	5k	5k	5k	5k	5k	5k
Acumulado	-5k	-10k	-15k	-13k	-11k	-9k	-7k

Ou seja, o produto começa a gerar receita a partir do lançamento de seu MVP, que é reinvestida na evolução do produto. Se considerarmos os mesmos sete meses após a conclusão do produto total, perceba a diferença de tempo de *payback* no quadro a seguir:

Mês	1	2	3	4	5	6	7
Receita	7k	7k	7k	7k	7k	7k	7k
Despesa	0k	0k	0k	0k	0k	0k	0k
Acumulado	0k	+7k	+14k	+21k	+28k	+35k	+42k

Perceba que, com a estratégia de MVP, o produto se tornou rentável a partir do 14º mês após o início da construção do produto, antecipando o *payback* em quatro meses se comparado com a estratégia de entrega única.

Resultados gerados

A aplicação do Mapeamento de Épicos é uma forma de modelar sistemas de forma lúdica e gerar transparência sobre aquilo que precisa ser feito para a entrega de um produto de valor ao cliente. Pense que nesse momento já não estamos apenas falando de personas ou perfis, mas de atividades necessárias para entregar valor ao cliente, que é uma persona já mapeada desde o início da definição do produto.

A representação do *Backlog* do Produto de forma visual faz com que todos os envolvidos e interessados no produto possam opinar, explorar e expor suas visões de forma colaborativa e integrada. Costumamos dizer que após esse tipo de reunião "todos estarão na mesma página", o que evita a repetição de reuniões para realizar o alinhamento entre todos os envolvidos no desenvolvimento.

Essa prática, além de evitar o desperdício de tempo na redefinição e reorganização das informações relacionadas ao escopo do produto, permite garantir que a complexidade e o tamanho também sejam entendidos por todos, diminuindo a necessidade de sempre ter que reestimar o produto.

Os épicos na parede ajudam de fato o time a entender e dimensionar o tamanho dos épicos de forma mais fluida, pois a estruturação utilizada para o seu mapeamento permite ajustar aquilo que pode fazer parte de um lançamento de *release* ou definição de um produto mínimo viável (MVP).

Dentre todas as técnicas apresentadas até o momento do *Agile Think® Business Framework*, o Mapeamento de Épicos é talvez uma das mais importantes! Por meio dele podemos retratar com mais acurácia os processos e fluxos de valor do cliente de forma unívoca e todos os participantes conseguem enxergar de fato o tamanho do produto.

Isso traz transparência ao processo de levantamento de requisitos no que diz respeito ao esforço necessário para realizar o desenvolvimento do produto. Além disso, conseguimos preparar o time de negócios e facilitar sua imersão junto aos requisitos necessários do produto, para que este esteja em congruência com o desejo do cliente e facilite a comunicação com os demais integrantes do time de projetos.

Retornando ao caso prático deste livro, vamos considerar que um dos fluxos de valor seja que o usuário precise iniciar um curso à distância sobre o tema Gestão Ágil de Produtos. As histórias que poderão ser realizadas definem o caminho pelo qual o usuário deve seguir para conseguir se matricular no curso, como podemos observar a seguir.

Iniciar curso de gestão ágil de produtos à distância	Realizar pesquisa na internet sobre cursos de EAD com uso de canvas	Direcionar para o site da Agile Think ou Hiflex	Selecionar cursos disponíveis	Comprar curso no site	Iniciar treinamento à distância sobre gestão ágil de produtos
	Pesquisar em grupos de discussão no LinkedIn	Agile Think e Hiflex cadastradas em AdWords	● Clicar nos cursos disponíveis sobre gestão ágil de produtos	Inserir código de desconto	● Receber confirmação do pagamento, login e senha para acesso
	Pesquisar em grupos de discussão no Facebook	● Acessar site com plataforma EAD via Agile Think e Hiflex	Preencher formulário de matrícula	Finalizar o pedido	● Realizar login
	● Pesquisar sobre o tema gestão ágil de produtos no Google		Enviar produto para carrinho de compras	Selecionar o opção de pagamento	● Acessar ambiente de estudos

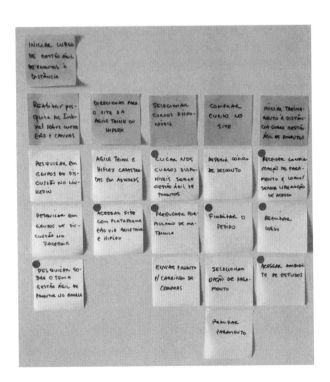

Perceba que temos *bullets* apontados para alguns épicos do mapeamento. Isso significa que, para que o fluxo de valor seja completado, os que estão marcados podem ser considerados aqueles que realmente precisam ser desenvolvidos em uma primeira etapa. Esse tipo de marcação auxilia no momento em que precisamos priorizar aquilo que é mais importante na hora de planejar o desenvolvimento do produto.

Como pôr em prática?

A preparação da reunião de Mapeamento de Épicos é muito importante, pois precisamos assegurar que todos os interessados na definição do produto estejam presentes. Mas por quê isso? Porque a partir da reunião iniciaremos as etapas de validação e planejamento do produto. Quanto mais informações tivermos para compor as histórias do usuário, maior será a abrangência e completude daquilo que precisaremos entregar.

Assim, a primeira dica de como pôr tudo isso em prática é: convoque as pessoas certas! Isso diminuirá sua chance de erro e é preponderante para o sucesso do empreendimento daqui por diante! Além disso, o que precisaremos fazer? Seguem algumas dicas valiosas:

1. Reserve a agenda dos participantes essenciais para o levantamento dos requisitos.
2. Reserve uma sala que possa acomodar todos os presentes de forma a permitir a passagem das pessoas e que tenha espaço livre nas paredes. Elas serão bastante utilizadas!
3. Traga material básico para esse tipo de trabalho: *post-its* com cores e formatos diferentes, adesivos na forma de *bullets* nas cores verde, vermelha e amarela, canetas de marcação na cor preta (1,5 mm de espessura), barbante, fita adesiva e fichas para anotações.
4. Inicie o trabalho com a definição das principais ações coletadas no *Canvas* de Jornada.
5. Analise cada "ação" e defina como tema.
6. Inicie o mapeamento dos épicos de cada tema definido (jornada horizontal).
7. Terminada a definição do fluxo horizontal, defina as atividades (jornada vertical) para cada coluna embaixo do respectivo épico.
8. Se tiver muitos fluxos a serem mapeados, divida a equipe em grupos e ao final de cada mapeamento realize uma apresentação para os demais grupos. Lembre-se de que todos devem saber o que está sendo mapeado e podem contribuir com a construção dos fluxos.
9. Defina o MVP de cada fluxo por votação. Para isso, utilize os *bullets* coloridos. Pensando em termos de prioridade, defina o modelo do semáforo: vermelho (alto), amarelo (médio), verde (baixo).
10. Providencie uma câmera que permita tirar fotos dos fluxos com nitidez e documente cada fluxo de forma visual.
11. Faça isso até finalizar todos os temas pendentes.

5.2.5. Atividade: definir *storyboards*

O que é definir *storyboards*?

Definir *storyboard* é preparar um plano visual voltado para a definição de *wireframes* e protótipos de interface. A definição de *storyboards* finaliza a etapa de **definição** do *Agile Think® Business Framework*. Nessa etapa do processo, o *storyboard* é definido para facilitar a decisão de como será realizada a experiência do usuário, trazendo senso de usabilidade ao produto.

Isso incrementa um novo patamar ao mapeamento dos épicos, pois o processo descrito no *Story Mapping* agora poderá ser analisado também de forma visual, favorecendo um melhor entendimento sobre o funcionamento do produto, além de prover uma ideia da cronologia das ações do usuário.

Storyboard é uma ferramenta voltada para a construção das funcionalidades de forma visual, tornando tangível o processo descrito no mapeamento dos épicos. Com essa visão é possível definir com maior precisão a experiência do usuário, modelando cenários para criar empatia com o cliente e auxiliar o entendimento do escopo do produto. A soma das visões do processo, por meio dos épicos mapeados, mais a respectiva parte visual, possibilitam uma melhoria na avaliação do escopo por parte do time e do próprio cliente.

Para Roman Pichler, *storyboards* devem ser semelhantes aos cenários descritos nos épicos. Estes precisam ilustrar a interação necessária entre o usuário e o produto para alcançar um objetivo. O *storyboard* deve possibilitar a visualização da interação entre usuário e produto de maneira semelhante a uma tira de quadrinhos.

<http://www.romanpichler.com/blog/agile-scenarios-and-storyboards/>.

A definição das ações do usuário deve ter foco no processo e na usabilidade deste com o produto. A construção dos cenários descritos nos épicos deve ser ordenada de forma coerente com os objetivos de negócio, como se contasse uma história. Para isso, utilize desenhos que remetam ao significado das ações tomadas pelo usuário, facilitando a identificação da atividade realizada.

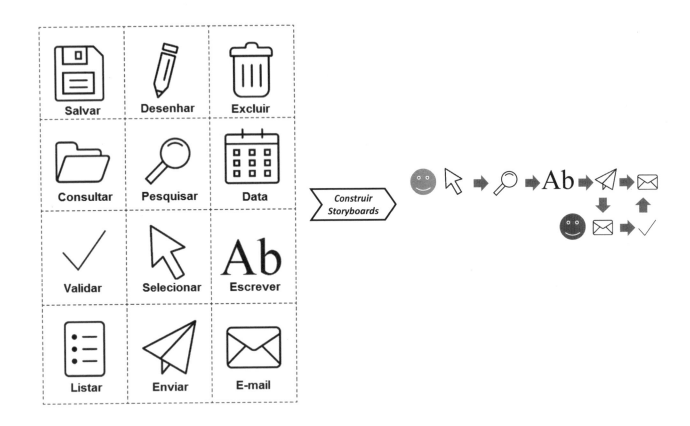

Para auxiliar na realização dessa atividade, sempre trazemos alguns signos para exemplificar como podemos fazer a tradução do mapeamento dos épicos em fluxos desenhados. Esses sinais devem ser simples, pois temos que levar em consideração que nem todos possuem habilidades de desenhar, embora isso não impeça a aplicação do método.

Resultados gerados

A aplicação do *storyboard* nas sessões de descoberta do produto deve ser tratada com foco e, ao mesmo tempo, deve deixar as pessoas envolvidas livres para criar as melhores formas de propor suas ideias de maneira visual. Para ajudar nesse trabalho de ilustrar as principais jornadas de valor para o usuário e auxiliar na representação dos caminhos definidos pelo mapeamento dos épicos, a representação da interação do usuário com o produto se torna mais efetiva quando orientada por um profissional com conhecimentos de UX (*User Experience*) e UI (*User Interface*).

 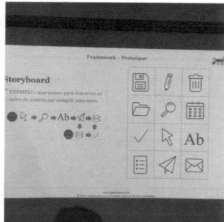 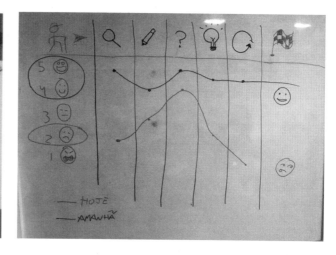

A organização visual do processo demanda que os desenhos sejam dispostos sequencialmente, para proporcionar o entendimento dos passos necessários para que o usuário consiga completar sua jornada e atingir os objetivos de negócio traçados seguindo uma ordem cronológica.

Nessa etapa do processo do *Agile Think® Business Framework*, a equipe responsável pela definição das jornadas de interação do usuário com o produto precisa esboçar o fluxo de atividades. Para a realização dessa tarefa precisaremos ter papéis em branco, canetas coloridas, *post-its*, *bullets* e deixar a criatividade da equipe presente aflorar.

Os resultados devem ser dispostos sequencialmente, para que sejam interpretados na ordem definida pelo mapeamento dos épicos. Para isso, é de costume preparar a apresentação do *storyboard* como se fosse uma exposição, com desenhos e informações sobre o fluxo dispostos em uma parede.

A partir dessa atividade, a equipe realizará a análise desses desenhos e tem início a discussão sobre cada uma das soluções propostas pelo time. Para auxiliar e dar agilidade nessa fase, é recomendável a utilização de *post-its* para registrar as observações feitas pela equipe, sem perdermos nenhum detalhamento que possa surgir da discussão. Lembre-se de que todas as opiniões são bem-vindas!

Faça a reordenação dos desenhos sempre que for preciso, para que as informações incluídas durante as discussões estejam atualizadas com o fluxo. Quando finalizado o entendimento das soluções propostas, leve todo esse material para votação da equipe e selecione os modelos que exprimem com maior fidelidade e acurácia o fluxo do mapeamento dos épicos. Para realizar essa atividade, recomendamos a utilização de *bullets* para dinamizar os trabalhos de votação.

Agora, retornando ao *case* do livro! Na etapa anterior, foi realizado o mapeamento do fluxo de valor "Iniciar curso de Gestão Ágil de Produtos à distância". Junto com a definição da jornada de valor, foram pontuadas também as principais atividades do fluxo. A partir delas foi proposto um *storyboard*.

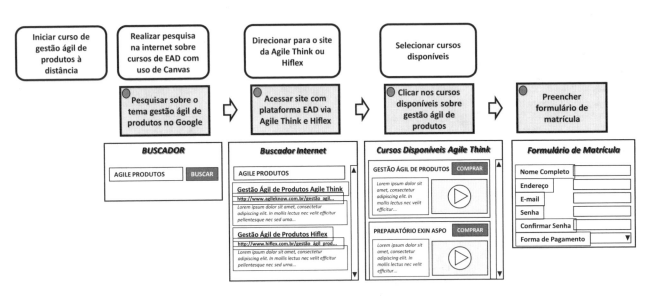

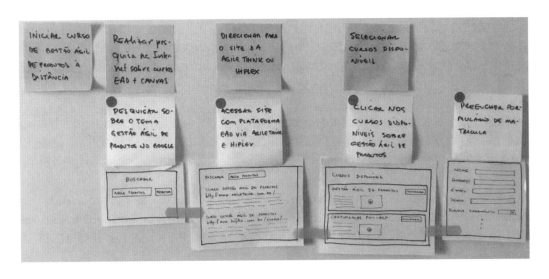

Perceba que, no mapeamento das atividades do processo, todas as atividades pontuadas estão descritas. Porém, precisamos validar as hipóteses formuladas e direcionar somente as atividades que devem fazer parte do produto. Identificar e selecionar quais histórias fazem ou não parte do produto nos possibilita escrever as histórias do que interessa, tornando o processo de trabalho da equipe cada vez mais *Lean*.

Ao eliminar desperdício de documentação, a definição das interfaces deve nos permitir explorar e decidir o que é mais adequado para o produto. Com a parte visual definida, devemos fazer algumas perguntas para o produto:

- Quais ações dependem do usuário e quais dependem apenas das funcionalidades do produto?
- Os objetivos do usuário estão sendo atingidos?
- Como podemos melhorar a sua experiência?

Como pôr em prática?

A abordagem utilizada nas sessões de aplicação das técnicas de *storyboard* deve ser orientada pela validação da hipótese de valor, a qual já foi devidamente mapeada para cada persona, suas respectivas jornadas e o mapeamento dos épicos que trazem mais retorno ao usuário do produto.

Essa etapa do método deve servir como um mecanismo de aprendizagem e marcar o início da prototipação dos principais fluxos de negócio. O mapeamento tardio da parte visual do produto é um problema quando temos que construir produtos que dependem de interfaces, tais como sistemas web ou a criação de aplicativos para dispositivos móveis.

A cultura da interface está enraizada nesse tipo de produto e a validação dos elementos propostos no mapeamento dos épicos depende da interação e usabilidade do produto por parte do usuário final. Entendemos que a transformação dos fluxos escritos em desenho muitas vezes é difícil – e dependendo do público presente na sessão de *storyboard*, isso se torna mais complicado ainda.

Por isso recomenda-se que profissionais que atuam com design façam parte da equipe de negócios. Esse tipo de perfil na equipe auxilia muito na construção da parte visual do produto, além de trazer conhecimentos de experiência de usuário e de interfaces (UX e UI). A atuação desse tipo de profissional não apenas consegue auxiliar a equipe na organização do conhecimento, como ajuda na condução da reunião, atuando como um facilitador para os presentes.

Para a execução dessa atividade não há grandes restrições ou a necessidade de seguir protocolos. Para pôr tudo isso em prática é necessário apenas chamar as mesmas pessoas que participaram da atividade anterior! Isso faz com que todos já estejam sabendo dos fluxos mapeados, o que diminui a necessidade de revisitar o fluxo para explicações adicionais! Agora vamos às dicas:

1. Reserve a agenda dos participantes essenciais para a definição dos *storyboards*.
2. Reserve uma sala que possa acomodar todos os presentes de forma a permitir a passagem das pessoas e que tenha espaço livre nas paredes. Elas serão bastante utilizadas!
3. Traga material básico para esse tipo de trabalho: *post-its* com cores e formatos diferentes, adesivos na forma de *bullets* nas cores verde, vermelha e amarela, canetas de marcação na cor preta (1,5 mm de espessura), barbante, fita adesiva e fichas para anotações.
4. Inicie a sessão de desenhos com uma apresentação dos fluxos mapeados e mostre os signos que podem ser utilizados.
5. Pendure os desenhos embaixo dos fluxos.
6. Faça uma sessão de explicação dos desenhos e respectivos fluxos.
7. Após a sessão de explicações, abra para votação dos presentes. Utilize os *bullets* para isso!

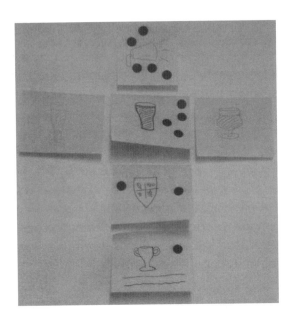

6. Inception

O objetivo da fase de *Inception* é desenvolver e planejar o Produto Mínimo Viável (MVP). O MVP planejado é transformado em *Backlog* do Produto, sendo esta a principal saída da *Inception*. Com o *Backlog* do Produto priorizado e estimado, esses insumos permitirão realizar o planejamento de entregas e a definição do *roadmap* do produto, última etapa do *Agile Think® Business Framework*.

Para Paulo Caroli, "uma *Inception* marca o início de um projeto e se caracteriza pela reunião das pessoas envolvidas em um mesmo local. Ela é uma etapa que tem como objetivo fazer com que a equipe descubra e entenda coletivamente o escopo do que será desenvolvido. Ao seu final, o time deve estar mais entrosado e com uma visão mais clara do caminho a seguir".

Boa parte de uma *Inception* é conduzida em uma sala de reunião com todos os envolvidos no desenvolvimento do produto, inclusive quem irá construí-lo, juntos. Nessa fase do projeto, o time tem no *Product Owner* o guia que orientará os trabalhos da equipe. O *Product Owner* deve fornecer inicialmente uma visão do produto e suas atividades devem focar a entrega de valor.

Ao final de uma *Inception*, o *Product Owner* deve ter o *Backlog* do Produto priorizado e estimado e o time de projeto deve compreender o que é o produto. Esse trabalho consiste em validar os insumos gerados nas fases anteriores, definindo um conjunto mínimo de informações para documentação e estimativa do tamanho do esforço necessário para a construção do produto.

Grande parte da reunião de *Inception* é conduzida por meio da realização de dinâmicas. Inicialmente é preciso fornecer uma visão sobre o escopo do produto para o time do projeto. Além da visão do produto, as principais funcionalidades precisam ser priorizadas e estimadas pelo time. E é por meio do trabalho coletivo que o produto inicial é refinado e as funcionalidades estarão disponíveis para uma primeira versão do produto.

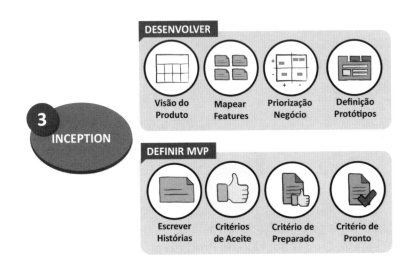

Diferentemente dos processos anteriores, que estavam orientados às definições relacionadas à estratégia do produto, sua descoberta e definições gerais, o objetivo agora está em repassar todo o conhecimento obtido nas fases de concepção do produto para o time de desenvolvimento. Fica a cargo do *Product Owner* o trabalho de repasse dessas informações e, por esse motivo, ele deve documentar somente o que for necessário e o que traga valor, além de tornar público o que já foi levantado.

Com forte direcionamento ao produto e suas funcionalidades, a primeira parte da *Inception* está voltada ao desenvolvimento, à preparação e à passagem de conhecimento sobre o produto para o time do projeto. Inicialmente, é preciso que o *Product Owner* promova uma ampla visão sobre o que já se sabe sobre o produto, sendo esse o trabalho resultante dos estudos de personas, jornadas e mapeamento dos fluxos de negócio e épicos.

Com a lista de funcionalidades do Produto Mínimo Viável (MVP) priorizada, é iniciada a escrita das histórias do usuário e são definidos os respectivos *wireframes* que compõem o escopo funcional do produto. A validação do escopo do produto é realizada mediante a escrita das histórias dos principais fluxos de negócio junto com os *wireframes*.

6.1. Etapa 1: desenvolver o produto

Desenvolver o produto é a primeira fase do processo de *Inception*. Nessa etapa, é preciso realizar o desenvolvimento dos requisitos de forma ágil e enxuta, para estabelecer um conjunto mínimo de informações que serão utilizadas na próxima fase do *Agile Think® Business Framework*, a qual definirá um Produto Mínimo Viável (MVP).

O processo inicia com a definição da visão do produto. Nessa etapa, o *Product Owner* apresenta a visão e as metas de negócio que devem ser atingidas. Com isso é feita uma priorização dos objetivos de negócio a serem alcançados pelo produto e são escritos as histórias do usuário e seus respectivos *wireframes*. As etapas que compõem o desenvolvimento do produto são:

- ♦ **Visão do produto:** é apresentada por meio da definição do *Canvas* de Visão do Produto, onde as necessidades do negócio, dos clientes e do produto são preenchidas junto com o time do projeto.
- ♦ **Mapear *features*:** as *features* devem ser mapeadas pelo *Product Owner* e equipe, respeitando a priorização definida pelo cliente. Essa atividade ocorre como um *workshop* de escrita de histórias.
- ♦ **Priorização de negócio:** os épicos definidos durante a atividade de mapeamento de épicos são ordenados e priorizados pelo *Product Owner*.
- ♦ **Definição dos protótipos:** para os respectivos épicos priorizados é feita também a definição dos *wireframes*. Essa atividade utiliza como referência o *storyboard* construído no processo de definir o produto.

Essas atividades ocorrem em sua totalidade durante a primeira parte da reunião de *Inception*. É a partir da inclusão do time do projeto que ocorre o desenvolvimento dos artefatos que serão utilizados para guiar os trabalhos do time durante o projeto. Dessa forma, para uma imersão no produto durante essa reunião, a equipe necessita responder às seguintes perguntas:

- ♦ Qual é a visão do produto?
- ♦ Qual é a priorização dada pelo *Product Owner* aos temas de negócio?

♦ Quais histórias serão desenvolvidas?
♦ Quais protótipos serão desenvolvidos?

6.1.1. Fluxo e especificação do processo

O terceiro passo do processo *Agile Think® Business Framework* nos leva a pensar como podemos viabilizar o produto. Nas etapas anteriores, fizemos a definição do produto e agora precisamos entender como vamos tirá-lo do papel e transformar tudo isso em produto. O desenvolvimento do produto é um estágio avançado, em que de fato já entramos na rotina do projeto.

Precisamos, a partir dessa fase, estabelecer meios para sua construção e perguntas devem ser respondidas! Como serão disponibilizadas as funcionalidades para o usuário? É possível conter desperdícios de desenvolvimento através de uma visão bem definida? Qual a prioridade dada pelo cliente?

Ao compreender qual a priorização dada pelo cliente, o time de desenvolvimento poderá desenvolver histórias de usuário mais aderentes às necessidades do projeto. Isso auxilia tanto na definição dos *wireframes* como também na ordenação do próprio *Backlog* do Produto que se forma, o qual será trabalhado nas etapas subsequentes.

É importante salientar que todas as atividades da reunião seguem uma agenda e devem ter um *timebox* definido, estabelecendo um tempo para que ocorra. Comumente, é proposta uma agenda para os participantes do evento. Isso permite manter o foco naquilo que deve ser realizado pela equipe.

A formulação de uma agenda deve abranger as duas etapas da *Inception*. Trata-se da mesma reunião. E consideramos que o tempo ideal para que essa reunião ocorra é de 24h a 40h. O conhecimento do *Product Owner* sobre o produto é crucial para que a reunião ocorra dentro do tempo previsto. O ideal é que as fases anteriores do *Agile Think® Business Framework* tenham sido aplicadas!

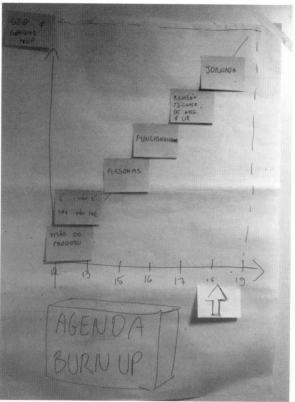

Como proposta de trabalho para executar a reunião de *Inception*, recomendamos a utilização de *timebox* para cada etapa do método. Quando iniciar esse tipo de cerimônia, é importante que tenha já preparado uma agenda com as atividades e definido o tempo para que cada uma ocorra. Isso evitará a perda de foco e a reunião se tornará mais produtiva.

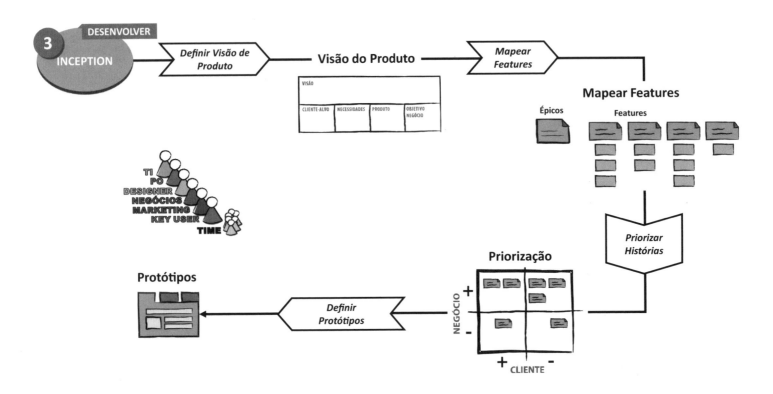

PROCESSO: DESENVOLVER O PRODUTO	
Entregáveis	Visão do produto Histórias do usuário Priorização do produto *Wireframes*
Papéis envolvidos	Cliente, negócios, TI, time de desenvolvimento, designer de UX, *Agile Coach*
Atividades	Definir visão do produto Definir histórias Priorizar negócio Definir protótipos
Ferramentas	*Canvas* de Visão de Produto Histórias do usuário *Backlog* do Produto priorizado Protótipos

6.1.2. Atividade: definir visão do produto

O que é visão do produto?

A definição clara da visão do produto passa por saber para que serve o produto que será gerado. Isso representa um enorme ganho que se tem quando iniciamos um planejamento. Definir a visão do produto nada mais é que ter o conhecimento das necessidades do cliente. Quanto mais bem entendidas essas necessidades, mais clareza é dada ao time, que com isso consegue enxergar as oportunidades que se abrem durante o desenvolvimento e que podem ser mais bem aproveitadas.

Uma vez que estamos utilizando o *Agile Think® Business Framework*, podemos dizer que o entendimento do produto já está em um estágio bastante avançado e neste momento precisamos passar esse conhecimento adiante, principalmente para o time de desenvolvimento, o qual inicia seu trabalho.

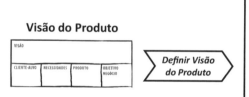

A visão do produto é uma dinâmica voltada ao entendimento das principais necessidades do cliente e da razão pela qual o produto está sendo construído. É aplicada durante a reunião de *Inception* e auxilia o time de projeto na definição de um plano para construção do produto e das diretivas de negócio. Nesta atividade é feito o entendimento do problema atual e é definida a proposta de valor para o cliente.

O *Canvas* de Visão de Produto é feito logo no início da reunião da *Inception*, servindo como um organizador das informações a serem repassadas para o time do projeto. Nesse quadro é possível passar por grande parte das informações que são relevantes e que devem ser conhecidas pela equipe no início do desenvolvimento do novo produto.

O quadro está estruturado para permitir que a equipe identifique as principais motivações para a criação do produto e obtenha um panorama sobre o contexto de negócio, possibilitando direcionar suas ações e esforços para aquilo que esteja em consonância com a cadeia de valor do negócio.

O *Canvas* de Visão de Produto foi inserido no *Agile Think® Business Framework* para atender às demandas de visibilidade das funcionalidades do novo produto e auxiliar na declaração do escopo do projeto, apresentando caminhos possíveis para a recuperação dos investimentos e em congruência com os anseios tanto de quem consome como de quem produz e patrocina.

É importante ressaltar que o preenchimento do *Canvas* de Visão de Produto deve ser capitaneado pelo *Product Owner*, uma vez que ele detém o conhecimento necessário das necessidades do cliente, bem como informações gerais sobre "por que" o produto está sendo viabilizado.

As informações contidas nesse *canvas* proporcionam o alinhamento do conhecimento de requisitos mínimos de um produto às necessidades de visão do ponto de vista do negócio, apontando um direcionamento tático para que ações possam ser tomadas e viabilizando todas as etapas do projeto. Para isso, é importante entender:

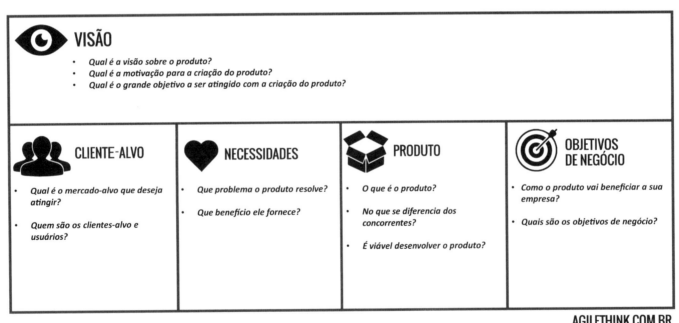

Os itens a serem mapeados no *Canvas* de Visão de Produto têm os seguintes campos de informação a serem preenchidos pelo *Product Owner*:

👁	**Visão**	Apontar quais os temas que justificam a construção de um determinado produto ou serviço, bem como as motivações para que isso ocorra.
👥	**Cliente-alvo**	Listar os principais interessados na utilização do produto, do ponto de vista de quem é o consumidor. Indicar quem são ou virão a ser os potenciais clientes, fornecedores da cadeia de produção, partes interessadas, consumidores diretos, etc.
♥	**Necessidades**	Identificar as principais necessidades, as características e funcionalidades a serem desenvolvidas. Incluir o que se espera de um produto final que atenda aos desejos mencionados. É importante incluir informações sobre o que se espera do produto.
📦	**Produto**	Indicar quais são as características do produto, seus objetivos e o que ele é. Mostrar no que o produto se diferencia dos concorrentes e quais suas vantagens ante os demais do mesmo tipo. Definir se o produto é viável.
🎯	**Objetivos de negócio**	Indicar quais serão os objetivos gerais do negócio que serão atingidos pelo empreendimento. Isso estabelece, em linhas gerais, critérios de aceite preliminares, que em alguns casos definem os padrões de qualidade associados às necessidades gerais do negócio.

Resultados gerados

Os resultados gerados a partir do *Canvas* de Visão do Produto têm por objetivo auxiliar o time na definição de uma ideia inicial do empreendimento e possibilitar uma melhor compreensão do valor gerado pelo novo produto. Essas informações devem ser compiladas de forma clara, para que todos saibam quais objetivos devem ser alcançados pela equipe após o desenvolvimento do produto.

Utilizamos como base para essa compilação um *template* simplificado, mas que representa uma visão geral de tudo aquilo que deve fazer parte do produto. Essa referência tem o nome de *Elevator Pitch* e é revisitada pela equipe sempre que necessário, pois é parte importante da definição dos rumos a serem tomados pelo time durante o projeto. O *template* do *Elevator Pitch* segue um modelo semelhante a esse:

TEMPLATE VISÃO DO PRODUTO

Para [cliente/usuários do produto],

Que tem [problema a ser solucionado],

Utilizando [nome do produto que soluciona o problema],

Que [gera como benefício],

Ao contrário de hoje [alternativa da concorrência],

Como nosso produto [característica principal do produto]

Quando voltamos ao *case* deste livro, do que se trata a visão do produto? Como podemos ver, uma visão compatível nos leva a evidenciar as características gerais de um modelo de ensino inserido em um contexto de transformação digital. Nesse caso, o *Canvas* de Visão do Produto ficaria da seguinte forma:

 **VISÃO**
- Aumentar abrangência de produtos e serviços digitais oferecidos pela Agile Think® nas redes sociais
- Criar aplicativos voltados para a virtualização do ambiente de ensino
- Disponibilizar a solução na Apple Store e no Google Play
- Criar um ambiente para execução de cursos de Ensino a Distância (EAD)

 CLIENTE-ALVO
- Estudantes de cursos de MBA
- Profissionais da área de negócios e transformação digital
- Profissionais em busca de certificação EXIN/ASPO
- Profissionais da área de produtos

 NECESSIDADES
- Aumentar número de seguidores da Agile Think® nas redes sociais
- Aumentar o fluxo de usuários do site de ensino a distância (EAD)
- Criar campanhas para abrir novas turmas no ambiente de estudo virtual

 PRODUTO
- Plataforma de EAD baseada em Moodle
- Acesso aos módulos por meio do app Agile Think® Business Framework
- Dar acesso a módulos de degustação via redes sociais como Facebook, WhatsApp e Twitter

 OBJETIVOS DE NEGÓCIO
- Implantação de um ecossistema educacional
- Criar uma plataforma digital para cursos EAD
- Fazer trabalhos de gestão de mídias sociais voltadas ao ensino, com treinamentos especiais on-line

AGILETHINK.COM.BR

Canvas gentilmente cedido por Roman Pichler

A compilação das informações sobre a visão do produto na forma de *Elevator Pitch* ficaria da seguinte forma:

> **VISÃO DO PRODUTO**
>
> **Para** profissionais da área de negócios, transformação digital, de produtos, cursos de MBA e quem busca a certificação EXIN/ASPO,
>
> **Que tem** a necessidade de estudar temas relacionados às áreas de negócios e produtos,
>
> **Utilizando** o livro Gestão Ágil de Produtos com Agile Think® Business Framework (Base para a Certificação EXIN Agile Scrum Product Owner)
>
> **Que** permite ao aluno acessar um ecossistema digital que conta com uma plataforma de cursos EAD e acesso a grupos de discussão em redes sociais e treinamentos especiais de forma on-line em português,
>
> **Ao contrário de hoje** que existem apenas opções estrangeiras a respeito desses assuntos e pouco conteúdo local relacionado ao tema,
>
> **O nosso produto** oferece como diferencial a possibilidade de conectar profissionais interessados nesse tipo de assunto e prepara para obtenção da certificação EXIN ASPO, algo exclusivo no mercado brasileiro.

Como pôr em prática?

A execução da atividade que define a visão do produto é primordial para melhor entendimento sobre o que está por vir durante o desenvolvimento do projeto. Por tal motivo, não deixe de fazê-lo, pois seu time dependerá dessas informações para seguir adiante. O que pode ser visto como banal tem um grande valor ao pôr todos na "mesma página".

Para isso, é primordial que a descrição da visão inicial do produto seja clara o suficiente. A utilização do *template* de Visão do Produto para compilar as informações é crítica, pois permite uma melhor compreensão de todos os envolvidos acerca dos objetivos a serem alcançados pelo time de projeto. Dessa forma, veja o que é preciso fazer durante a dinâmica:

1. Tenha o *Canvas* da atividade de Visão do Produto e o *template* em um quadro branco ou folha de *flipchart* já devidamente montado antes do início da reunião.
2. Disponibilize fichas para anotações, *post-its*, canetas, marcadores e *bullets* para os presentes na reunião.
3. Antes de iniciar a atividade, apresente ao time todos os envolvidos nas fases anteriores.

4. Repasse a agenda das atividades do dia e defina os objetivos de cada uma delas para os presentes.
5. Sr./Sra. *Product Owner*, traga as informações coletadas nas fases anteriores para sua equipe!
6. Você e sua equipe terão cinco minutos para o preenchimento de cada raia do *canvas*.
7. Escolha um momento para a persona e inicie a definição da intenção do perfil e qual ação pode tomar diante do contexto apresentado.
8. Após a finalização do *canvas*, transponha os *post-its* para preencher o *template* no quadro.
9. Compile as informações por escrito ao final da atividade.

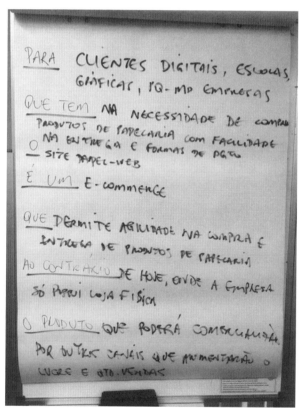

6.1.3. Atividade: mapear *features*

O que é mapear *features*?

No mapeamento de *features* o time realiza o agrupamento das funcionalidades por semelhanças entre elas, auxiliando na compreensão de como o produto está composto. Essa organização do conhecimento sobre o produto permite que o time entenda o que precisará ser construído.

Recomenda-se utilizar o *Story Mapping* realizado durante o processo de definir o produto e organizar seu conteúdo. Para entender o critério utilizado para o agrupamento, para cada *feature* é recomendável fazer uma descrição com uma frase sucinta que declare de forma unívoca os benefícios a serem atingidos pelo usuário.

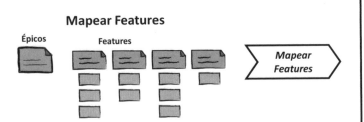

O mapeamento de *features* organiza as metas e capacidades do produto. Essa prática é um jeito eficiente de entender como as histórias podem ser tratadas de forma agrupada, favorecendo a criação de um modelo mental único para a equipe trabalhar nos passos seguintes.

Uma *feature* deve ter por objetivo organizar os comportamentos e as funcionalidades semelhantes do produto, sendo que aquilo que compõe cada agrupamento deve fazer parte do *Backlog* do Produto. As funcionalidades do *Backlog* do Produto serão então priorizadas nas fases seguintes do *Agile Think® Business Framework*.

Resultados gerados

A estruturação do produto é uma ferramenta utilizada para detalhar os componentes do produto. Assim, a PBS (*Product Breakdown Structure*), ou Estrutura Analítica do Produto, tal como é conhecida formalmente, cria uma visão hierárquica do produto. Ela é modelada a partir da definição do nome do produto, o qual deve aparecer no topo da hierarquia seguido pelos elementos subcategorizados.

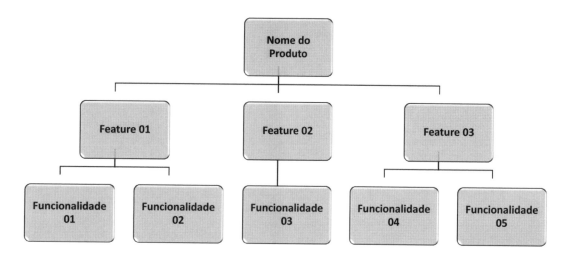

Para exemplificar, considere os capítulos que fazem menção à parte prática deste livro. Podemos criar uma Estrutura Analítica do Produto (PBS) para representá-los. Ao pensarmos neste *case*, o mapeamento das *features* representa os assuntos tratados em cada item do processo *Agile Think® Business Framework*.

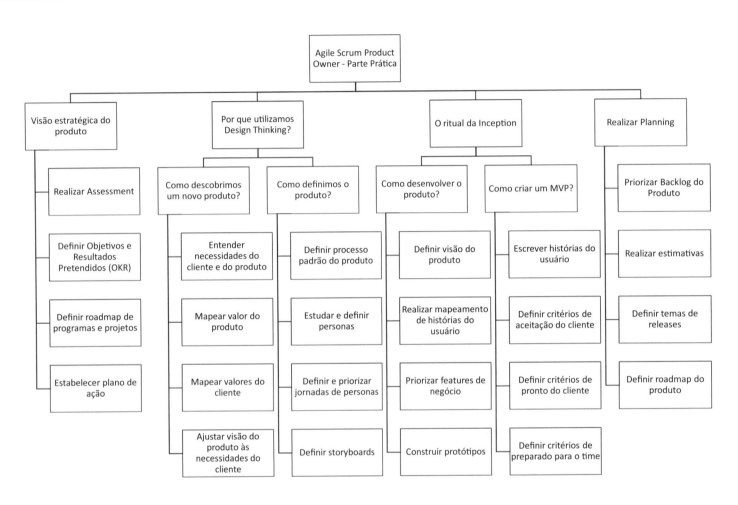

Como pôr em prática?

Perceba que, no exemplo anterior, as *features* "Por que utilizamos *Design Thinking*?" e "O ritual da *Inception*" foram quebradas em duas subcategorias, para especializar ainda mais o assunto. Isso é uma forma eficiente de organização do conhecimento. É sempre desejável quebrar em mais *features* se isso for facilitar o entendimento do produto.

Portanto, ao realizar o mapeamento de *features*, não se apegue ao formato; o importante é ter as informações e funcionalidades necessárias para a constituição do produto. Utilize as histórias mapeadas anteriormente como base para esse trabalho, identificando as funcionalidades e os cenários que serão importantes para a definição da estrutura do produto a ser desenvolvido. Para chegar aos resultados esperados, veja o que é preciso fazer durante a dinâmica:

1. Faça junto com a equipe uma revisão do mapeamento de épicos.
2. Defina um nome para cada uma das *features*. Defina uma ordenação para isso: os épicos devem ser dispostos no topo e as funcionalidades logo abaixo.
3. Promova a discussão entre os membros do time, fazendo-os descobrir se é necessário incluir novas funcionalidades para a realização dos objetivos de cada *feature*. Pergunte sempre: é possível o usuário atingir seus objetivos com essas funcionalidades?

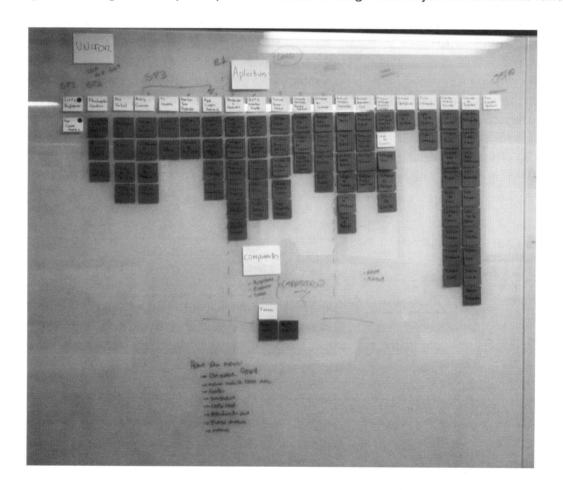

6.1.4. Atividade: priorizar negócio

O que é priorizar negócio?

A priorização de negócio nos remete a responder algumas perguntas: o que o cliente deseja prioritariamente do novo produto? Como será a ordem de desenvolvimento desse produto? Quais são os épicos mais importantes para o cliente? O que é prioritário para o negócio? O que é o mínimo necessário para disponibilizar uma versão para testes do produto?

Para entender a importância dessa fase e no que a priorização de negócio nos ajuda, imagine a seguinte situação: todas as partes interessadas que demandaram funcionalidades do produto estão reunidas e precisam escolher o que será construído primeiro. Ao perguntar pela funcionalidade mais prioritária, qual seria a resposta?

Parece óbvio que cada um definiria a sua funcionalidade como a mais importante, correto? Em casos como esses, o que fazer? Em uma situação assim, gosto de lembrar aos presentes que onde tudo é prioridade, nada é prioridade! Assim, precisamos definir uma ordem mínima que nos permita entender como o produto deve ser construído!

Para descobrir o que é mais prioritário do ponto de vista do produto e não criar disputas desnecessárias entre as partes interessadas, podemos aplicar algumas técnicas. O *Product Owner* deve entender qual é a dinâmica mais adequada para o público presente e quais os resultados desejados.

Priorizar negócio é uma atividade que visa estabelecer quais épicos de negócio devem ser desenvolvidos, de acordo com as necessidades do cliente (e do próprio negócio), uma vez que o objetivo está em definir um produto mínimo viável (MVP).

A aplicação das dinâmicas de priorização deve estar ligada à capacidade de geração de valor e à capacidade do time de atender às demandas. Todos os ativos do produto devem ser estudados tanto do ponto de vista do cliente quanto do negócio. Esse mapeamento possibilita uma melhor compreensão daquilo que vale ou não a pena ser construído, e essas informações serão utilizadas para definir o Produto Mínimo Viável (MVP) que será desenvolvido.

A priorização do negócio deve ser estabelecida juntando as visões do cliente e das partes interessadas. Nessa fase do *Agile Think® Business Framework* são realizadas projeções sobre os resultados desejados tendo em vista a criação de um produto mínimo a ser lançado. Investimentos necessários, comportamento das funcionalidades e foco na resolução do problema devem orientar a execução desse trabalho.

Como a priorização de negócio é realizada?

Nessa etapa do *framework* o foco está em definir os épicos mais prioritários para o desenvolvimento. Para isso, precisamos estabelecer premissas que permitirão ter uma lista ordenada de funcionalidades a serem desenvolvidas, lista esta que, nas fases seguintes do método, será utilizada para fazer o planejamento do produto mínimo viável.

A priorização de negócio permite a tomada de decisão e a preparação ordenada e estruturada da montagem do *Backlog* do Produto, o que otimiza as etapas seguintes de planejamento. O *Agile Think® Business Framework* oferece um conjunto de análises que permitem enxergar aquilo que é essencial ao produto.

O objetivo dessa etapa do *framework* é obter insumos suficientes para a priorização dos épicos, ordenando os itens mais importantes para o cliente e para o negócio.

Resultados obtidos

Na etapa de definição do produto, os épicos foram obtidos a partir da técnica do *Story Mapping*. Estes puderam ser identificados a partir da jornada horizontal, onde cada ação possível de ser tomada pelo usuário foi descrita. É com essas informações que começaremos a priorização desses épicos.

Esse trabalho exige que o *Product Owner* defina as melhores práticas para priorizar os itens de negócio, uma vez que, para tornar o *Backlog* do Produto viável, é preciso garantir a melhor maneira de maximizar o Retorno sobre o Investimento (ROI – *Return on Investment*).

Mais do que apenas ordenar os épicos, é necessário também entender suas dependências, ou seja, como esses temas estão ligados entre si e quais atividades externas ao mapeamento devem ser observadas, para que seja possível realizar o desenvolvimento dos itens mais significativos para o usuário.

Como pôr em prática?

Para a priorização podemos utilizar diversas técnicas. Dentre as recomendadas, estão a Análise de Kano, *MoSCoW, Theme Screening,* GUT e WSJF. Vamos a elas?

1. *Análise de Kano*

A análise criada por Noriaki Kano tem por objetivo classificar e ordenar itens de um produto com base em um modelo simplificado onde os requisitos podem ser classificados de duas formas: aqueles que são necessários para o produto e aqueles que aumentam a satisfação do cliente no uso do produto.

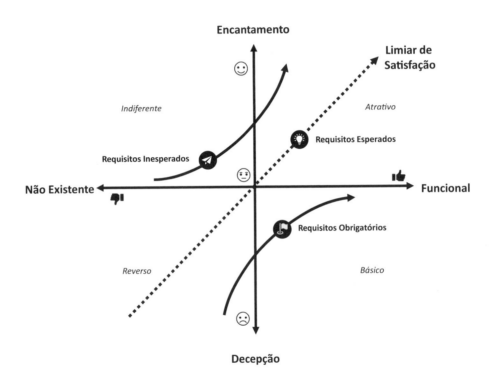

Sua representação em diagrama nos permite refinar ainda mais os requisitos do produto. Levando em consideração a necessidade de cada requisito do produto para o cliente, a Análise de Kano possibilita a seguinte classificação:

- **Requisitos obrigatórios:** são aqueles que devem estar presentes para satisfazer as necessidades primárias do usuário.
- **Requisitos esperados:** são aqueles que atendem às necessidades do usuário, de forma explícita ou tácita, e que tornam o produto atrativo.
- **Requisitos inesperados:** são aqueles que o usuário não sabe que precisa até vê-los.

Ao considerar as expectativas do cliente que precisam ser atendidas, é preciso entender quais são os requisitos que precisam ser construídos de fato. A Análise de Kano nos leva a perceber que nem todos os requisitos obrigatórios geram satisfação do usuário, por serem considerados básicos demais. Porém, a sua falta gera decepção e descontentamento.

Em contrapartida, os requisitos que geram encantamento no cliente e que causam alta expectativa tornam o produto mais atrativo. O Limiar de Satisfação nos dá a dimensão de quanto o cliente conhece as suas reais necessidades. Trata-se de um divisor que estabelece aquilo que está explicitado como necessidade e aquilo que é tácito ou não sabido.

Perceba que essa classificação também permite entender como o cliente reage aos requisitos tácitos do produto. Um determinado requisito ou funcionalidade, caso seja bem entendido pelo usuário, pode ser visto como necessário. E a indiferença significa que o produto talvez não devesse conter tal requisito, pois não aumenta de forma significativa seu grau de satisfação. Essa técnica pode ser aplicada a grupos pequenos, com no máximo trinta usuários, obedecendo a três perguntas direcionadas:

- ◆ **Funcional:** o que você sentiria se existir uma determinada funcionalidade?
- ◆ **Não existente:** o que você sentiria se não existir uma determinada funcionalidade?
- ◆ **Nível de qualidade:** como você classificaria o nível de qualidade dessa funcionalidade?

A organização da Análise de Kano pode ser feita com uma matriz. A verificação da funcionalidade é realizada por meio de entrevistas com os principais clientes.

	Funcional	Não Existente	Nível de Qualidade
	Decepcionante / Esperado / Neutro / Obrigatório / Encantador	Decepcionante / Esperado / Neutro / Obrigatório / Encantador	Básico / Atrativo / Limiar / Indiferente / Reverso
Garantir acesso somente aos assinantes do site	☐ ☐ ☐ ■ ☐	☐ ☐ ☐ ☐ ☐	☐ ■ ☐ ☐ ☐
Assistir vídeos sobre o Agile Think® Business Framework	☐ ☐ ☐ ☐ ☐	☐ ☐ ■ ☐ ☐	☐ ☐ ☐ ■ ☐
Assinar curso EAD com cartão de crédito	☐ ■ ☐ ☐ ☐	☐ ☐ ☐ ☐ ☐	■ ☐ ☐ ☐ ☐

A ordenação proposta pela Análise de Kano estabelece que as funcionalidades vistas como obrigatórias devem ser ranqueadas prioritariamente. Em seguida vêm as funcionalidades esperadas – em maior número quanto for possível. As funcionalidades vistas como encantadoras podem ser priorizadas ao final dessa lista. Escolha pelo menos algumas, pois isso pode gerar bastante retorno de satisfação do cliente.

	Funcional	Não Existente	Nível de Qualidade	
	Decepcionante / Esperado / Neutro / Obrigatório / Encantador	Decepcionante / Esperado / Neutro / Obrigatório / Encantador	Básico / Atrativo / Limiar / Indiferente / Reverso	
Garantir acesso somente aos assinantes do site	00 01 01 (15) 02	19 00 00 00 00	00 (14) 00 03 02	2
Assistir vídeos sobre o Agile Think® Business Framework	00 12 00 07 00	00 05 (13) 01 00	(18) 00 00 01 00	1
Assinar curso EAD com cartão de crédito	01 (12) 01 03 02	00 02 17 00 00	02 01 (12) 02 02	3

2. <u>MoSCoW</u>

Esta análise difundida pelo *Dynamic Systems Development Method* (DSDM) classifica os objetivos do cliente mediante análise de seu valor para o negócio. A técnica difundida por meio de acrônimo *MoSCoW* representa funcionalidades que podem ser definidas como *must have* (essencial), *should have* (necessário, não imprescindível), *could have* (desejável) e *won't have* (não é necessário).

A definição de quais épicos do produto devem ser construídos sob o ponto de vista do cliente e do negócio é o que faz dessa técnica um modelo importante para o *Product Owner* conseguir classificar os requisitos que devem ser priorizados, refinados e descartados. Isso permite que apenas as funcionalidades mais importantes de fato façam parte daquilo que precisa aparecer nas primeiras versões do produto.

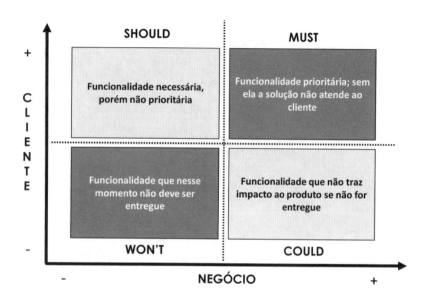

Saber quais são as funcionalidades prioritárias (*must have*) é o alvo da aplicação da técnica. Geralmente esses requisitos devem estar em uma primeira versão do produto, pois são considerados *core* da aplicação. Ou seja, tanto para o cliente como para o próprio contexto de negócio, a falta da funcionalidade representaria fracasso ou não daria propósito ao produto.

Os requisitos que precisam estar relacionados no produto, pois são importantes para o cliente, mas não impactam diretamente no sucesso do negócio, são vistos como *should have*. Já funcionalidades do tipo *could have* nem sempre são vistas como necessárias ao cliente, porém são importantes para o negócio. Dessa forma, nem sempre fornecem a visibilidade necessária, o que as deixa menos propensas a ser entregues nas primeiras versões do produto.

Por fim, os requisitos do tipo *won't have* são aqueles que no momento não interferem na performance do negócio nem trazem benefícios ao cliente. No entanto, seu mapeamento permite tatá-las como ações futuras, as quais poderão ser implementadas em fases mais distantes do produto, sem que traga danos à imagem ou ao próprio negócio.

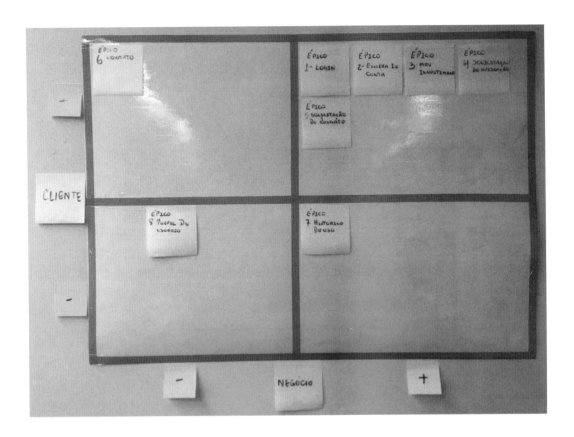

3. *Theme Screening*

Esta análise, difundida por Mike Cohn, tem por objetivo ordenar os requisitos do produto por meio da comparação entre os principais temas relacionados ao negócio. Trata-se de uma técnica de priorização fácil de ser entendida e aplicada, podendo ser utilizada tanto para a priorização dos temas de negócio ou épicos quanto para estabelecer uma lógica única para a comparação entre eles.

Para que a técnica do *Theme Screening* seja aplicada, é preciso definir três coisas:

- ◆ Quais serão os critérios de avaliação relacionados aos temas do produto?
- ◆ Qual é a lista de temas?
- ◆ Os critérios são válidos para analisar todos os épicos?

Usualmente, são utilizados de cinco a nove critérios de avaliação. Estes devem ser estabelecidos com perguntas simples, tais como o grau de satisfação do usuário com a funcionalidade, itens que mais causam problemas (ou dores), quais garantem maior retorno sobre o investimento (ROI), qual tem custo mais elevado, qual permite maior geração de receitas, etc. Perceba que essas perguntas são relacionadas aos temas e podem ser aplicadas a todos eles, visando uma tomada de decisão racional, imparcial e com base em critérios bem estabelecidos.

Após a definição dos critérios de avaliação, os temas devem ser preparados para a ordenação. É preciso então eleger um tema de referência, o qual, no entendimento geral, precisa ser atendido.

Para designar o tema de referência, fazemos com que esse item da lista seja então "zerado". Ou seja, os demais temas devem ser comparados ao tema de referência.

	Critérios				
	Complexidade	Esforço	ROI	Integração	Orçamento
Garantir acesso somente aos assinantes do site					
Assistir vídeos sobre o Agile Think® Business Framework					
Assinar curso EAD com cartão de crédito	0	0	0	0	0
Peças de mídia para divulgação dos cursos EAD					
Divulgar cursos, livro e workshops em eventos pagos					

Os demais itens devem ser selecionados e comparados ao item de referência. Se para o item analisado o critério de avaliação for considerado maior ou mais importante, este deve ser indicado com o sinal de mais (+). Caso o item não mostre relevância maior, ele é indicado com o sinal de menos (-). É possível também não haver diferenças na comparação com o item de referência. Nesse caso, o item pode ser indicado com o valor zero (0).

O valor do tema é obtido a partir da somatória dos sinais de "+" e "-". O valor resultante é ordenado do maior para o menor. Assim, podemos entender que o resultado obtido é algo simplificado e não viciado.

	Critérios					Total	Ordenação
	Complexidade	Esforço	ROI	Integração	Orçamento		
Garantir acesso somente aos assinantes do site	-	-	+	+	+	+1	02
Assistir vídeos sobre o Agile Think® Business Framework	-	+	+	-	-	-1	04
Assinar curso EAD com cartão de crédito	0	0	0	0	0	0	03
Peças de mídia para divulgação dos cursos EAD	+	+	+	-	+	+2	01
Divulgar cursos, livro e workshops em eventos pagos	-	-	+	-	+	-1	04

4. *Gravidade, Urgência, Tendência (GUT)*

Esta é uma técnica utilizada para priorização e pontuação dos valores de negócio, cujo modelo envolve três variáveis relacionadas: "Gravidade", "Urgência" e "Tendência". Conhecida como GUT, essa análise permite estabelecer valores para cada item de negócio, possibilitando sua ordenação posterior conforme uma escala calculada a partir dos índices gerados.

O tamanho para cada variável da GUT pode ser expresso por uma escala de valores, a qual varia de Muito Alto (100), Alto (80), Médio (60), Baixo (40) e Muito Baixo (20). A definição dos valores numéricos para cada PBI é feita mediante a somatória das três variáveis, sendo que o resultado final é o valor estipulado para cada item de negócio.

Com os valores dos itens do *Backlog* do Produto definidos, estes serão ordenados na ordem decrescente, ou seja, do maior para o menor, indicando quais desses são de maior prioridade para o negócio. Nessa atividade, para cada um dos itens do *Backlog* do Produto, as seguintes variáveis devem ser pontuadas pelo *Product Owner*:

- **Gravidade:** a gravidade diz respeito aos danos pela execução (ou não) do PBI. Nesse caso, temos que definir a importância do dano causado pelo item, estabelecendo o quanto ele pode afetar o projeto como um todo. Para avaliar a gravidade de um item, as seguintes perguntas precisam ser realizadas:
  - Qual é a importância da não realização do item?
  - É extremamente importante?
  - Muito importante?
  - Importante?

- Relativamente importante?
- Pouco importante?

A escala para definir um valor varia de 100 a 20, conforme apresentado na tabela a seguir.

Gravidade	Pontuação
Extremamente importante	100
Muito importante	80
Importante	60
Relativamente importante	40
Pouco importante	20

◆ **Urgência:** a urgência no desenvolvimento de um PBI deve ser obtida por meio da comparação entre cada um dos itens do *Backlog*, dois a dois. Trata-se de uma técnica de facilitação, a qual inclui a realização das seguintes perguntas:
- Qual é a urgência do item?
- Ele é mais prioritário que outro?
- A ação sobre o item é bastante urgente?
- A ação sobre o item é urgente?
- A ação sobre o item é relativamente urgente?
- É possível aguardar para tomar uma decisão?
- Não há pressa para que a decisão seja tomada?

A escala para definir um valor varia de 100 a 20, conforme apresentado na tabela a seguir.

Urgência	Pontuação
Muito alta	100
Alta	80
Média	60
Baixa	40
Muito baixa	20

◆ **Tendência:** a tendência está diretamente relacionada ao risco da implantação (ou não) de um determinado PBI, representando sua tendência no projeto. Dessa forma, devemos realizar as seguintes perguntas para compor um valor numérico que represente a tendência para o item:

- Mantida a forma como o item está sendo tratado, a tendência é piorar ou melhorar?
- A situação tende a melhorar/piorar muito?
- A situação tende a melhorar/piorar?
- A situação tende a permanecer inalterada?
- A situação tende a desaparecer parcialmente?
- A situação tende a desaparecer completamente?

A escala para definir um valor varia de 100 a 20, conforme apresentado na tabela a seguir.

Tendência	Pontuação
Melhorar/Piorar muito	100
Melhorar/Piorar	80
Inalterado	60
Desaparecer parcialmente	40
Desaparecer completamente	20

A fórmula adotada para os cálculos de priorização de cada funcionalidade do *Backlog* foi definida a partir da soma de todos os resultados e obtenção de sua média simples arredondada (para cima), conforme a fórmula a seguir:

$$\text{Valor de Negócio} = (\text{Gravidade} + \text{Urgência} + \text{Tendência}) / 3$$

	Gravidade	Urgência	Tendência	Total	Ordenação
Garantir acesso somente aos assinantes do site	100	80	100	280	02
Assistir vídeos sobre o Agile Think® Business Framework	80	100	20	200	04
Assinar curso EAD com cartão de crédito	100	100	40	240	03
Peças de mídia para divulgação dos cursos EAD	100	100	100	300	01
Divulgar cursos, livro e workshops em eventos pagos	40	40	20	100	05

5. *WSJF (Weighted Shortest Job First)*

O acrônimo WSJF, do inglês, o qual significa "o menor trabalho primeiro", é uma técnica de priorização que considera o custo do atraso (*Cost of Delay*), o que favorece a escolha dos itens mais valiosos e rápidos de serem desenvolvidos antes dos mais complexos. Esse modelo de priorização tem por foco representar o tempo necessário para que o investimento realizado se pague, levando o *Product Owner* a compreender os impactos relacionados ao tempo de desenvolvimento de uma determinada funcionalidade ante os resultados esperados pelo cliente.

O conceito do WSJF vem para solucionar de uma vez por todas o velho problema encontrado pelas equipes quando é preciso priorizar algo junto com um ou mais clientes ao mesmo tempo. Ao perguntar aos clientes o que é mais prioritário, muitas vezes a resposta será uníssona: "tudo!" No entanto, sabemos que onde tudo é prioridade, nada é prioridade! Como podemos ordenar os produtos de forma a otimizar o retorno de investimento sem gerar ruídos?

Para iniciar o cálculo do custo do atraso, primeiro é necessário tabular as funcionalidades a serem analisadas e suas respectivas estimativas. Para exercitar, vamos considerar que o custo semanal de um recurso para o desenvolvimento da funcionalidade seja de R$ 1.000,00, ok? Precisaremos agora que algumas perguntas sejam respondidas:

♦ Qual a duração em tempo para desenvolver uma determinada funcionalidade?
♦ Quantos recursos são necessários para o desenvolvimento?
♦ Qual o custo associado ao desenvolvimento da funcionalidade?

Funcionalidade	Duração (em tempo)	Quantidade de recursos	Custo
Funcionalidade 1	4 semanas	2,75	15.000
Funcionalidade 2	5 semanas	2,5	12.500
Funcionalidade 3	8 semanas	1,25	10.000

Quando trabalhamos as funcionalidades ordenadas no eixo do tempo, podemos observar que alguns cenários podem ser criados a partir dessa análise. Consideramos para isso inicialmente dois cenários possíveis: a funcionalidade de menor esforço em tempo primeiro e a mais valiosa primeiro.

Semanas	1	2	3	4	5	6	7	8	9	10	11	12	13	14	15	16	17
Menor tempo primeiro	Funcionalidade 01 - $10.000					Funcionalidade 02 - $15.000				Funcionalidade 03 - $8.000								
Mais valiosa primeiro	Funcionalidade 02 - $15.000				Funcionalidade 01 - $10.000					Funcionalidade 03 - $8.000								

Com essa análise, perceba que não temos grandes informações para uma tomada de decisão mais completa. A verdade é que, em ambos os cenários, os resultados parecem iguais. Vejamos agora como ficaria isso com a aplicação do WSJF.

Para obtermos o WSJF devemos primeiro gerar o índice conhecido como custo do atraso (CoD). Para isso, precisamos considerar o valor de negócio, a criticidade pela espera e o risco de cada funcionalidade a ser construída. As variáveis analisadas seguem um raciocínio análogo à aplicação da matriz GUT (Gravidade, Urgência e Tendência). O CoD será obtido a partir do preenchimento da GUT, porém, em vez de utilizarmos as escalas muito alto (100), alto (80), médio (60), baixo (40) e muito baixo (20), faremos uso da sequência de Fibonacci (1, 2, 3, 5, 8, 13, 21, 34, ...) para esse trabalho.

Ao definir o valor de negócio (gravidade), oriente-se pela preferência do cliente. Qual funcionalidade gera maior impacto? Qual delas faz parte de uma diferenciação competitiva? Ao responder a essas indagações, possivelmente o valor de negócio para cada funcionalidade será ponderado. Aqueles com mais importância terão um valor mais elevado.

De forma análoga, quando for analisar a criticidade de espera (Urgência), analise se a funcionalidade tem data-limite para ser implementada. Caso a resposta seja negativa, é possível substituí-la por outra funcionalidade?

Por fim, para definir o risco atenuado (Tendência), observe se existem dependências técnicas atreladas à funcionalidade. Quando maior a quantidade de dependências, maior seu valor. Outra informação importante é saber se a implantação da funcionalidade pode reduzir os riscos de futuras implantações. Se a funcionalidade reduzir riscos, sua importância é maior.

O valor relativo ao Custo do Atraso (CoD) é a fórmula da própria GUT, que é exprimida pela soma dos índices do valor de negócio (gravidade), criticidade de espera (urgência) e risco atenuado (tendência).

Funcionalidade	Valor de Negócio (Gravidade)	Criticidade de Espera (Urgência)	Risco Atenuado (Tendência)	CoD (GUT)
Funcionalidade 1	3	13	8	24
Funcionalidade 2	8	2	8	18
Funcionalidade 3	5	8	2	15

Com essas informações é possível obter agora o índice do WSJF. A fórmula é simplificada, pois leva em consideração o Custo do Atraso de cada funcionalidade, dividido pela estimativa de duração de cada PBI.

Funcionalidade	Duração (em tempo)	Valor de Negócio (Gravidade)	Criticidade de Espera (Urgência)	Risco Atenuado (Tendência)	CoD (GUT)	WSJF = $\frac{CoD}{Duração}$	Prioridade
Funcionalidade 1	4 semanas	3	3	2	8	2	3
Funcionalidade 2	5 semanas	8	2	5	18	3	2
Funcionalidade 3	8 semanas	5	8	13	26	3,25	1

Veja que, pelo último cenário apresentado pela priorização WSJF, temos que a ordem de prioridade da construção das funcionalidades se inverteu. Uma vez que a ordenação é feita sempre em ordem decrescente (do menor para o maior), a "Funcionalidade 3", cujo tempo de construção era maior, passou a ser a primeira, seguida pela "Funcionalidade 2" e por fim pela "Funcionalidade 1", que tem o maior custo de desenvolvimento.

Semanas	1	2	3	4	5	6	7	8	9	10	11	12	13	14	15	16	17
Menor tempo primeiro	Funcionalidade 01 - $10.000				Funcionalidade 02 - $15.000					Funcionalidade 03 - $8.000							
Mais valiosa primeiro	Funcionalidade 02 - $15.000					Funcionalidade 01 - $10.000				Funcionalidade 03 - $8.000							
WSJF	Funcionalidade 03 - $8.000								Funcionalidade 02 - $15.000					Funcionalidade 01 - $10.000			

6.1.5. Atividade: definir protótipos

O que é definir protótipos?

A atividade de prototipação é voltada para a definição e o detalhamento das principais interfaces do produto. Nessa etapa serão materializadas as interfaces do produto, mostrando como será feita a interação entre o usuário e o produto. No processo *Agile Think® Business Framework*, é nessa fase que se realiza a definição da parte visual do produto.

A prototipação, para ser efetiva, deve ser aplicada em conjunto com um profissional de UX (*User Experience*), pois se trata de um especialista na construção dos modelos e é quem pode auxiliar o cliente e os demais membros da equipe de negócios a entender a dinâmica do produto de uma forma visual. Além de elucidar melhor o negócio, o profissional de UX auxilia no entendimento dos requisitos, permitindo a todos uma melhor definição dos itens de negócio que ainda não foram detalhados.

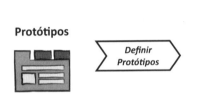

> A definição dos protótipos está intimamente ligada à experiência do usuário (do inglês UX, *User Experience*), que traz para o desenvolvimento de produtos a percepção do uso e das interações entre quem utiliza e quem constrói o produto. Os protótipos cumprem papel fundamental no processo de desenvolvimento do produto, uma vez que ilustra a solução que se deseja implementar para resolver o problema do cliente e de seus usuários.

Temos diversos motivos que podem ser listados para que seja realizada a prototipação do produto durante a fase de desenvolvimento. No entanto, é preferível ressaltar que o foco do uso de protótipos está na demanda real. Ou seja, os resultados obtidos a partir da definição do protótipo possibilitam reduzir de forma significativa o esforço da construção do produto. A partir de um protótipo bem construído, conseguimos entender melhor a dinâmica de funcionamento do produto logo nos primeiros estágios de desenvolvimento.

E o que isso significa? É apenas uma boa técnica para resolver problemas? Não, é mais do que isso...

 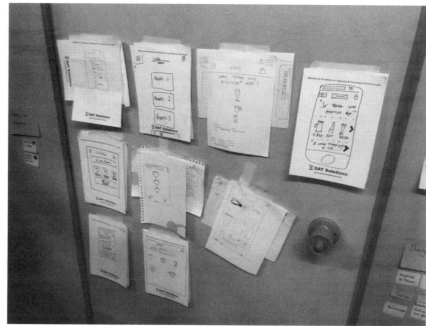

Resultados gerados

Um bom protótipo pode reduzir de forma significativa o desperdício de fazer algo que não atenderá ao cliente e que, consequentemente, demandará novos esforços para encontrar uma solução viável! Errar pouco significa mais qualidade e conseguir engajar mais rapidamente o cliente junto ao processo de desenvolvimento do seu produto.

O protótipo é um instrumento facilitador da conversa entre equipes de negócios e o cliente. Conseguimos definir melhor uma funcionalidade ou parte de um produto desenhando, em vez de escrevermos suas características no papel. O processo de entendimento torna-se mais fluido como um todo.

Nos processos anteriores do *Agile Think® Business Framework*, tivemos uma atividade voltada à definição de *storyboards*. Os insumos gerados nessa etapa podem (e devem) ser aproveitados para a definição dos protótipos. Trata-se de ativos já construídos pela equipe que tornam o trabalho de prototipação mais efetivo, uma vez que não é necessário partir do "zero".

Como pôr em prática?

Caso o *storyboard* não tenha sido realizado anteriormente, nada impede que a equipe comece a desenhar a solução de negócio nesse exato momento! Agora é a hora! Lembre-se de que não é necessária muita coisa para deixar que a criatividade venha à tona! As versões iniciais podem ser feitas em um quadro branco ou simplesmente em um papel, mas devem exprimir as necessidades do cliente.

É importante que o cliente também participe desse tipo de sessão e faça parte não somente da validação, mas também da construção dos protótipos de seu produto. Esse tipo de trabalho geralmente é muito leve e transforma as pessoas! O produto gerado pela equipe deve ser então digitalizado e trabalhado pelo designer de UX. Para que consigamos chegar aos resultados esperados, veja o que é preciso fazer durante essa dinâmica:

1. Faça junto com a equipe uma revisão dos materiais já construídos.
2. Escolha um fluxo de negócio e comece a desenhar as interfaces que permitem a interação entre o usuário e o produto.
3. Quando os desenhos estiverem finalizados, o profissional de UX deve transformar todos esses ativos em protótipos navegáveis.
4. Com os protótipos navegáveis, teste a usabilidade junto com o cliente. Ele poderá fazer alterações se preciso!
5. Incentive o cliente (ou usuário) a exprimir sua opinião.
6. Volte à prancheta sempre que for necessário!

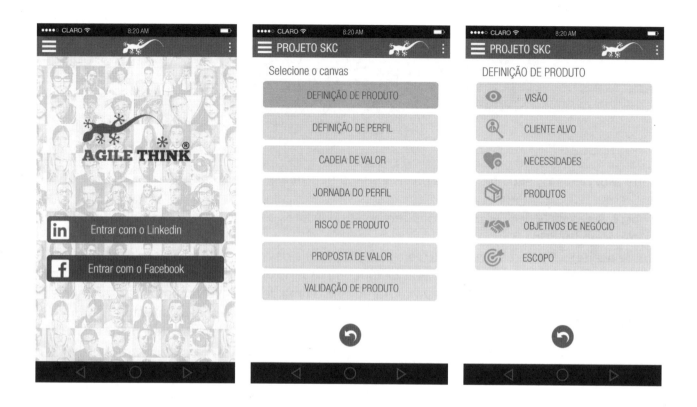

6.2. Etapa 2: definir MVP

A definição do MVP é o segundo passo do processo de *Inception*. Nessa etapa do *Agile Think® Business Framework* existe um objetivo claro de trabalho, o qual deve culminar com a aprovação dos artefatos gerados pela equipe de negócios e pelo cliente, preparando tudo que for necessário para definir um produto mínimo viável com potencial para ser planejado na fase seguinte do método.

Nessa etapa já temos insumos suficiente para estabelecer o conjunto mínimo de informações necessárias para definição do produto que será construído pela equipe. As fases anteriores do método permitiram que boa parte dos requisitos do produto fosse descrita, priorizada e prototipada. Agora cabe ao *Product Owner* validar os ativos e documentos já gerados e seguir com o refinamento dessas informações.

Para obtermos o resultado esperado, as seguintes etapas precisam ser percorridas:

- **Escrever histórias:** o *Product Owner*, já sabendo dos itens mais relevantes para o cliente, uma vez que estes já estão priorizados, inicia a escrita das histórias do usuário.
- **Definir critérios de aceite:** o *Product Owner*, junto com o cliente, define os critérios de aceitação para cada uma das histórias do usuário, estabelecendo o mínimo para dar como válidas as histórias do usuário que retornarão construídas pelo time de desenvolvimento.
- **Definir critério de preparado (*ready*):** o *Product Owner*, junto com o time de desenvolvimento, determina quais informações mínimas devem ser geradas para que o time consiga estimar e quebrar em atividades do desenvolvimento.
- **Definir critério de pronto (*done*):** o *Product Owner*, junto com o time de desenvolvimento, determina quais etapas precisam ser cumpridas para que uma história seja considerada concluída.

6.2.1. Fluxo e especificação do processo

Vale salientar que a fase de definição do MVP contém duas atividades que, de certa forma, ocorrem quase simultaneamente. Na prática, as atividades de escrever histórias e definir critérios de aceite fazem parte de uma única rodada de trabalho. Isso porque, durante a validação dos artefatos gerados nas fases anteriores, o *Product Owner* já inicia a escrita das histórias do usuário e complementa as informações definindo os critérios de aceitação.

Ao final dessa fase, temos a definição, por parte do *Product Owner* junto ao time, dos critérios de preparado (*ready*) e pronto (*done*). Essas informações são essenciais para o prosseguimento dos trabalhos, uma vez que se trata da definição daquilo que será exigido tanto pelo time como pelo cliente para dar como válidos os resultados gerados nas fases seguintes do método.

Inception **185**

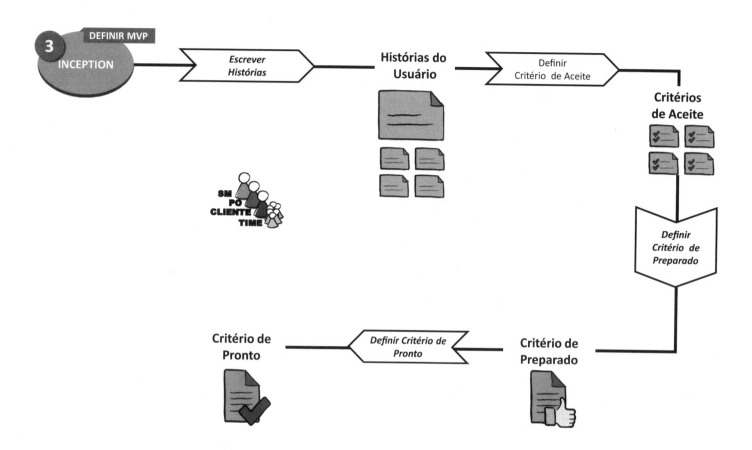

PROCESSO: DEFINIR MVP	
Entregáveis	MVP do produto Histórias do usuário Critério de preparado (*ready*) Critério de pronto (*done*)
Papéis envolvidos	*Product Owner*, *Scrum Master*, time, cliente
Atividades	Escrever histórias Definir critério de preparado Definir critério de pronto Definir critério de aceite
Ferramentas	*Template* de histórias do usuário

6.2.2. Atividade: escrever histórias do usuário

O que é escrever histórias?

A escrita das histórias do usuário é a etapa de organização das informações já levantadas com a documentação das fases anteriores do *Agile Think® Business Framework*. É quando o *Product Owner*, junto com o time do projeto, cria as histórias que serão utilizadas como *scripts* do trabalho para a equipe. Os requisitos do produto, bem como os demais artefatos e documentos gerados, devem estar aderentes às necessidades do produto, fechando uma versão para iniciar seu planejamento.

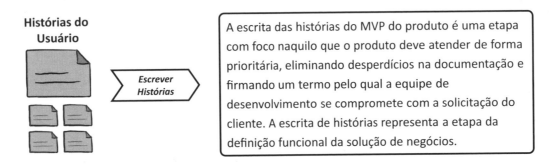

Com as informações do produto descritas na forma de histórias do usuário, é possível realizar o entendimento do trabalho do time, tornando todo o processo de planejamento mais crível e compreendido por todos os envolvidos na construção do produto. Isso não apenas reafirma a priorização feita anteriormente, como também estabelece o conjunto de funcionalidades mais importantes, documentando as funcionalidades que precisam ser validadas pelo cliente.

Nessa fase é importante a presença do cliente para validar se os principais fluxos de negócio estão presentes. As histórias do usuário são escritas com foco nos objetivos do cliente e definem a forma pela qual o produto alcançará os objetivos traçados pelo negócio. Costumamos dizer que as histórias servem para resolver os problemas do usuário de forma direta e é a melhor forma de organizar os requisitos do produto. Nas próximas etapas, veremos como estes podem ser refinados e corrigidos.

A história do usuário deve gerar discussão entre a equipe e o cliente. No desenvolvimento ágil do produto, o principal trabalho da equipe é conseguir falar a mesma língua do usuário. Para que a comunicação seja eficaz, a história deve ser escrita em uma linguagem comum ao usuário e à equipe técnica.

Tipicamente expressa na forma "Como um <papel>, quero <objetivo>", uma história do usuário segue o padrão "Como um <<Perfil>>, desejo/posso/consigo realizar <<Ação>> que possibilita <<Valor de Retorno>>" e seus respectivos critérios de aceitação.

Como um <<Perfil>>,

Desejo/Posso/Consigo realizar <<Ação>>,

Que possibilita <<Valor de Retorno>>.

- *Critério de aceitação #1*
- *Critério de aceitação #2*
- *Critério de aceitação #n...*

Onde:

- ◆ **Perfil:** representa quem está realizando uma determinada ação ou quem vai fazer uso do valor de retorno propiciado pela ação. Um perfil pode ser um ator, um sistema ou alguém que inicia uma determinada atividade.
- ◆ **Ação:** representa uma atividade que deve ser executada pelo sistema. A descrição da ação deve ser feita de maneira concisa e direta, para que represente apenas uma única atividade do perfil.
- ◆ **Valor de Retorno:** representa o benefício esperado quando a ação for executada pelo perfil.
- ◆ **Critério de aceitação:** representa um ou mais objetivos que devem ser alcançados pelo usuário ao executar a história. Deve existir pelo menos "um" critério de aceitação para cada história do usuário.

Mas por que quebramos as necessidades do cliente em histórias do usuário? Pois bem, utilizamos esse artifício para tornar as necessidades do cliente mais fáceis de compreender. Quando trabalhamos com histórias, conseguimos o *feedback* do cliente de forma mais rápida. Dessa forma, as histórias devem ser pequenas, pois assim podemos acompanhar o progresso dos trabalhos.

Resultados gerados

Rastreabilidade

Se você está seguindo as práticas do *Agile Think® Business Framework*, já definiu algumas informações que tornam rastreável todo o caminho necessário para a construção do conhecimento necessário para a escrita das histórias. O conhecimento do produto foi decomposto na forma de épicos e *features*.

Épico
Conhecido também por tema, o épico representa uma história de negócio que não pode ser entregue em uma única iteração, precisando ser dividida em funcionalidades menores para que possa ser entregue e validada pelo cliente.

Feature
Termo utilizado para representar um grupo de funcionalidades pertencentes a um mesmo tema de negócio, sendo uma forma de organizar o *Backlog* do Produto. É composta por histórias do usuário que representam grande valor para o cliente.

História do usuário
Representa uma necessidade do usuário e descreve ações que o sistema deverá executar. Não precisa ser escrita de forma técnica e deve ser simples o suficiente para permitir o desenvolvimento de uma funcionalidade, servindo como um lembrete para a equipe de desenvolvimento.

Na atividade de *Story Mapping*, foi possível definir os épicos e as *features* que compõem o que sabemos sobre o produto. Nessa etapa, algumas as histórias já puderam ser identificadas. Mas por que somente escrevê-las agora? Pois bem, essa resposta é simples: temos agora mais informações sobre as necessidades do cliente e, com os protótipos definidos, é possível entender melhor a dinâmica entre as funcionalidades e ter mais certezas sobre a sua viabilização.

Um dos motivos pelos quais utilizamos histórias do usuário é para garantir uma rastreabilidade mínima entre as necessidades de negócio apontadas pelo cliente, ter um entendimento claro e estabelecer meios para sua viabilização e construção. Precisamos apenas escrevê-las da melhor forma possível! Mas como fazer?

Validação do MVP do produto

A validação do MVP do produto é uma etapa de consolidação das informações já levantadas e documentadas nas etapas anteriores do *Agile Think® Business Framework*. Nessa etapa é possível avaliar se as informações relativas à visão do produto e ao mapeamento da cadeia de valor estão válidas e, dessa forma, reafirmar os requisitos mais importantes do produto.

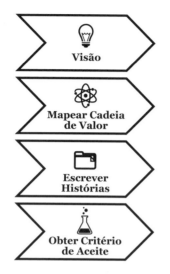

A visão é o documento que descreve por que o projeto está sendo implementado e o que se deseja ao final!

O mapeamento da cadeia de valor auxilia o *Product Owner* na análise do comportamento do processo de negócio do cliente, entendendo o seu ciclo de vida e o conjunto de atividades que precisam ser realizadas para a entrega de valor.

Histórias do usuário são os requisitos de um processo ágil. São definidas de forma simples, indicando quem, o quê e quando uma determinada ação é executada. São escritas em reuniões que incluem desenvolvedores, usuários, cliente e equipe de negócios.

Conjunto de testes necessários, do ponto de vista do cliente, que garantem a validação das regras e necessidades do negócio. Quando definidos e aprovados pelo cliente, garantem que os requisitos iniciais foram atendidos e que o desenvolvimento das funcionalidades atende às premissas do negócio.

Como os requisitos podem sofrer alterações durante o desenvolvimento do produto, é comum que estes sejam adaptados e refinados continuamente. É por tal motivo que, com a presença do cliente, a visão e o mapeamento das principais cadeias de valor são validadas.

Deve-se observar nessa validação se os principais fluxos de negócio estão presentes. Assim, é possível confirmar se as histórias do usuário mapeadas pela cadeia de valor estão aderentes e constituem de fato a proposta de valor. Após essas validações é que se dá início à escrita das histórias do usuário. Estas então serão descritas e revisitadas durante as sessões de refinamento até que sejam entregues na forma de produto.

INVEST

Para que consigamos escrever histórias de forma mais eficaz, precisamos fazer com que ela tenha características que se encaixem ao acrônimo INVEST (em inglês). Ou seja, toda história precisa ser: independente (I), negociável (N), valorosa (V), estimável (E), pequena (S, de *Small*) e testável (T). Veja como cada característica influencia na escrita das histórias:

- ◆ **Independente:** toda história pode ser executada independentemente de outra história.
- ◆ **Negociável:** toda história pode ser negociada no momento da sua viabilidade em separado, por ter um grau de importância dentro do *Backlog* do Produto.

- **Valorosa:** toda história deve ter um valor visível para o usuário, caso contrário não possui utilidade e pode ser descartada.
- **Estimável:** toda história deve poder ter estimativa de esforço da equipe. Caso a estimativa seja muito grande, o *Product Owner* deve analisar e desmembrar a história.
- **Pequena:** toda história deve ser pequena o suficiente para que sua construção possa ser realizada e testada em uma única *Sprint*.
- **Testável:** toda história deve ser testada antes de passar para a fase de construção.

Com isso, fica facilitado o acompanhamento do progresso do crescimento do produto, permitindo que este seja mensurado a cada entrega, ao final de uma *Sprint* de construção.

Escrevendo histórias do usuário eficazes

Escrever histórias do usuário não é uma tarefa simples. A possibilidade de termos histórias escritas do tipo "direto ao ponto" depende quase que exclusivamente da forma de decomposição da história, embora não exista uma fórmula única.

No livro "Agile Think® Canvas", André Vidal recomenda o uso de alguns padrões, o que auxilia as equipes no momento em que será realizada a quebra das histórias do usuário. Para exemplificar a utilização desses padrões, utilizaremos o *case* de aplicação deste livro. Faremos sua decomposição em histórias do usuário e demonstraremos a técnica utilizada.

Técnica 01: quebrar múltiplos passos

É uma história que possui um conjunto de passos a serem realizados para ser concluída.

- **Como identificar:** a quantidade de critérios de aceitação é um indicador sobre esse tipo de história.
- **Perguntas úteis:** todos esses passos são realmente necessários? A sequência de passos é dependente da história principal?

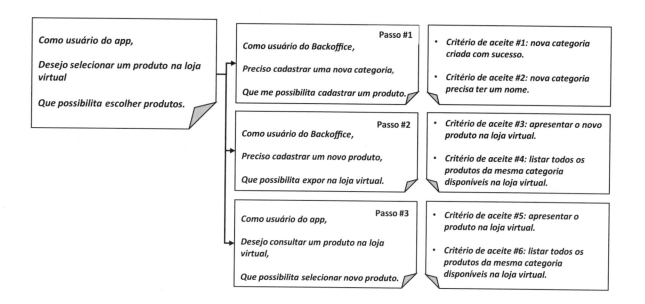

Técnica 02: workflow

É uma história que, para ser concluída, depende de um conjunto de regras.

- ◆ **Como identificar:** o objetivo geral da história só é executado se todas as demais histórias forem realizadas. Por tal motivo, uma história de *workflow* pode ser quebrada em outros pequenos fluxos de trabalho.
- ◆ **Perguntas úteis:** quantos passos são necessários para a realização da história? É preciso realizar todas as operações para se chegar ao objetivo da história original?

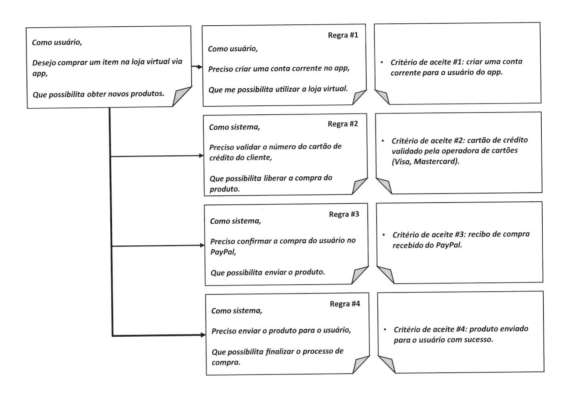

Técnica 03: esforços diferentes

É uma história que possui diferentes níveis de esforços. Isso pode exigir grande esforço para realizar uma história e um menor nível para as subsequentes.

- ♦ **Como identificar:** o objetivo geral da história demanda um grande esforço para a ação solicitada. Essa ação pode ser quebrada em duas ou mais, diminuindo o esforço total. Esse tipo de história geralmente é facilmente percebido pelos times, pois eles entendem que o maior esforço deve ser feito primeiro.
- ♦ **Perguntas úteis:** é preciso que sejam definidos critérios de aceitação específicos para que a história seja desenvolvida? É necessário ter uma infraestrutura específica para garantir a entrega da história? Qual a diferença se executarmos uma ou outra história primeiro?

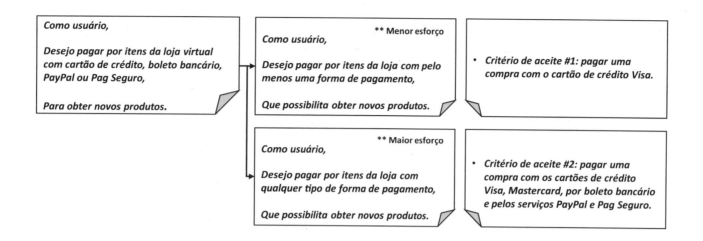

Técnica 04: diminuir complexidade

São histórias que, quando discutidas pela equipe, ficam mais complexas. Nesses casos, a história deverá ser quebrada em versões mais simplificadas.

- **Como identificar:** a história possui diversas condições para ser realizada em sua totalidade. Dessa forma, ela precisa ser quebrada em funcionalidades de complexidade menor.
- **Perguntas úteis:** qual é a versão mais simples dessa história? Será necessário trabalhar com todas as histórias ao mesmo tempo para gerar o resultado esperado?

Como administrador da loja,

Desejo poder aceitar atualizações de um produto quando este for alterado,

Que me possibilita controlar a versão mais atual.

Como administrador, ** Notificação

Quero ser notificado quando novas atualizações forem feitas na loja virtual,

Que me possibilita saber se alterações foram realizadas pela equipe.

- Critério de aceite #1: o administrador da loja deverá receber notificação da loja virtual a cada alteração feita na loja virtual.

Como administrador, ** Visualizar

Posso listar as alterações feitas na loja virtual,

Que me possibilita avaliar se são válidas ou não.

- Critério de aceite #2: apresentar as notificações em formato de lista.

Como administrador, ** Aceitar

Posso aceitar ou não alterações realizadas na loja virtual,

Que possibilita criar uma nova versão da loja virtual.

- Critério de aceite #3: escolher as alterações que serão atualizadas na loja virtual.

Como administrador, ** Atualização

Preciso notificar todos os colaboradores da loja sobre a nova versão oficial,

Que possibilita informar atualizações sobre o loja virtual.

- Critério de aceite #4: enviar uma notificação para os usuários cadastrados no projeto sobre a atualização da loja virtual.

Técnica 05: definição de filtros

São histórias que ocorrem geralmente quando temos a necessidade de criar relatórios ou determinadas buscas com múltiplos filtros.

- ♦ **Como identificar:** a história diz respeito à criação de um relatório e/ou consulta. Esse tipo de história possui diversas formas de gerar a mesma informação, o que precisa ser separado em histórias menores.
- ♦ **Perguntas úteis:** é possível exibir as informações com quais recursos para filtragem? Quais campos serão exibidos como resultado? Quais consultas deverão ser realizadas e quais critérios devem ser aplicados?

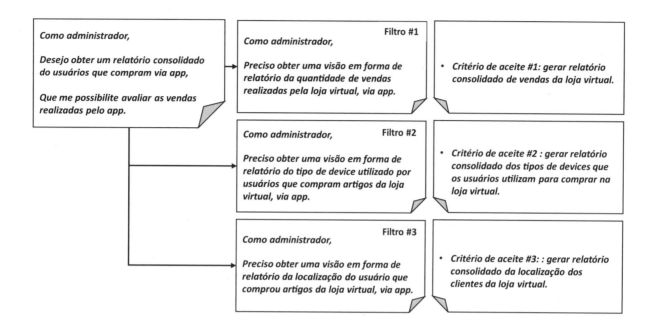

Técnica 06: tratar tipos diferentes de informação

A interface, às vezes, é mais complexa que a própria funcionalidade. Nesse caso, dividir a história para construir uma interface mais simples é fundamental, para que, em seguida, possa ser disponibilizada ao usuário uma interface com mais recursos.

- ♦ **Como identificar:** quando a história do usuário lida com um ou mais tipos de interface, a navegação do usuário se torna complexa. É importante propor modelos mais simples, que funcionarão da mesma forma desejada.
- ♦ **Perguntas úteis:** qual é a interface de usuário mais simples que podemos utilizar? Ela precisa de todas as opções de visualização ao mesmo tempo ou é possível organizá-la em outras histórias?

Como usuário,

Desejo receber a nota fiscal relativa ao pedido na loja virtual e acessar via URL na nuvem ou exportar em formato PDF

Para visualizar os valores gastos na loja virtual.

→

** Em PDF

Como usuário,

Desejo visualizar a nota fiscal do pedido no formato de arquivo PDF.

- *Critério de aceite #1: Receber arquivo PDF.*
- *Critério de aceite #2: visualizar o arquivo PDF.*

** No app

Como usuário,

Desejo visualizar a nota fiscal do pedido no app.

- *Critério de aceite #3: visualizar nota fiscal no browser do app.*

** Na nuvem

Como nsuário,

Desejo visualizar a nota fiscal do pedido através de uma URL na nuvem.

- *Critério de aceite #4: visualizar nota fiscal no browser.*

Técnica 07: CRUD

Divisão de uma história com base nas diferentes operações realizadas em uma entidade (Criar, Consultar, Atualizar e Excluir).

- **Como identificar:** geralmente essas histórias estão relacionadas à manutenção de cadastros, permitindo o gerenciamento ou a configuração de informações.
- **Perguntas úteis:** Que operações a história traz? Todas as operações são necessárias nesse exato momento?

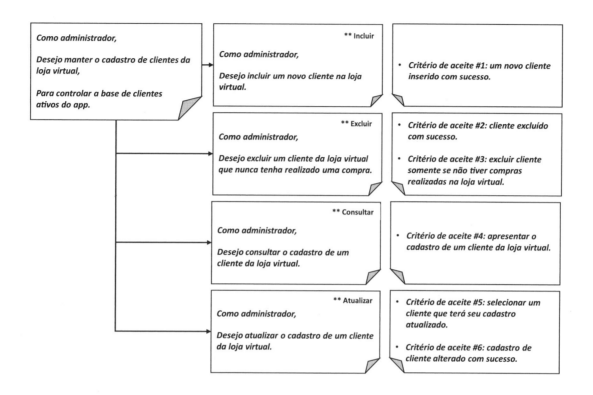

Técnica 08: requisitos não funcionais (locais)

Divisão de uma história para lidar com as condições relacionadas às qualidades que funcionalidades específicas devem ter. Esses requisitos podem ser considerados locais porque dizem respeito somente à funcionalidade descrita. Requisitos não funcionais globais serão tratados nos critérios de pronto, mais adiante.

- ♦ **Como identificar:** geralmente essas histórias são relacionadas às especificidades requeridas pela funcionalidade. Estas devem ser divididas em histórias de usuários adicionais para uma melhor gestão dos critérios de aceitação da história principal.
- ♦ **Perguntas úteis:** qual é a versão mais simples que pode ser aceita? Quais tipos de dados são suportados? Quais os critérios de aceitação para as qualidades requeridas para a funcionalidade? Será preciso realizar alguma parametrização adicional? Quais parâmetros são relevantes?

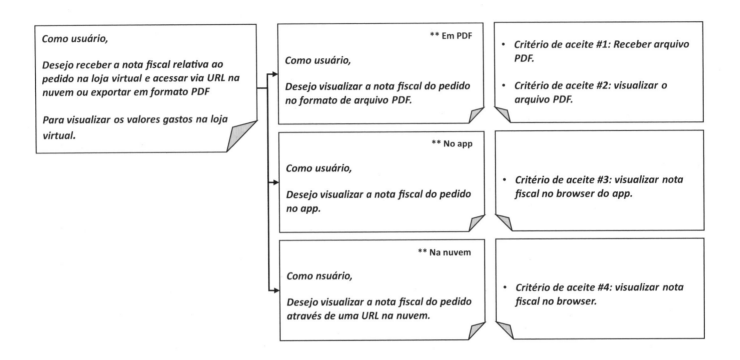

Como pôr em prática?

Como pudemos ver, uma história do usuário tende a descrever uma funcionalidade em alto nível. Isso permite que o cliente entenda seu significado e estabeleça um conjunto mínimo de regras para seu desenvolvimento, de acordo com suas necessidades e do negócio.

A melhor forma trabalhar com histórias do usuário é na forma de cartão. Quando descritas no papel, estas podem manipuladas pelo *Product Owner* e demais membros do time, facilitando a inclusão de observações, comentários e anotações que sejam importantes para seu desenvolvimento. Ao escrever as histórias em cartões estamos promovendo a conversação entre as pessoas presentes na *Inception*, permitindo uma rápida validação e confirmação dos critérios de aceite.

A preparação das histórias pode ocorrer como se fosse um *workshop* de escrita. Após a escrita e validação dos critérios de aceitação, as histórias devem ser catalogadas em meio digital, preferencialmente, seja em planilha ou apresentação. A prática de escrever as histórias auxilia no processo de aprendizado do *Product Owner* e do time, pois sua validação se dá com junto com o cliente.

Quando for realizar o *workshop* de escrita das histórias do usuário, siga este passo a passo:

1. Faça junto com a equipe uma revisão dos materiais já construídos: visão do produto, *Product Breakdown Structure (PBS)* e protótipos.
2. Disponibilize cartões no padrão 9 x 15 cm, *post-its* e canetas para todos.
3. Escreva as histórias levando em consideração a priorização feita na etapa anterior, começando sempre por aquelas de maior prioridade.
4. Monte um painel onde as histórias escritas possam estar juntas com seus respectivos protótipos. Isso auxilia na acurácia e na escrita da história.

6.2.3. Atividade: definir critérios de aceite

O que é definir critérios de aceite?

Os critérios de aceite são as regras estabelecidas para que uma funcionalidade seja implementada no formato de história do usuário. Conforme falamos anteriormente, *no Agile Think® Business Framework* as atividades de escrita das histórias do usuário e a definição dos critérios de aceitação ocorrem praticamente juntas. No entanto, a grande dúvida que paira é: como surgem os critérios de aceite da história do usuário?

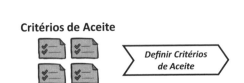

> A definição dos critérios de aceite tem por objetivo validar se a história do usuário pode ser implementada de acordo com o os comportamentos e as necessidades do negócio. Ao final da iteração, a equipe apresentará as histórias do usuário com base nos critérios de aceitação estabelecidos para cada história. É importante salientar que toda e qualquer história deve conter ao menos um critério de aceite, o que permitirá avaliação e validação do seu funcionamento ao final do ciclo de desenvolvimento.

Os critérios de aceite surgem na conversação da equipe junto ao cliente, durante o *workshop* de escrita das histórias do usuário. Geralmente, as perguntas feitas ao *Product Owner* pelo time no momento em que a história está sendo descrita já permitem estabelecer os cenários que devem ser testados e entregues ao final da construção.

Outra forma de identificar os critérios de aceitação de uma história diz respeito à descrição das regras de negócio que deverão ser respeitadas após sua implantação. No geral, recomenda-se que as regras de negócio sejam descritas como critérios de aceite. Isso permite que a equipe pense não apenas em como uma funcionalidade será executada, mas quais as definições do negócio que devem ser respeitadas.

Resultados gerados

A escrita conjunta das histórias do usuário e seus respectivos critérios de aceitação traz muitos benefícios. O trabalho envolvido na descrição das histórias deve garantir que aquilo que traz maior satisfação ao usuário está sendo previsto. O fato de o cliente fazer parte do time e estar presente na validação das histórias é visto como outro ponto positivo!

Nesse momento é feito um melhor entendimento das necessidades da história, o que leva a um melhor detalhamento da funcionalidade. Logo, os cenários descritos possibilitam a definição dos casos de teste aos quais as histórias do usuário serão submetidas após a sua construção, validando o trabalho do desenvolvimento.

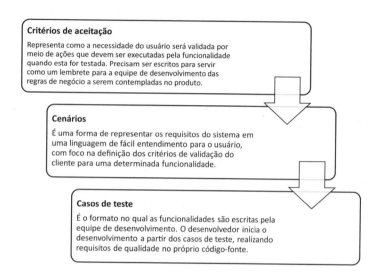

Isso não apenas possibilita confirmar se a história está realmente completa, como também permite que ambiguidades nos requisitos sejam eliminadas, trazendo maior confiabilidade à documentação gerada e a certeza do cliente de que suas necessidades estão contempladas na documentação das funcionalidades do produto.

Como pôr em prática?

A definição dos critérios de aceite se dá durante o próprio *workshop* de escrita das histórias do usuário. Quando for realizar o *workshop* de escrita das histórias do usuário, siga o passo a passo:

1. Faça junto com a equipe uma revisão das histórias de usuário e protótipos.
2. Disponibilize *post-its* e canetas para todos.
3. Durante a validação das histórias, promova a discussão entre os participantes. Pegue os protótipos, identifique se todas as funcionalidades estão presentes e defina os critérios de aceite para cada uma delas.
4. Atualize os critérios de aceitação na própria história. Utilize *post-its* para essa tarefa.

6.2.4. Atividade: definir critério de preparado (*ready*)

O que é definir critério de preparado?

O critério de preparado (ou *ready*, em inglês) é um acordo feito entre o Product Owner e o time de desenvolvimento para estabelecer um conjunto mínimo de informações para os itens de maior prioridade do *Backlog* do Produto, definindo como este deve ser preparado para o trabalho da equipe. O conceito de "preparado" está diretamente ligado aos trabalhos da equipe durante as sessões de refinamento, quando são definidos quais itens devem ser separados para o desenvolvimento nas próximas iterações de trabalho.

Critério de Preparado

Definir Critério de Preparado

> Um requisito ou história do usuário é considerado preparado para o desenvolvimento quando está escrito de forma clara e entendível por todos do time. Cada história deve estar em um nível de granularidade adequada, possibilitando sua entrega em uma única iteração. Embora esse tipo de critério possa variar de equipe para equipe, quase sempre é necessário, além das histórias escritas, ter protótipos e critérios de aceite bem definidos.

Sendo o *Product Owner* um provedor de informações, é necessário que o time receba os requisitos em um formato aceitável e entendido como adequado para todos do time de desenvolvimento. Logo, para estar "preparado", cada PBI deve estar aderente ao conceito estabelecido pelo acrônimo INVEST e, para isso, o time deve estabelecer o quanto da funcionalidade precisa estar especificada, para conseguir estimar e decompor as histórias em atividades que serão realizadas durante a *Sprint*.

Como pôr em prática?

Como pudemos perceber, o time deve trabalhar em conjunto com o *Product Owner* durante o refinamento das histórias. Essa atividade conjunta mostra a importância de uma história estar preparada e seu detalhamento aceito pelo time para que se dê início à *Sprint*. Para realizar a definição de preparado, é importante que as histórias estejam em um bom nível para serem estimadas de acordo com a prioridade dada pelo *Product Owner* aos itens que trazem maior retorno de investimento ao cliente.

Veja o que é preciso fazer para estabelecer o critério de preparado:

1. O time, em conjunto com o *Product Owner,* define um conjunto mínimo de informações necessárias para absorção do conhecimento acerca de cada história do usuário.
2. Esse conjunto mínimo de informações deve estar visível em local público, para que todo o grupo de trabalho acesse essa informação quando necessário.

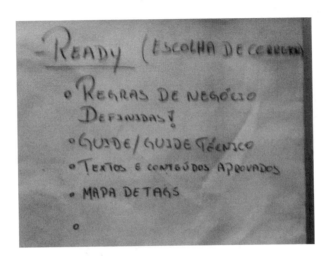

6.2.5. Atividade: definir critério de pronto (*done*)

O que é definir critério de pronto?

A definição do critério de pronto (ou *definition of done*) é um acordo feito entre o *Product Owner* e o time de desenvolvimento onde ficam estabelecidos os artefatos e as necessidades que devem ser atendidas e devem fazer parte da entrega do produto, para que este seja considerado "pronto" ao final da etapa de validação.

Critério de Pronto → *Definir Critério de Pronto*

> Ao definir o que é "pronto" para o projeto, as funcionalidades podem ser estimadas de acordo com a quantidade de artefatos a serem entregues ao final de uma iteração. Dessa forma, é necessário estabelecer todos os artefatos que devem fazer parte de cada incremento das funcionalidades do produto. Ao final dessa etapa, o critério que será utilizado para validar as histórias do usuário e o produto como um todo deve estar claro tanto para o *Product Owner* quanto para o time de desenvolvimento.

Em métodos ágeis, estabelecer o que é "pronto" permite que o time de desenvolvimento defina a quantidade de atividades necessárias para a entrega de um produto. Essa informação se torna imprescindível aos envolvidos no trabalho, uma vez que isso delimita os objetivos a serem atingidos ao final de uma entrega.

Definição de pronto e *DevOps*

Abrindo um pequeno parêntese sobre uma das atuais tendências de projetos de software, o *DevOps* defende o conceito de entrega contínua (ou *continuous delivery*, em inglês) de software em ambiente de produção a qualquer momento, mantendo um *pipeline* de entrega frequente que gera valor para as partes interessadas. De maneira bem simplista, a definição de pronto para um projeto *DevOps* seria:

- Desenvolvido.
- Testado.
- Homologado.
- Em produção.

Segundo Massari (2017), a definição anterior poderia ser classificada como a "definição de pronto nirvana" ou "mundo ideal". Porém, para tornar essa definição de pronto factível é necessário investimento em:

- Criação de testes unitários automatizados.
- Criação de testes de aceitação automatizados.
- Criação de *scripts* automatizados de implantação de ambientes.
- Criação de *scripts* automatizados de *fallback*, em caso de falha.

Não está no escopo deste livro abordar esses conceitos, que estão bem detalhados no livro "Entrega Contínua: como entregar software de forma rápida e confiável", dos autores Jez Humble e David Farley.

Como pôr em prática?

A definição de "pronto" é um marco importante para o planejamento de times ágeis. Ao definir esse critério, é necessário atentar para os requisitos não funcionais, principalmente aqueles ligados ao design da solução, os quais podem ser considerados globais ao produto, ou seja, independem das histórias. Exemplo: "todas as transações do sistema não devem ultrapassar 10 segundos".

Em muitas situações, definir os critérios de aceitação de histórias com regras globais pode ser um problema, principalmente quando lidamos com conceitos abstratos relacionados à usabilidade, ergonomia e performance. É preciso tomar muito cuidado ao estabelecer o mínimo necessário para considerar um produto finalizado nesses casos.

Para estabelecer um critério de pronto condizente com as necessidades do produto e aderente às regras de governança do cliente, veja o que é preciso fazer:

1. O *Product Owner* define junto com a equipe os artefatos necessários para serem entregues ao final de cada *Sprint*.
2. O *Product Owner* estabelece um conjunto mínimo de artefatos necessários para considerar finalizada cada história do usuário.
3. Requisitos não funcionais globais devem ser repassados ao time e as regras de validação devem ser estabelecidas formalmente.
4. A definição de pronto deve estar visível a todos e com os itens necessários para que uma entrega feita pelo time de projeto possa ser considerada finalizada pelo *Product Owner* ao final da *Sprint*.

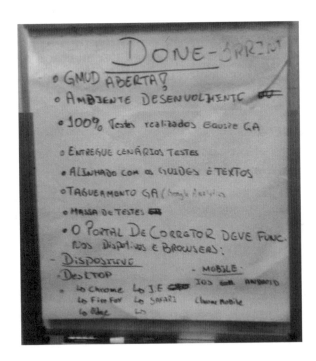

7. Planning

Chegamos ao quarto e último processo de concepção de produto. Apenas para relembrarmos como chegamos até aqui:

- **Processo 1 – Visão Estratégica do Produto:** entendemos como o nosso produto se encaixa dentro da visão estratégica da organização, objetivos e resultados-chave (OKR) esperados, definimos indicadores, quais os programas e projetos necessários para a entrega do nosso produto e um plano de ação inicial.
- **Processo 2 – Construção de Produtos com *Design Thinking*:** em uma primeira etapa avaliamos a proposta de valor de nosso produto, verificamos a viabilidade financeira e operacional (utilizando SWOT) e utilizamos mapa da empatia para entender melhor as "dores" ou as "lutas" dos nossos clientes. Na segunda etapa, transformamos esse mapeamento de "dores" nas personas do nosso produto, entendendo suas jornadas e elaborando o nosso *Backlog* do Produto inicial com jornadas, histórias e *storyboards*.
- **Processo 3 – *Inception*:** refinamos nosso *Backlog* do Produto gerado no processo anterior identificando e validando o MVP, refinando os épicos e decompondo em histórias com seus respectivos acordos através das definições de preparado (*ready*), pronto (*done*) e critérios de aceitação.

Neste último processo vamos desdobrar os resultados dos processos anteriores em um planejamento efetivo de *Releases* e *Sprints*.

7.1. Fluxo e especificação do processo

A principal entrada deste processo é o *Backlog* do Produto, que será complementado com uma visão de *Releases* e *Sprints* na linha do tempo. Embora a proposta do *Agile Think® Business Framework* seja gerar um produto de valor utilizando técnicas colaborativas, nesse processo a participação do *Product Owner* torna-se crítica, pois envolve algumas decisões-chave para o progresso do produto.

Para obtermos o resultado esperado, as seguintes etapas precisam ser percorridas:

- ◆ **Priorização:** o *Product Owner* deve revisitar o *Backlog* do Produto priorizando todos os PBIs em uma ordem que faça sentido para o produto, avaliando valor de negócio, esforço, complexidade e risco.
- ◆ **Estimativa:** o time de desenvolvimento deve estimar cada PBI em uma unidade de esforço que deve ser acordada entre todos (*story points*, horas, APF, etc.).
- ◆ **Definição de *releases*:** o *Product Owner* deve determinar quantos lançamentos (*releases*) do produto serão realizados na linha do tempo e quais os objetivos de negócio pretendidos em cada lançamento.
- ◆ **Definição do *roadmap*:** listar as *Sprints* necessárias para a conclusão de cada *release* na linha do tempo, determinando a meta de cada *Sprint* respeitando sempre a velocidade média do time de desenvolvimento (sistema puxado – *pull system*) e não impondo metas (sistema empurrado – *push system*).

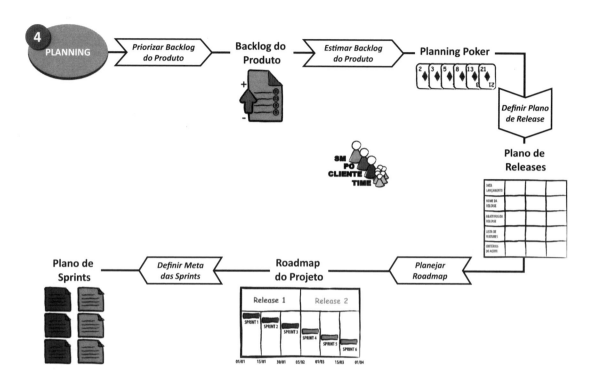

PROCESSO: DEFINIR O PRODUTO	
Entregáveis	*Backlog* do Produto priorizado e estimado Plano de *releases* *Roadmap* do projeto Plano de *Sprints*
Papéis envolvidos	*Product Owner, Scrum Master,* time de desenvolvimento
Atividades	Priorizar *Backlog* do Produto Estimar *Backlog* do Produto Definir plano de *Release* Planejar *roadmap* Definir metas das *Sprints*
Ferramentas	Priorização *MoSCoW* Método dos 100 pontos *Monopoly Money* *Planning Poker* *T-Shirt sizing* *Canvas* de *release*

7.2. Atividade: priorizar *Backlog* do Produto

O que é a priorização do *Backlog* do Produto?

A priorização do *Backlog* do Produto é fundamental para garantir que "as coisas certas sejam feitas no momento certo", assegurando que todo o esforço e o custo sejam despendidos em itens que realmente agreguem valor ao produto. Mas o que seria "agregar valor ao produto"? Alguns itens que devem ser levados em consideração:

- Garante retorno financeiro?
- Garante melhoria de processo?
- Garante facilidade de uso?
- Garante melhor experiência do usuário?
- Mitiga ou elimina uma ameaça ou oportunidade de alto impacto para o produto?
- Garante *time-to-market* ou restrição de tempo?
- Resolve um grande problema complexo ou incerteza crítica?
- Gera dependência para a conclusão de outros itens?

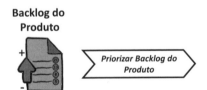

A priorização do *Backlog* do Produto permite uma clara visibilidade de quais itens serão realizados e em qual momento. Uma priorização adequada, levando em consideração os diferentes pontos de vista sobre o produto, contribui para um alinhamento de expectativas entre os *stakeholders*. Um bom *Product Owner* deve ter habilidade para equilibrar os desejos dos diferentes *stakeholders* em uma priorização que equilibre suas necessidades com relação ao valor de negócio a ser atingido com o produto.

Algumas técnicas que podem auxiliar na priorização:

- Método *MoSCoW*.
- Método dos 100 pontos.
- *Monopoly Money*.

Vamos aplicar cada uma das técnicas no exemplo a seguir:

PBI Id	História
1	Como aluno da plataforma EAD, quero interagir com os demais assinantes da plataforma para compartilhar experiências práticas
2	Como aluno da plataforma EAD, quero poder assinar o conteúdo da plataforma parcelando no meu cartão de crédito para que a fatura não fique cara
3	Como aluno da plataforma EAD, quero assistir vídeos sobre o *Agile Think® Business Framework* para entender como conceber produtos vencedores
4	Como aluno da plataforma EAD, quero assistir webinários com Vitor Massari e André Vidal para reciclar e refinar meus conhecimentos sobre gestão de produtos
5	Como administrador da plataforma EAD, quero ter um relatório com a quantidade de acessos dos assinantes durante o mês
6	Como administrador da plataforma EAD, quero garantir que somente os assinantes tenham acesso à plataforma para evitar pirataria de conteúdo
7	Como aluno da plataforma EAD, quero ter uma ferramenta de *chat* 24x7 para poder acionar Vitor Massari e André Vidal a qualquer momento para tirar dúvidas em até duas horas, mesmo de madrugada

MoSCoW

Mesmo conceito utilizado na atividade **Priorizar Negócio** do processo *Inception*:

PBI Id	História	Prioridade
1	Como administrador da plataforma EAD, quero garantir que somente os assinantes tenham acesso à plataforma para evitar pirataria de conteúdo	*Must Have*
2	Como aluno da plataforma EAD, quero assistir vídeos sobre o *Agile Think® Business Framework* para entender como conceber produtos vencedores	*Must Have*
3	Como aluno da plataforma EAD, quero poder assinar o conteúdo da plataforma parcelando no meu cartão de crédito para que a fatura não fique cara	*Should Have*
4	Como aluno da plataforma EAD, quero assistir webinários com Vitor Massari e André Vidal para reciclar e refinar meus conhecimentos sobre gestão de produtos	*Should Have*
5	Como aluno da plataforma EAD, quero interagir com os demais assinantes da plataforma para compartilhar experiências práticas	*Could Have*
6	Como administrador da plataforma EAD, quero ter um relatório com a quantidade de acessos dos assinantes durante o mês	*Could Have*
7	Como aluno da plataforma EAD, quero ter uma ferramenta de *chat* 24x7 para poder acionar Vitor Massari e André Vidal a qualquer momento para tirar dúvidas em até duas horas, mesmo de madrugada	*Won't Have*

Método dos 100 pontos

Técnica que utiliza uma escala de 0 a 100, onde são atribuídos 100 pontos para o requisito mais prioritário e 0 para o requisito menos prioritário. É um método que força fazer escolhas, uma vez que não podemos ter pontuações repetidas. No nosso exemplo, teríamos a priorização a seguir:

PBI Id	História	Prioridade
1	Como administrador da plataforma EAD, quero garantir que somente os assinantes tenham acesso à plataforma para evitar pirataria de conteúdo	100
2	Como aluno da plataforma EAD, quero assistir vídeos sobre o *Agile Think® Business Framework* para entender como conceber produtos vencedores	95
3	Como aluno da plataforma EAD, quero poder assinar o conteúdo da plataforma parcelando no meu cartão de crédito para que a fatura não fique cara	75
4	Como aluno da plataforma EAD, quero assistir webinários com Vitor Massari e André Vidal para reciclar e refinar meus conhecimentos sobre gestão de produtos	70
5	Como aluno da plataforma EAD, quero interagir com os demais assinantes da plataforma para compartilhar experiências práticas	50
6	Como administrador da plataforma EAD, quero ter um relatório com a quantidade de acessos dos assinantes durante o mês	40
7	Como aluno da plataforma EAD, quero ter uma ferramenta de *chat* 24x7 para poder acionar Vitor Massari e André Vidal a qualquer momento para tirar dúvidas em até duas horas, mesmo de madrugada	0

Uma dica importante é utilizar intervalos entre as escalas (por exemplo, intervalos de cinco a dez números) para que não seja necessário refazer toda a priorização no caso de inclusão de novos PBIs no *Backlog* do Produto.

Monopoly Money

Trata-se de uma técnica que atribui valor monetário aos requisitos. Para utilizar esta técnica determine um orçamento fictício (no exemplo vamos utilizar R$ 50.000,00) e o distribua entre todos os PBIs do *Backlog* do Produto de acordo com a prioridade (e não valor de negócio), zerando totalmente o orçamento e não atribuindo valores repetidos. No nosso exemplo, teríamos a priorização a seguir:

PBI Id	História	Prioridade
1	Como administrador da plataforma EAD, quero garantir que somente os assinantes tenham acesso à plataforma para evitar pirataria de conteúdo	R$ 15.000
2	Como aluno da plataforma EAD, quero assistir vídeos sobre o *Agile Think® Business Framework* para entender como conceber produtos vencedores	R$ 13.000
3	Como aluno da plataforma EAD, quero poder assinar o conteúdo da plataforma parcelando no meu cartão de crédito para que a fatura não fique cara	R$ 8.000
4	Como aluno da plataforma EAD, quero assistir webinários com Vitor Massari e André Vidal para reciclar e refinar meus conhecimentos sobre gestão de produtos	R$ 6.000
5	Como aluno da plataforma EAD, quero interagir com os demais assinantes da plataforma para compartilhar experiências práticas	R$ 4.000
6	Como administrador da plataforma EAD, quero ter um relatório com a quantidade de acessos dos assinantes durante o mês	R$ 3.000
7	Como aluno da plataforma EAD, quero ter uma ferramenta de *chat* 24x7 para poder acionar Vitor Massari e André Vidal a qualquer momento para tirar dúvidas em até duas horas, mesmo de madrugada	R$ 1.000

Resultados gerados

Com o *Backlog* do Produto priorizado adequadamente e totalmente conectado com os valores de negócios e objetivos definidos nos processos anteriores do *Agile Think® Business Framework*, garantimos que estamos fazendo "as coisas certas" nos "momentos certos". As atividades seguintes do processo *Planning* validarão ou poderão gerar ajustes nessa priorização inicial.

Como pôr em prática?

Embora a decisão final da priorização seja responsabilidade do *Product Owner*, preferencialmente toda a Equipe *Scrum* deve participar, para que sejam identificados possíveis riscos e dependências de ordem técnica. Como sempre recomendamos, muito *post-it* e espaço que permita a colaboração, colocando a pontuação de prioridade no *post-it*. Para isso, aconselhamos:

1. Reserve agenda dos participantes essenciais para a atividade de priorização dos PBIs, sendo que *Product Owner*, *Scrum Master* e representantes da equipe são mandatórios. A participação do *Agile Coach* e de áreas de negócios internas ou externas é opcional.
2. Reserve uma sala que possa acomodar todos os presentes de forma a permitir a passagem das pessoas e que tenha espaço livre nas paredes. Elas serão bastante utilizadas!
3. Traga material básico para esse tipo de trabalho: *post-its* com cores e formatos diferentes, adesivos na forma de *bullets* nas cores verde, vermelha e amarela, canetas de marcação na cor preta (1,5 mm de espessura), barbante, fita adesiva e fichas para anotações.
4. O *Product Owner* deve trazer os PBIs em *post-its*, colar na parede de acordo com a priorização (mais prioritários em cima, menos prioritários embaixo) e explicar qual técnica será utilizada (*MoSCoW*, método dos 100 pontos, *Monopoly Money*).
5. Discutir os PBIs com os representantes do time de desenvolvimento e ir pontuando de acordo com a priorização.
6. Trocar a ordem de priorização, caso necessário, movimentando os respectivos *post-its*.

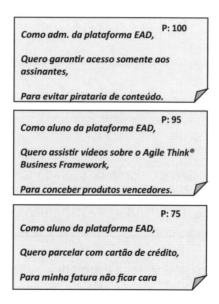

7.3. Atividade: estimar *Backlog* do Produto

O que é estimar o *Backlog* do Produto?

Uma vez que o *Backlog* do Produto está priorizado, o time de desenvolvimento deve avaliar o esforço necessário para cada PBI do *Backlog* do Produto.

O grupo de trabalho deve determinar a métrica mais aderente: *story points*, *T-Shirt Sizing*, horas ideais, APF. Cada técnica tem seus prós e seus contras e você pode entender em maiores detalhes como estas técnicas funcionam nos outros livros dos autores: "Gerenciamento Ágil de Projetos", "Agile Scrum Master no Gerenciamento Avançado de Projetos" e "Agile Think® Canvas".

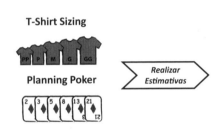

> A realização de estimativas fornece uma visão em alto nível do esforço necessário para a conclusão do *Backlog* do Produto. Uma vez que equipes Scrum trabalham com *timeboxes* cadenciados, a comparação do valor estimado com o valor realizado garante a previsibilidade da conclusão da *release* e do produto final.

Algumas técnicas que podem auxiliar na estimativa são mostradas a seguir.

1. *Planning Poker*

O *Planning Poker* é uma técnica que gera consenso e considera o ponto de vista de todos os envolvidos para que a história atenda ao critério de pronto (*done*). Por exemplo, se uma história precisa de desenvolvimento e testes de regra de negócio por conta de um testador, a estimativa deve ser fornecida considerando o esforço total do grupo e não o esforço individual, seja em horas ou *story points*.

O *Product Owner* não deve participar dessa dinâmica nem interferir na estimativa ou tentar induzir uma estimativa menor. Claro que todos podem contribuir e debater, mas a relação de confiança entre time de desenvolvimento e *Product Owner* deve existir.

A dinâmica pode ser aplicada tanto para estimativas com *story points* (seguindo a sequência de Fibonacci) quanto para estimativas em horas. Basta confeccionar o baralho físico ou aplicativo de baralho para sua equipe.

Uma dica importante: sempre evitar pontuação 20, 40 e 100 em histórias mais prioritárias. Isso significa que: ou o nível de incerteza é muito alto ou o esforço necessário ultrapassará mais de um mês. Tente esclarecer o máximo de dúvidas possíveis ou quebrar em histórias menores. Para os épicos menos prioritários podemos manter a pontuação 20, 40 e 100.

Utilizando nosso exemplo da atividade anterior:

PBI Id	História	Esforço
1	Como administrador da plataforma EAD, quero garantir que somente os assinantes tenham acesso à plataforma para evitar pirataria de conteúdo	2
2	Como aluno da plataforma EAD, quero assistir vídeos sobre o *Agile Think® Business Framework* para entender como conceber produtos vencedores	8
3	Como aluno da plataforma EAD, quero poder assinar o conteúdo da plataforma parcelando no meu cartão de crédito para que a fatura não fique cara	3
4	Como aluno da plataforma EAD, quero assistir webinários com Vitor Massari e André Vidal para reciclar e refinar meus conhecimentos sobre gestão de produtos	5
5	Como aluno da plataforma EAD, quero interagir com os demais assinantes da plataforma para compartilhar experiências práticas	13
6	Como administrador da plataforma EAD, quero ter um relatório com a quantidade de acessos dos assinantes durante o mês	2
7	Como aluno da plataforma EAD, quero ter uma ferramenta de *chat* 24x7 para poder acionar Vitor Massari e André Vidal a qualquer momento para tirar dúvidas em até duas horas, mesmo de madrugada	40

2. *T-Shirt Sizing*

Essa dinâmica geralmente é utilizada em *backlogs* com uma grande quantidade de itens, onde se torna praticamente inviável jogar *Planning Poker* para cada item.

São estabelecidas categorias como PP (esforço muito pequeno), P (esforço pequeno), M (esforço médio), G (esforço grande), GG ou XG (esforço muito grande).

Cada equipe deve criar sua própria regra de enquadramento para cada uma das categorias. Por exemplo:

◆ PP – Histórias concluídas em menos de 1 dia.
◆ P – Histórias concluídas em até 1 dia.
◆ M – Histórias concluídas em 3 dias.
◆ G – Histórias concluídas em 1 semana.
◆ GG – Histórias concluídas em mais de 1 semana (possivelmente um épico).

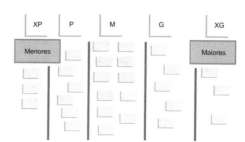

Uma dica importante: evite categorias GG em histórias mais prioritárias. Tente esclarecer o máximo de dúvidas possíveis ou quebrar em histórias menores. Para os épicos menos prioritários podemos manter na categoria GG, se necessário.

PBI Id	História	Esforço
1	Como administrador da plataforma EAD, quero garantir que somente os assinantes tenham acesso à plataforma para evitar pirataria de conteúdo	P
2	Como aluno da plataforma EAD, quero assistir vídeos sobre o *Agile Think® Business Framework* para entender como conceber produtos vencedores	M
3	Como aluno da plataforma EAD, quero poder assinar o conteúdo da plataforma parcelando no meu cartão de crédito para que a fatura não fique cara	P
4	Como aluno da plataforma EAD, quero assistir webinários com Vitor Massari e André Vidal para reciclar e refinar meus conhecimentos sobre gestão de produtos	M
5	Como aluno da plataforma EAD, quero interagir com os demais assinantes da plataforma para compartilhar experiências práticas	G
6	Como administrador da plataforma EAD, quero ter um relatório com a quantidade de acessos dos assinantes durante o mês	P
7	Como aluno da plataforma EAD, quero ter uma ferramenta de *chat* 24x7 para poder acionar Vitor Massari e André Vidal a qualquer momento para tirar dúvidas em até duas horas, mesmo de madrugada	GG

Resultados gerados

Após a realização das estimativas temos um *Backlog* do Produto completo para ser decomposto em *Releases* e *Sprints*, enfim chegando nas etapas finais do *Agile Think Business® Framework*.

Como pôr em prática?

Esse é um trabalho de colaboração e confiança entre toda a Equipe *Scrum*, não podendo haver interferências ou pressão para diminuição ou aumento das estimativas por parte de ninguém. Para realizar essa atividade, as dicas são:

1. Reserve agenda dos participantes essenciais para a etapa de priorização dos PBIs, sendo que *Product Owner*, *Scrum Master* e **todos** os membros do time de desenvolvimento são mandatórios. A participação do *Agile Coach* e de áreas de negócios internas ou externas é opcional.
2. Reserve uma sala que possa acomodar todos os presentes de forma a permitir a passagem das pessoas e que tenha espaço livre nas paredes. Elas serão bastante utilizadas!
3. Traga material básico para esse tipo de trabalho: *post-its* com cores e formatos diferentes, adesivos na forma de *bullets* nas cores verde, vermelha e amarela, canetas de marcação na cor preta (1,5 mm de espessura), barbante, fita adesiva e fichas para anotações.
4. Se for utilizar a técnica *T-Shirt Sizing*, garanta um quadro branco grande para a colagem dos *post-its* nas respectivas colunas de esforço.

5. Se for utilizar a técnica de *Planning Poker*, garanta que todos possuam os baralhos (seja físico, feito na mão ou app) com a métrica que foi acordada entre todos (*story points* ou horas).
6. O *Product Owner* deve trazer os PBIs em *post-its*, colá-los na parede de acordo com a priorização (mais prioritários em cima, menos prioritários embaixo) e apresentá-los ao time de desenvolvimento.
7. O time de desenvolvimento deve esclarecer quaisquer dúvidas de negócios com o *Product Owner*.
8. Caso a técnica utilizada seja o *Planning Poker*, todo o time de desenvolvimento deve jogar a respectiva carta de esforço, considerando todas as etapas necessárias para o PBI ser considerado pronto (*done*). *Scrum Master* e *Product Owner* não participam do jogo, apenas facilitam e esclarecem dúvidas. Deverão ser jogadas três rodadas no máximo para cada PBI; se não houver acordo a equipe deve criar um critério para resolver o impasse (maior carta, menor carta, maioria simples, estimativa do mais experiente ou do especialista, etc.). Ao final do acordo de cada PBI, anotar a numeração de esforço no *post-it* e fazer um círculo em volta dessa numeração.
9. Caso a técnica utilizada seja o *T-Shirt Sizing*, o formato é mais informal, com os membros do time de desenvolvimento colando os *post-its* na respectiva coluna de esforço.
10. *Scrum Master* e *Product Owner* nunca interferem ou induzem o resultado das estimativas.

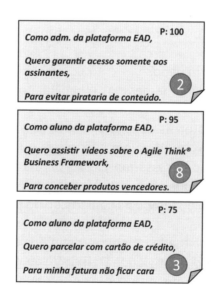

7.4. Atividade: definir plano de *release*

O que é definir o plano de *release*?

Com o *Backlog* do Produto priorizado e estimado, precisamos definir quantas versões de lançamento (*release*) faremos na linha do tempo. Costumamos utilizar a metáfora de "fatiar o bolo em pedaços menores".

O *Product Owner* precisa se perguntar:

- Qual é o objetivo de negócio a ser atingido com a *release*?
- Quais funcionalidades, processos e histórias farão parte dessa *release*?
- Quais são as condições de satisfação ou critérios de aceite da *release*?
- Quais são as restrições existentes?

O que podemos considerar como restrições?

- **Prazo:** a *release* precisa atender a algum *time-to-market* crítico (oportunidade de mercado ou superação de concorrência) ou data-limite regulatória?
- **Custo:** a *release* possui um orçamento predeterminado?
- **Pessoas:** a equipe está formada com a quantidade de pessoas e habilidades necessárias para a construção do produto da *release*, dentro dos parâmetros de qualidade esperados?
- **Recursos:** a equipe possui todos os recursos materiais e tecnológicos necessários para a construção do produto da *release*?
- **Processo:** os processos da empresa são enxutos ou possuem burocracia que limitam a capacidade de entrega? Exemplos: em caso de contratação de recurso material externo, são necessários 45 dias para a área de compras efetuar a aquisição; a *release* tem que passar por um processo de gestão de mudanças que possui atividades específicas para a realização da mudança.
- **Disponibilidade:** a equipe estará dedicada 100% do tempo na construção do produto da *release*? Ou possui atividades concomitantes?

Segundo Massari (2017), deve haver um equilíbrio entre a tríade **objetivos** (definidos na atividade **Definir Objetivos e Resultados** do processo **Visão Estratégica do Produto**), **valor percebido** (definido na atividade **Definir Visão de Negócio** do processo **Construindo Produtos com *Design Thinking***) e **restrições**: "quanto maiores as restrições, menores serão os objetivos atingidos e valores percebidos na linha do tempo. Uma vez que não temos como eliminar todas as restrições, precisamos entender quais conseguimos adequar e otimizar, e trabalhar para diminuí-las ou mesmo eliminá-las, garantindo assim o aumento dos outros dois fatores".

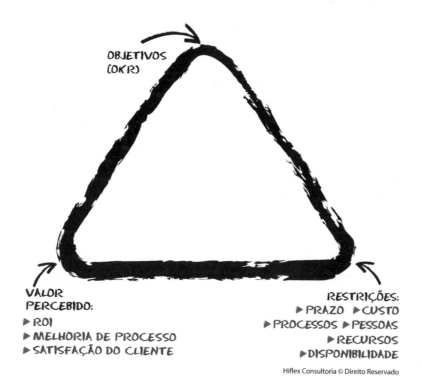

Vamos utilizar um exemplo hipotético:

Massari precisa emagrecer para parar de usar calça tamanho 52 e usar calça tamanho 42 (objetivo principal). Esse objetivo foi desdobrado em quatro metas trimestrais:

- Primeiro trimestre: Massari quer correr uma média de 4 km/hora. Indicadores: perder 4 kg.
- Segundo trimestre: Massari quer correr uma média de 6 km/hora. Indicadores: perder mais 3 kg.
- Terceiro trimestre: Massari quer correr uma média de 8 km/hora. Indicadores: perder mais 3 kg.
- Quarto trimestre: Massari quer correr uma média de 10 km/hora. Indicadores: perder mais 4 kg e conseguir correr a Corrida de São Silvestre até o final.

Cenário 1 (avaliando a restrição):

Massari trabalha das 08:00 às 17:00, então ele só consegue fazer treinos de corrida a partir das 19 horas. Devemos avaliar quais os impactos dessa restrição tanto no objetivo principal quanto nas metas trimestrais. São metas factíveis dentro da restrição de tempo de Massari?

Cenário 2 (ajustando a meta e os objetivos de acordo com a restrição – sistema puxado (pull system)):

Massari trabalha das 08:00 às 22:00 todos os dias, então ele só consegue fazer treinos de corrida a partir das 23 horas. Ele vai conseguir correr no máximo 1 hora por dia e talvez seu rendimento não seja tão bom devido ao cansaço acumulado durante ao longo do dia. Ele resolve traçar o objetivo de reduzir o peso para usar calça 46 e define as seguintes metas:

- Primeiro trimestre: Massari quer fazer uma caminhada lenta durante 1 hora. Indicadores: perder 2 kg.
- Segundo trimestre: Massari quer fazer uma caminhada acelerada durante 1 hora. Indicadores: perder mais 1 kg.
- Terceiro trimestre: Massari quer correr uma média de 4 km/hora. Indicadores: perder mais 2 kg.
- Quarto trimestre: Massari quer correr uma média de 5 km/hora. Indicadores: perder mais 2 kg.

Cenário 3 (ajustando as restrições para atingir as metas e os objetivos – teoria das restrições):

Massari trabalha das 08:00 às 22:00 todos os dias. Ele analisa o motivo de trabalhar mais de 12 horas por dia: será que existem desperdícios que ele poderia evitar em seu processo de trabalho? Ele anota o tempo que gasta com todas as atividades que agregam valor durante o dia e todas as atividades que não agregam valor. Ele percebe que trabalha de 5 a 6 horas a mais por dia devido a dois motivos:

- Ele participa de muitas reuniões inúteis.
- Ele se dispersa muito quando as pessoas falam sobre futebol.
- Ele acaba realizando atividades que poderia delegar para os membros da sua equipe.

Massari resolve tomar as seguintes ações para eliminar essas 5-6 horas de trabalho desnecessário:

- Só confirmará presença naquelas reuniões onde ele realmente tem alguma decisão a tomar.
- Só falará de futebol na hora do almoço.
- Montará um plano para delegar algumas atividades aos membros de sua equipe.

Dessa forma, Massari vai trabalhar uma média de 8 horas por dia e terá mais tempo para realizar as atividades físicas, mantendo os objetivos e metas factíveis dentro da sua restrição de tempo.

Cenário 4 (atingindo as metas e os objetivos a qualquer custo – sistema empurrado (push system)):

Massari trabalha das 08:00 às 22:00 todos os dias, então ele só consegue fazer treinos de corrida a partir das 23 horas. Mesmo cansado, ele corre todos os dias das 23:30 até 01:30, toma banho e dorme por volta de 03:00. Ele acorda todo dia às 05:30 da manhã para ir trabalhar. Na primeira semana ele até vai bem, mas, com poucas horas de sono na semana, o rendimento começa a cair na semana seguinte. Mas ele está obstinado e toma energético e remédios contra o sono para cumprir a meta a qualquer custo. Na terceira semana ele tem uma grave distensão na coxa, mas mesmo assim ele tenta correr sentindo dores e toma analgésicos para aliviar a dor. Na quarta semana ele tem uma crise de estresse e é obrigado a se afastar do trabalho.

Perceba que nesse caso tentamos "empurrar" uma meta dentro das restrições existentes, mesmo sabendo que não seria factível. O final não foi nada feliz. **Evite** sempre esse tipo de situação, pois quanto mais fortemente tentamos empurrar um sistema complexo, mais fortemente o sistema empurrará de volta.

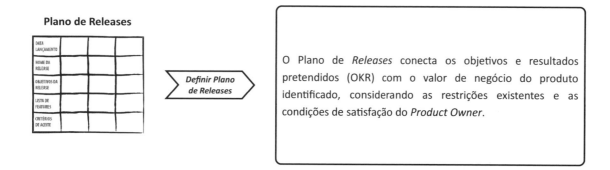

Outra questão importante são os critérios de aceite ou condições de satisfação da *release*. Uma técnica simples para equilibrar condições de satisfação com restrições é a técnica de matriz de ***trade-off.***

	1	2	3	4	5
Satisfação das partes interessadas					
Prazo					
Custo					
Escopo					
Qualidade					
Moral da equipe					

Nessa técnica, o *Product Owner* distribui 18 pontos em seis aspectos considerados para as condições de satisfação da *release* em uma escala de 1 a 5, onde:

- 1 – Irrelevante ou totalmente flexível.
- 2 – Pouco importante ou permite certa flexibilidade.
- 3 – Importante ou flexibilidade avaliada.
- 4 – Muito importante ou flexibilidade mínima.
- 5 – Crítico ou flexibilidade inegociável.

Considerando que em uma abordagem ágil devemos entregar valor ao cliente e construir ambientes ao redor de pessoas motivadas, os itens satisfação das partes interessadas, qualidade e moral da equipe devem sempre estar com pontuação entre 3 e 5, consequentemente flexibilizando a tripla restrição escopo-tempo-custo.

Vamos ver como a matriz se comporta na situação a seguir:

Imagine que você foi a uma festa e conheceu a pessoa da sua vida. Uma semana depois vocês começam a namorar e estabelecem que em dois meses vocês irão se casar e marcam a data do casamento e a viagem de lua de mel. Pronto, a restrição de tempo foi criada.

Cenário 1 (foco em qualidade e satisfação das partes interessadas, dentro da restrição de prazo):

	1	2	3	4	5
Satisfação das partes interessadas				X	
Prazo					X
Custo	X				
Escopo	X				
Qualidade				X	
Moral da equipe			X		

Como o tempo era a restrição do casal, eles resolveram se casar apenas no civil e organizaram uma bela churrascada para os parentes, padrinhos e amigos mais próximos. Moral da história: o casal adequou o escopo (casamento) dentro da restrição-chave do projeto (tempo), sem sacrificar a qualidade, a satisfação dos convidados e o moral dos envolvidos em organizar o casamento.

Cenário 2 (foco em escopo, dentro da restrição de prazo):

	1	2	3	4	5
Satisfação das partes interessadas			X		
Prazo					X
Custo	X				
Escopo					X
Qualidade			X		
Moral da equipe	X				

Embora a qualidade seja importante de acordo com a matriz, será que dá para fazer um megaevento, contratar decoração, músicos para a igreja, alugar o melhor bufê da cidade, DJ, elaborar e enviar convites para 345 pessoas, encomendar docinhos e lembranças, comprar viagem de lua de mel, tudo com qualidade em apenas dois meses? E perceba que, neste projeto, o fator humano é totalmente irrelevante. Será que é saudável conduzirmos projetos dessa forma?

Para orientar o planejamento das *releases*, orientamos o uso do *Canvas* de *Release*.

DATA DE LANÇAMENTO	DATA PREVISTA *Qual é a data prevista para o lançamento da release?*	DATA PREVISTA	DATA PREVISTA
NOME DA RELEASE	NOME/VERSÃO *Qual é o nome da release?*	NOME/VERSÃO	NOME/VERSÃO
OBJETIVOS DA RELEASE	OBJETIVO *Quais são os objetivos da release?*	OBJETIVO	OBJETIVO
LISTA DE FEATURES	FEATURES *Quais são as funcionalidades previstas que serão entregues em cada um dos lançamentos de Release?*	FEATURES	FEATURES
CRITÉRIOS DE ACEITAÇÃO	CRITÉRIOS DE ACEITAÇÃO *Quais são os critérios de aceitação acordados?*	CRITÉRIOS DE ACEITAÇÃO	CRITÉRIOS DE ACEITAÇÃO

AGILETHINK.COM.BR

📅	**Data de lançamento**	Qual é a data para o lançamento da *release*? É uma data prevista? Ou uma restrição?
🏷️	**Nome da *release***	Qual é o descritivo da *release*? Como essa *release* ficará conhecida no mercado?
🎯	**Objetivos da *release***	Quais objetivos de negócio a *release* está possibilitando alavancar?
📄	**Lista de *features***	Quais são as principais funcionalidades que serão entregues na *release*?
👍	**Critérios de aceitação**	Quais são as condições de satisfação acordadas na matriz de *trade-off*?

Resultados gerados

O Plano de *Release* é um acordo do *Product Owner* com as partes interessadas do produto, incluindo toda a Equipe *Scrum*. Permite visibilidade do que vai ser entregue e em qual sequência. Uma boa prática é planejar *releases* com horizonte de no máximo três a quatro meses.

O plano ainda será refinado ao ser decomposto em um *roadmap*, assunto da próxima atividade.

Por ora, vamos considerar que nossa plataforma EAD possui as seguintes funcionalidades:

- Vídeos
- Controle de acesso
- Simulados
- Pagamento via cartão de crédito/débito automático
- Certificados automáticos de conclusão de curso
- *Templates*
- Avaliação de competências
- *Chat 24x7*

	DATA PREVISTA 31/07/2017	DATA PREVISTA 31/10/2017	DATA PREVISTA 31/01/2018
DATA DE LANÇAMENTO			
NOME DA RELEASE	NOME/VERSÃO MVP	NOME/VERSÃO Automatização de operações	NOME/VERSÃO Diferenciais de mercado
OBJETIVOS DA RELEASE	OBJETIVO Lançar curso que já permite aluno obter certificação EXIN ASPO, com pagamento via depósito bancário	OBJETIVO Possibilitar escala de vendas da plataforma através de automações de operações	OBJETIVO Lançar funcionalidades diferenciais visando evitar impactos com o lançamento da plataforma do concorrente
LISTA DE FEATURES	FEATURES Vídeos Simulados Controle de acesso	FEATURES Pagamentos Certificados de conclusão	FEATURES Templates Avaliação de competências Chat 24x7
CRITÉRIOS DE ACEITAÇÃO	CRITÉRIOS DE ACEITAÇÃO - 16 horas de vídeos abordando todo o Agile Think® Busines Framework - 50 simulados operacionais com correção automática	CRITÉRIOS DE ACEITAÇÃO - Assinatura automática através de pagamento via cartão de crédito/débito - Emissão automática de certificado ao término do curso - Lançamento em 31/10, pois existe uma previsão de aumento de 40% de acesso na plataforma	CRITÉRIOS DE ACEITAÇÃO Lançamento deve ocorrer antes do lançamento da plataforma do concorrente Plataforma deve prover atendimento individual e personalizado ao aluno

AGILETHINK.COM.BR

Como pôr em prática?

Embora a decisão final da priorização seja responsabilidade do *Product Owner*, preferencialmente toda a Equipe *Scrum* deve participar, para que sejam identificadas possíveis dependências e riscos de ordem técnica. Como sempre recomendamos, muito *post-it* e espaço que permita a colaboração. Recomendamos:

1. Reserve agenda dos participantes essenciais para a atividade de mapeamento das *releases*, sendo que *Product Owner*, *Scrum Master* e representantes da equipe são mandatórios. A participação do *Agile Coach* e de áreas de negócios internas ou externas é opcional.
2. Reserve uma sala que possa acomodar todos os presentes de forma a permitir a passagem das pessoas e que tenha espaço livre nas paredes. Elas serão bastante utilizadas!
3. Traga material básico para esse tipo de trabalho: *post-its* com cores e formatos diferentes, adesivos na forma de *bullets* nas cores verde, vermelha e amarela, canetas de marcação na cor preta (1,5 mm de espessura), barbante, fita adesiva e fichas para anotações.
4. Utilize o *Canvas* de *Release* para a colagem dos *post-its* e preenchimento.

7.5. Atividade: planejar *roadmap* do produto

O que é planejar o *roadmap* do produto?

Uma vez planejadas as *releases* do produto, precisamos identificar quantas Sprints serão necessárias para a conclusão das *releases*, validando dessa forma nossas premissas e restrições iniciais.

Para isso é fundamental conhecer a capacidade produtiva do time de desenvolvimento (velocidade) por *Sprint* e determinar a duração das *Sprints* (entre 1 e 4 semanas). A conta para determinar a quantidade de *Sprints* é:

> **Quantidade de Sprints da release = Total de esforço do Backlog do Produto da release / Velocidade média da equipe por Sprint**

Uma vez determinada a quantidade de *Sprints* da *release*, podemos transformar em tempo através da conta a seguir:

> **Quantidade de semanas da release = Quantidade de Sprints da release * Quantidade de semanas da Sprint**

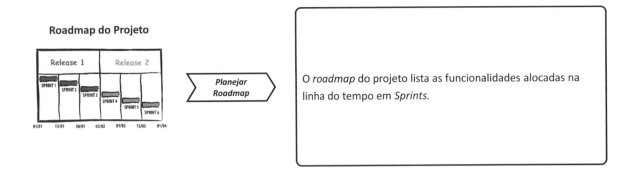

O *roadmap* do projeto lista as funcionalidades alocadas na linha do tempo em *Sprints*.

Resultados gerados

Ao tornar o *roadmap* do projeto visual e transparente a todos os envolvidos, é possível revisitar priorizações, estimativas, *trade-offs* e restrições.

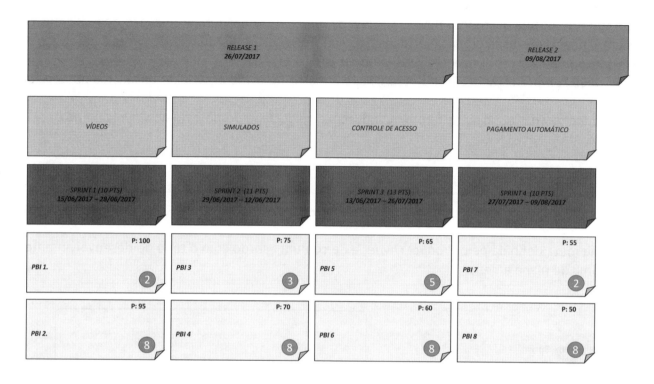

Como pôr em prática?

Esse é um trabalho de colaboração e confiança entre toda a Equipe *Scrum*, não podendo haver interferências ou pressão para diminuição ou aumento das estimativas por parte de ninguém. Para realizar essa atividade, as dicas são:

1. Reserve agenda dos participantes essenciais para a elaboração do *roadmap* do projeto, sendo que *Product Owner*, *Scrum Master* e **todos** os membros do time de desenvolvimento são mandatórios. A participação do *Agile Coach* e de áreas de negócios internas ou externas é opcional.
2. Reserve uma sala que possa acomodar todos os presentes de forma a permitir a passagem das pessoas e que tenha espaço livre nas paredes. Elas serão bastante utilizadas!
3. Traga material básico para esse tipo de trabalho: *post-its* com cores e formatos diferentes, adesivos na forma de *bullets* nas cores verde, vermelha e amarela, canetas de marcação na cor preta (1,5 mm de espessura), barbante, fita adesiva e fichas para anotações.
4. O *Product Owner* deve trazer o *Backlog* do Produto devidamente priorizado e estimado.

5. A velocidade do time de desenvolvimento deverá ser levada em consideração para alocação dos PBIs nas respectivas *Sprints*. Se a equipe for iniciante, deverá ser usada uma velocidade estimada, que será calibrada no decorrer das *Sprints*.
6. O *Backlog* do Produto pode ser repriorizado e reestimado, caso necessário.
7. O *Product Owner* deve sempre estar atento às restrições e à matriz de *trade-off* e fazer os ajustes no *Backlog* do Produto, caso necessário.
8. *Scrum Master* e *Product Owner* nunca interferem ou induzem a velocidade do time de desenvolvimento.

7.6. Atividade: definir metas das *Sprints*

O que é definir as metas das *Sprints*?

Cada *Sprint* deve possuir uma meta definida pelo *Product Owner* e de comum acordo com o time de desenvolvimento. A meta deve ser definida a cada *Sprint* na cerimônia de planejamento.

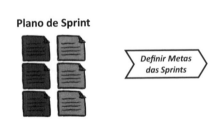

A meta da *Sprint* deve ser definida de acordo com os PBIs que são viáveis de ser desenvolvidos dentro do *timebox* da Sprint, sempre respeitando a velocidade da equipe e as restrições existentes.

As metas sempre deverão respeitar a velocidade do time de desenvolvimento e as restrições existentes. O *Product Owner* jamais deve "empurrar" (*push system*) metas que não sejam factíveis de serem atingidas ou que façam o time de desenvolvimento trabalhar em ritmos insustentáveis, sacrificando a qualidade.

O *Backlog* do Produto sempre deve estar priorizado adequadamente no momento da definição das metas das *Sprints*. As estimativas deverão ser revisadas pelo time de desenvolvimento. O refinamento do *Backlog* do Produto durante a *Sprint* (mais detalhado no Capítulo 8) pode otimizar o tempo gasto durante a cerimônia de planejamento da *Sprint*.

Segundo Hanusch (2017), "a meta da *Sprint* é o contrato entre *Product Owner*, time de desenvolvimento e demais partes interessadas". Segundo Massari (2017), "a meta da *Sprint* é uma espécie de contrato de escopo, prazo e custo fechados, uma vez que a meta é fixa e não pode sofrer alterações, o *timebox* da *Sprint* nunca pode ser esticado e o custo tende a ser fixo, uma vez que se conhecem todos os custos com pessoas e recursos na *Sprint*".

Resultados gerados

Os resultados esperados dessa atividade são:

- ♦ **Meta da *Sprint*:** definida através da utilização do sistema puxado (*pull system*) dentro da velocidade do time de desenvolvimento e os itens prioritários que fazem sentido para o *Product Owner*.
- ♦ ***Sprint Backlog:*** O *backlog* de atividades que o time de desenvolvimento precisa realizar para garantir o cumprimento da meta contratada para a *Sprint*.

Para facilitar essa atividade, o *Agile Think® Business Framework* utiliza o *Canvas* de *Sprint*, conforme a imagem a seguir:

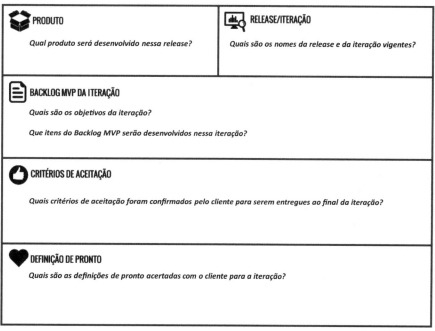

AGILETHINK.COM.BR

📦	**Produto**	Nome do produto que está sendo desenvolvido na *release*.
📊	*Release/Sprint*	Nome/número da *release* e da *Sprint* vigente.
📄	*Backlog* da *Sprint*	Quais PBIs farão parte da *Sprint*.
👍	**Critérios de aceitação**	O que o *Product Owner* espera dos PBIs entregues na *Sprint*.
❤	**Definição de pronto**	As condições acordadas para o PBI ser considerado pronto (*done*).

A seguir temos um exemplo do *Canvas* de *Sprint* preenchido:

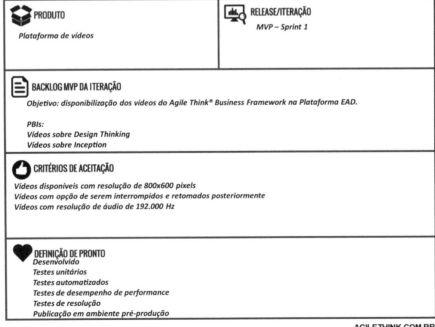

Como pôr em prática?

Esse é um trabalho de colaboração e confiança entre toda a Equipe *Scrum*, não podendo haver interferências ou pressão para diminuição ou aumento das estimativas por parte de ninguém. Para realizar essa atividade, as dicas são:

1. Reserve agenda dos participantes essenciais para a elaboração do *roadmap* do projeto, sendo que *Product Owner, Scrum Master* e **todos** os membros do time de desenvolvimento são mandatórios. A participação do *Agile Coach* e de áreas de negócios internas ou externas é opcional.
2. Reserve uma sala que possa acomodar todos os presentes de forma a permitir a passagem das pessoas e que tenha espaço livre nas paredes. Elas serão bastante utilizadas!
3. Traga material básico para esse tipo de trabalho: *post-its* com cores e formatos diferentes, adesivos na forma de *bullets* nas cores verde, vermelha e amarela, canetas de marcação na cor preta (1,5 mm de espessura), barbante, fita adesiva e fichas para anotações.
4. O *Product Owner* deve trazer o *Backlog* do Produto devidamente priorizado e estimado.
5. A velocidade do time de desenvolvimento deverá ser levada em consideração para alocação dos PBIs dentro da *Sprints*. Se a equipe for iniciante, deverá ser usada uma velocidade estimada, que será calibrada no decorrer das *Sprints*.
6. O *Backlog* do Produto pode ser repriorizado e reestimado, caso necessário.
7. O *Product Owner* deve sempre estar atento às restrições e à matriz de *trade-off* e fazer os ajustes no *Backlog* do Produto, caso necessário.
8. *Scrum Master* e *Product Owner* nunca interferem ou induzem a velocidade do time de desenvolvimento.
9. Deve ser definida a meta da *Sprint*.
10. O time de desenvolvimento deverá definir as atividades necessárias para a meta da *Sprint* ser cumprida, criando o *Backlog* da *Sprint*.
11. O *Backlog* da *Sprint* deve ser preferencialmente visual, geralmente utilizando quadro *Kanban* (físico ou virtual), com o time de desenvolvimento responsável por sua gestão.

8. Monitorando o Produto

Não basta planejar, temos que revisar constantemente o *Backlog* do Produto e o andamento da "saúde" do produto. Devemos utilizar os pilares de:

- **Transparência** → para obter as informações corretas do resultado da *Sprint*, sem maquiagem de informações, "status 99% concluído" e relatórios pirotécnicos.
- **Inspeção** → para analisar os resultados da *Sprint* e verificar se sua meta foi atingida ou não, analisar a velocidade da equipe e verificar se ajustes e refinamentos são necessários no *Backlog* do Produto.
- **Adaptação** → para verificar os ajustes necessários para atender às condições de satisfação do produto (entregar no prazo? Entregar no custo? Entregar um conjunto específico de funcionalidades?) e projetar tendências de acordo com as informações obtidas através do pilar da inspeção.

Neste capítulo abordaremos algumas técnicas importantes para que esses três pilares sejam utilizados adequadamente.

8.1. Refinando o *Backlog* do Produto durante a *Sprint*

Uma das tarefas frequentes do *Product Owner* é reservar um tempo durante a *Sprint* para reavaliar e refinar o *Backlog* do Produto, buscando avaliar um horizonte de duas a três *Sprints* à frente.

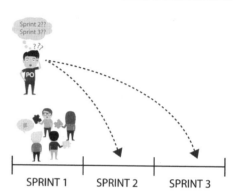

Essa técnica é chamada de *rolling lookahead plan* ou *Product Backlog refinement* e evita que:

- O Product Owner planeje sempre a curto prazo somente com a visão da *Sprint* e gere uma das maiores falácias do *Scrum*, a de que "projeto *Scrum* não tem prazo para acabar ou tem escopo aberto".
- O *Backlog* do Produto não esteja aderente às condições atuais do mercado/negócio/satisfação dos clientes.

As boas práticas recomendam que o *Product Owner* reserve de 5% a 10% da duração de uma *Sprint* para realizar o refinamento do *Backlog* do Produto. Também é recomendado que o time de desenvolvimento participe dessa sessão de refinamento do *Backlog* do Produto, porém, na prática, nem sempre será possível parar toda a equipe para isso. O ideal então seria a participação do *Product Owner* em parceria com o *Scrum Master*, acionando os membros do time de desenvolvimento quando necessário.

Ao revisitar os itens futuros do *Backlog* do Produto, algumas perguntas-chave deverão ser feitas para cada requisito analisado:

- O requisito ainda possui o valor de negócio identificado?
- O requisito ainda é relevante para o produto?
- O requisito ainda é prioritário perante os requisitos seguintes?
- O requisito é um épico? Precisa ser decomposto em requisitos com maiores detalhes?

Uma outra pergunta-chave geral, que deve ser feita observando o produto:

> *São necessários novos requisitos para que o produto atenda ao objetivo de negócio pelo qual ele está sendo criado?*

As respostas para cada uma dessas perguntas-chave podem gerar repriorizações, exclusões, inclusões e reestimativas de requisitos.

Vamos para um exemplo prático de uma sessão de refinamento do *Backlog* do Produto de uma Equipe *Scrum* que está no meio da segunda *Sprint* e refinando os itens das *Sprints* 3 e 4:

#PBI Id	PBI	Sprint	Esforço	Critérios de aceitação
32	Como aluno da plataforma EAD, quero assistir vídeos sobre *Extreme Programming* (XP)	3	5	Vídeo com resolução de 800x600 pixels. Áudio com 192.000 Hz. Explicação sobre as origens do XP. Explicação rápida sobre as 13 práticas do XP. Vídeo com duração de cinco minutos no máximo.
33	Como aluno da plataforma EAD, quero assistir vídeos sobre "metodologia Go Horse"	3	5	Vídeo com resolução de 800x600 pixels. Áudio com 192.000 Hz. Explicação sobre as origens do *Go Horse*. Explicação sobre as desvantagens do *Go Horse*. Vídeo com duração de cinco minutos no máximo.
34	Como aluno da plataforma EAD, quero assistir vídeos sobre combinação de *Scrum* e PRINCE2.	3	5	Vídeo com resolução de 800x600 pixels. Áudio com 192.000 Hz. Explicação resumida sobre o *framework Scrum*. Explicação resumida sobre a metodologia PRINCE2. Explicação sobre a combinação entre *Scrum* e PRINCE2. Vídeo com duração de cinco minutos no máximo.
35	Como aluno da plataforma EAD, quero assistir vídeos sobre combinação de Scrum e PMBOK.	4	5	Vídeo com resolução de 800x600 pixels. Áudio com 192.000 Hz. Explicação resumida sobre o *framework Scrum*. Explicação resumida das boas práticas do PMBOK. Explicação sobre a combinação entre *Scrum* e PMBOK. Vídeo com duração de cinco minutos no máximo.
36	Como aluno da plataforma EAD, quero assistir vídeos sobre *Scrum* escalado.	4	13	Vídeo com resolução de 800x600 pixels. Áudio com 192.000 Hz. Explicação resumida sobre produtos escalados. Explicação resumida sobre o *framework* Nexus. Explicação resumida sobre o *framework* SAFe. Explicação resumida sobre o *framework* LeSS. Vídeo com duração de cinco minutos no máximo.

Ao revisitar o PBI 32, o *Product Owner* identificou que talvez fosse interessante abordar mais a fundo as 13 práticas do *Extreme Programming*, dividindo em temas como comportamento, operacional e técnico. Dessa forma, temos o seguinte *Backlog* do Produto atualizado:

#PBI Id	PBI	Sprint	Esforço	Critérios de aceitação
32	Como aluno da plataforma EAD, quero assistir vídeos sobre *Extreme Programming* (XP)	3	5	Vídeo com resolução de 800x600 pixels. Áudio com 192.000 Hz. Explicação sobre as origens do XP. Explicação rápida sobre as 13 práticas do XP. Vídeo com duração de cinco minutos no máximo.
95	**Como aluno da plataforma EAD, quero assistir vídeos sobre técnicas *Extreme Programming* (XP) voltadas a comportamento**	3	5	**Vídeo com resolução de 800x600 pixels.** **Áudio com 192.000 Hz.** **Explicação sobre as origens do XP.** **Explicação rápida sobre as técnicas: Entregas Curtas, Jogos de Planejamento, Equipe Inteira e Testes de Usuário.** **Vídeo com duração de cinco minutos no máximo.**
96	**Como aluno da plataforma EAD, quero assistir vídeos sobre técnicas *Extreme Programming* (XP) voltadas a operação**	3	5	**Vídeo com resolução de 800x600 pixels.** **Áudio com 192.000 Hz.** **Explicação sobre as origens do XP.** **Explicação rápida sobre as técnicas: Programação em Par, Padronização de Código, Integração Contínua, Ritmo Sustentável e Metáfora.** **Vídeo com duração de cinco minutos no máximo.**
97	**Como aluno da plataforma EAD, quero assistir vídeos sobre técnicas *Extreme Programming* (XP) voltadas a aspectos técnicos**	4	5	**Vídeo com resolução de 800x600 pixels.** **Áudio com 192.000 Hz.** **Explicação sobre as origens do XP.** **Explicação rápida sobre as técnicas: Refatoração, Desenvolvimento Orientado a Testes e Design Simples.** **Vídeo com duração de cinco minutos no máximo.**
33	Como aluno da plataforma EAD, quero assistir vídeos sobre "metodologia Go Horse"	4	5	Vídeo com resolução de 800x600 pixels. Áudio com 192.000 Hz. Explicação sobre as origens do *Go Horse*. Explicação sobre as desvantagens do *Go Horse*. Vídeo com duração de cinco minutos no máximo.
34	Como aluno da plataforma EAD, quero assistir vídeos sobre combinação de *Scrum* e PRINCE2	4	5	Vídeo com resolução de 800x600 pixels. Áudio com 192.000 Hz. Explicação resumida sobre o *framework Scrum*. Explicação resumida sobre a metodologia PRINCE2. Explicação sobre a combinação entre *Scrum* e PRINCE2. Vídeo com duração de cinco minutos no máximo.
35	Como aluno da plataforma EAD, quero assistir vídeos sobre combinação de *Scrum* e PMBOK	5	5	Vídeo com resolução de 800x600 pixels. Áudio com 192.000 Hz. Explicação resumida sobre o *framework Scrum*. Explicação resumida as boas práticas do PMBOK. Explicação sobre a combinação entre *Scrum* e PMBOK. Vídeo com duração de cinco minutos no máximo.
36	Como aluno da plataforma EAD, quero assistir vídeos sobre *Scrum* escalado	5	13	Vídeo com resolução de 800x600 pixels. Áudio com 192.000 Hz. Explicação resumida sobre produtos escalados. Explicação resumida sobre o *framework* Nexus. Explicação resumida sobre o *framework* SAFe. Explicação resumida sobre o *framework* LeSS. Vídeo com duração de cinco minutos no máximo.

Repare que foram incluídos três novos requisitos (PBIs 95, 96 e 97) para explorar melhor o assunto *Extreme Programming* (XP), fazendo com que os requisitos futuros automaticamente fossem movidos para as *Sprints* seguintes.

Revisando o PBI 33, que aborda o vídeo da nefasta "metodologia Go Horse", o *Product Owner* chega à conclusão de que este item deve possuir uma prioridade menor. Falar de coisas que funcionam é muito mais importante do que falar sobre coisas que não funcionam. Assim, temos o seguinte *Backlog* do Produto atualizado:

#PBI Id	PBI	*Sprint*	Esforço	Critérios de aceitação
32	Como aluno da plataforma EAD, quero assistir vídeos sobre *Extreme Programming* (XP)	3	5	Vídeo com resolução de 800x600 pixels. Áudio com 192.000 Hz. Explicação sobre as origens do XP. Explicação rápida sobre as 13 práticas do XP. Vídeo com duração de cinco minutos no máximo.
95	Como aluno da plataforma EAD, quero assistir vídeos sobre técnicas *Extreme Programming* (XP) voltadas a comportamento	3	5	Vídeo com resolução de 800x600 pixels. Áudio com 192.000 Hz. Explicação sobre as origens do XP. Explicação rápida sobre as técnicas: Entregas Curtas, Jogos de Planejamento, Equipe Inteira e Testes de Usuário. Vídeo com duração de cinco minutos no máximo.
96	Como aluno da plataforma EAD, quero assistir vídeos sobre técnicas *Extreme Programming* (XP) voltadas a operação	3	5	Vídeo com resolução de 800x600 pixels. Áudio com 192.000 Hz. Explicação sobre as origens do XP. Explicação rápida sobre as técnicas: Programação em Par, Padronização de Código, Integração Contínua, Ritmo Sustentável e Metáfora. Vídeo com duração de cinco minutos no máximo.
97	Como aluno da plataforma EAD, quero assistir vídeos sobre técnicas *Extreme Programming* (XP) voltadas a aspectos técnicos	4	5	Vídeo com resolução de 800x600 pixels. Áudio com 192.000 Hz. Explicação sobre as origens do XP. Explicação rápida sobre as técnicas: Refatoração, Desenvolvimento Orientado a Testes e Design Simples. Vídeo com duração de cinco minutos no máximo.
34	Como aluno da plataforma EAD, quero assistir vídeos sobre combinação de *Scrum* e PRINCE2	4	5	Vídeo com resolução de 800x600 pixels. Áudio com 192.000 Hz. Explicação resumida sobre o *framework Scrum*. Explicação resumida sobre a metodologia PRINCE2. Explicação sobre a combinação entre *Scrum* e PRINCE2. Vídeo com duração de cinco minutos no máximo.

#PBI Id	PBI	Sprint	Esforço	Critérios de aceitação
35	Como aluno da plataforma EAD, quero assistir vídeos sobre combinação de *Scrum* e PMBOK	4	5	Vídeo com resolução de 800x600 pixels. Áudio com 192.000 Hz. Explicação resumida sobre o *framework Scrum*. Explicação resumida as boas práticas do PMBOK. Explicação sobre a combinação entre *Scrum* e PMBOK. Vídeo com duração de cinco minutos no máximo.
36	Como aluno da plataforma EAD, quero assistir vídeos sobre *Scrum* escalado	5	13	Vídeo com resolução de 800x600 pixels. Áudio com 192.000 Hz. Explicação resumida sobre produtos escalados. Explicação resumida sobre o *framework* Nexus. Explicação resumida sobre o *framework* SAFe. Explicação resumida sobre o *framework* LeSS. Vídeo com duração de cinco minutos no máximo.
33	**Como aluno da plataforma EAD, quero assistir vídeos sobre "metodologia Go Horse"**	5	5	**Vídeo com resolução de 800x600 pixels.** **Áudio com 192.000 Hz.** **Explicação sobre as origens do *Go Horse*.** **Explicação sobre as desvantagens do *Go Horse*.** **Vídeo com duração de cinco minutos no máximo.**

Repare que o PBI 33 saiu da *Sprint* 4 e foi para a última prioridade da *Sprint* 5. Na próxima etapa, o *Product Owner* revisa o PBI 34 e identifica que o critério de aceitação "Vídeo com duração de cinco minutos no máximo" não é realista para abordar os assuntos *Scrum*, PRINCE2 e *Scrum* + PRINCE2. Dessa forma, o *Product Owner* fará uma mudança no critério de aceitação informando que o vídeo deve ter duração de 12 minutos no máximo, resultando no *Backlog* do Produto revisado a seguir:

#PBI Id	PBI	Sprint	Esforço	Critérios de aceitação
32	Como aluno da plataforma EAD, quero assistir vídeos sobre *Extreme Programming* (XP)	3	5	Vídeo com resolução de 800x600 pixels. Áudio com 192.000 Hz. Explicação sobre as origens do XP. Explicação rápida sobre as 13 práticas do XP. Vídeo com duração de cinco minutos no máximo.
95	Como aluno da plataforma EAD, quero assistir vídeos sobre técnicas *Extreme Programming* (XP) voltadas a comportamento	3	5	Vídeo com resolução de 800x600 pixels. Áudio com 192.000 Hz. Explicação sobre as origens do XP. Explicação rápida sobre as técnicas: Entregas Curtas, Jogos de Planejamento, Equipe Inteira e Testes de Usuário. Vídeo com duração de cinco minutos no máximo.

#PBI Id	PBI	Sprint	Esforço	Critérios de aceitação
96	Como aluno da plataforma EAD, quero assistir vídeos sobre técnicas *Extreme Programming* (XP) voltadas a operação	3	5	Vídeo com resolução de 800x600 pixels. Áudio com 192.000 Hz. Explicação sobre as origens do XP. Explicação rápida sobre as técnicas: Programação em Par, Padronização de Código, Integração Contínua, Ritmo Sustentável e Metáfora. Vídeo com duração de cinco minutos no máximo.
97	Como aluno da plataforma EAD, quero assistir vídeos sobre técnicas *Extreme Programming* (XP) voltadas a aspectos técnicos	4	5	Vídeo com resolução de 800x600 pixels. Áudio com 192.000 Hz. Explicação sobre as origens do XP. Explicação rápida sobre as técnicas: Refatoração, Desenvolvimento Orientado a Testes e Design Simples. Vídeo com duração de cinco minutos no máximo.
34	Como aluno da plataforma EAD, quero assistir vídeos sobre combinação de *Scrum* e PRINCE2	4	5	Vídeo com resolução de 800x600 pixels. Áudio com 192.000 Hz. Explicação resumida sobre o *framework Scrum*. Explicação resumida sobre a metodologia PRINCE2. Explicação sobre a combinação entre *Scrum* e PRINCE2. Vídeo com duração de 12 minutos no máximo.
35	Como aluno da plataforma EAD, quero assistir vídeos sobre combinação de *Scrum* e PMBOK.	4	5	Vídeo com resolução de 800x600 pixels. Áudio com 192.000 Hz. Explicação resumida sobre o *framework Scrum*. Explicação resumida as boas práticas do PMBOK. Explicação sobre a combinação entre *Scrum* e PMBOK. Vídeo com duração de cinco minutos no máximo.
36	Como aluno da plataforma EAD, quero assistir vídeos sobre *Scrum escalado*	5	13	Vídeo com resolução de 800x600 pixels. Áudio com 192.000 Hz. Explicação resumida sobre produtos escalados. Explicação resumida sobre o *framework* Nexus. Explicação resumida sobre o *framework* SAFe. Explicação resumida sobre o *framework* LeSS. Vídeo com duração de cinco minutos no máximo.
33	Como aluno da plataforma EAD, quero assistir vídeos sobre "metodologia Go Horse"	5	5	Vídeo com resolução de 800x600 pixels. Áudio com 192.000 Hz. Explicação sobre as origens do *Go Horse*. Explicação sobre as desvantagens do *Go Horse*. Vídeo com duração de cinco minutos no máximo.

Revisando o PBI 35, que aborda *Scrum* e PMBOK, o *Product Owner* faz a seguinte reflexão: "já existem diversas literaturas, inclusive na editora Brasport, sobre o tema. Creio que o tema PRINCE2 e *Scrum* seja mais desconhecido e mais interessante para ser abordado na plataforma EAD. Vou retirar *Scrum* e PMBOK do *Backlog* do Produto". Dessa forma, temos o seguinte *Backlog* do Produto revisado:

#PBI Id	PBI	Sprint	Esforço	Critérios de aceitação
32	Como aluno da plataforma EAD, quero assistir vídeos sobre *Extreme Programming* (XP)	3	5	Vídeo com resolução de 800x600 pixels. Áudio com 192.000 Hz. Explicação sobre as origens do XP. Explicação rápida sobre as 13 práticas do XP. Vídeo com duração de cinco minutos no máximo.
95	Como aluno da plataforma EAD quero assistir vídeos sobre técnicas *Extreme Programming* (XP) voltadas a comportamento	3	5	Vídeo com resolução de 800x600 pixels. Áudio com 192.000 Hz. Explicação sobre as origens do XP. Explicação rápida sobre as técnicas: Entregas Curtas, Jogos de Planejamento, Equipe Inteira e Testes de Usuário. Vídeo com duração de cinco minutos no máximo.
96	Como aluno da plataforma EAD, quero assistir vídeos sobre técnicas *Extreme Programming* (XP) voltadas a operação	3	5	Vídeo com resolução de 800x600 pixels. Áudio com 192.000 Hz. Explicação sobre as origens do XP. Explicação rápida sobre as técnicas: Programação em Par, Padronização de Código, Integração Contínua, Ritmo Sustentável e Metáfora. Vídeo com duração de cinco minutos no máximo.
97	Como aluno da plataforma EAD, quero assistir vídeos sobre técnicas *Extreme Programming* (XP) voltadas a aspectos técnicos	4	5	Vídeo com resolução de 800x600 pixels. Áudio com 192.000 Hz. Explicação sobre as origens do XP. Explicação rápida sobre as técnicas: Refatoração, Desenvolvimento Orientado a Testes e Design Simples. Vídeo com duração de cinco minutos no máximo.
34	Como aluno da plataforma EAD, quero assistir vídeos sobre combinação de *Scrum* e PRINCE2	4	5	Vídeo com resolução de 800x600 pixels. Áudio com 192.000 Hz. Explicação resumida sobre o *framework Scrum*. Explicação resumida sobre a metodologia PRINCE2. Explicação sobre a combinação entre *Scrum* e PRINCE2. **Vídeo com duração de 12 minutos no máximo.**
36	Como aluno da plataforma EAD, quero assistir vídeos sobre *Scrum* escalado	5	13	Vídeo com resolução de 800x600 pixels. Áudio com 192.000 Hz. Explicação resumida sobre produtos escalados. Explicação resumida sobre o *framework* Nexus. Explicação resumida sobre o *framework* SAFe. Explicação resumida sobre o *framework* LeSS. Vídeo com duração de cinco minutos no máximo.
33	Como aluno da plataforma EAD quero assistir vídeos sobre "metodologia Go Horse"	5	5	Vídeo com resolução de 800x600 pixels. Áudio com 192.000 Hz. Explicação sobre as origens do *Go Horse*. Explicação sobre as desvantagens do *Go Horse*. Vídeo com duração de cinco minutos no máximo.

Repare que a *Sprint* 4 ficou com apenas 10 *story points* de trabalho. O PBI seguinte (36) não pode ser puxado para a *Sprint* porque possui 13 *story points* e irá ultrapassar a velocidade média da equipe (15 *story points* por *Sprint*). Ao analisar melhor o PBI 36, o *Product Owner* chegou à conclusão de que ele estava diante de um épico, pois um vídeo para abordar todos os métodos escalados resultaria em uma duração muito maior que cinco minutos e se tornaria cansativo para o aluno da plataforma EAD. Dessa forma, o *Product Owner* decompôs o épico do PBI 36 em quatro histórias, resultando no *Backlog* do Produto atualizado a seguir:

#PBI Id	PBI	Sprint	Esforço	Critérios de aceitação
32	Como aluno da plataforma EAD, quero assistir vídeos sobre *Extreme Programming* (XP)	3	5	Vídeo com resolução de 800x600 pixels. Áudio com 192.000 Hz. Explicação sobre as origens do XP. Explicação rápida sobre as 13 práticas do XP. Vídeo com duração de cinco minutos no máximo.
95	Como aluno da plataforma EAD, quero assistir vídeos sobre técnicas *Extreme Programming* (XP) voltadas a comportamento	3	5	Vídeo com resolução de 800x600 pixels. Áudio com 192.000 Hz. Explicação sobre as origens do XP. Explicação rápida sobre as técnicas: Entregas Curtas, Jogos de Planejamento, Equipe Inteira e Testes de Usuário. Vídeo com duração de cinco minutos no máximo.
96	Como aluno da plataforma EAD, quero assistir vídeos sobre técnicas *Extreme Programming* (XP) voltadas a operação	3	5	Vídeo com resolução de 800x600 pixels. Áudio com 192.000 Hz. Explicação sobre as origens do XP. Explicação rápida sobre as técnicas: Programação em Par, Padronização de Código, Integração Contínua, Ritmo Sustentável e Metáfora. Vídeo com duração de cinco minutos no máximo.
97	Como aluno da plataforma EAD, quero assistir vídeos sobre técnicas *Extreme Programming* (XP) voltadas a aspectos técnicos	4	5	Vídeo com resolução de 800x600 pixels. Áudio com 192.000 Hz. Explicação sobre as origens do XP. Explicação rápida sobre as técnicas: Refatoração, Desenvolvimento Orientado a Testes e Design Simples. Vídeo com duração de cinco minutos no máximo.
34	Como aluno da plataforma EAD, quero assistir vídeos sobre combinação de *Scrum* e PRINCE2	4	5	Vídeo com resolução de 800x600 pixels. Áudio com 192.000 Hz. Explicação resumida sobre o *framework Scrum*. Explicação resumida sobre a metodologia PRINCE2. Explicação sobre a combinação entre *Scrum* e PRINCE2. Vídeo com duração de 12 minutos no máximo.
98	**Como aluno da plataforma EAD, quero assistir vídeos sobre produtos escalados**	4	5	**Vídeo com resolução de 800x600 pixels.** **Áudio com 192.000 Hz.** **Explicação resumida sobre produtos escalados.** **Vídeo com duração de cinco minutos no máximo.**

#PBI Id	PBI	Sprint	Esforço	Critérios de aceitação
99	Como aluno da plataforma EAD, quero assistir vídeos sobre o *framework* Nexus	5	5	Vídeo com resolução de 800x600 pixels. Áudio com 192.000 Hz. Explicação resumida sobre o *framework* Nexus. Vídeo com duração de dez minutos no máximo.
100	Como aluno da plataforma EAD, quero assistir vídeos sobre o *framework* SAFe	5	5	Vídeo com resolução de 800x600 pixels. Áudio com 192.000 Hz. Explicação resumida sobre o *framework* SAFe. Vídeo com duração de dez minutos no máximo.
101	Como aluno da plataforma EAD, quero assistir vídeos sobre o *framework* LeSS	5	5	Vídeo com resolução de 800x600 pixels. Áudio com 192.000 Hz. Explicação resumida sobre o *framework* LeSS. Vídeo com duração de dez minutos no máximo.
33	Como aluno da plataforma EAD, quero assistir vídeos sobre "metodologia Go Horse"	6	5	Vídeo com resolução de 800x600 pixels. Áudio com 192.000 Hz. Explicação sobre as origens do *Go Horse*. Explicação sobre as desvantagens do *Go Horse*. Vídeo com duração de cinco minutos no máximo.

Repare que o épico do PBI 36 foi desdobrado em quatro novos PBIs menores (98, 99, 100 e 101) e o PBI 33 ("metodologia Go Horse"), menos prioritário, automaticamente foi deslocado para a *Sprint* 6.

8.2. Medindo resultado da *Sprint* na cerimônia de revisão

A cerimônia de revisão da *Sprint* é o momento para avaliar e, principalmente, medir o resultado da entrega.

Vamos avaliar o exemplo a seguir, da construção de uma plataforma EAD de formação de *Product Owner*:

#PBI Id	PBI	Sprint	Esforço	Critérios de aceitação
25	Como aluno da plataforma EAD, quero assistir vídeo sobre Personas	2	5	Vídeo com resolução de 800x600 pixels. Áudio com 192.000 Hz. Explicação sobre o conceito básico de Personas. Explicar o que preencher no perfil da Persona. Explicar o que deve ser preenchido no comportamento da Persona. Explicar o que deve ser preenchido nas necessidades da Persona. Vídeo com duração de cinco minutos no máximo.

#PBI Id	PBI	Sprint	Esforço	Critérios de aceitação
26	Como aluno da plataforma EAD, quero assistir vídeo sobre cerimônia de revisão da *Sprint*	2	5	Vídeo com resolução de 800x600 pixels. Áudio com 192.000 Hz. Explicação sobre o objetivo da cerimônia. Explicação sobre os participantes da cerimônia. Explicar sobre o *timebox* da cerimônia. Enfatizar o comportamento esperado do *Product Owner* na cerimônia. Vídeo com duração de cinco minutos no máximo.
27	Como aluno da plataforma EAD, quero ter a opção de pausar e retomar o vídeo do ponto onde parei de assistir	2	13	Pausar o vídeo, clicar na opção **Retornar ao Menu Principal** e, ao retornar à tela principal da plataforma, a opção **Continuar aula** deve ser exibida no topo da tela. Ao clicar na opção **Continuar aula**, a videoaula deve ser retomada exatamente no minuto/segundo onde foi interrompida.

Na cerimônia de revisão da *Sprint* do exemplo, tivemos o seguinte panorama:

#PBI Id	PBI	Sprint	Esforço	Status
25	Como aluno da plataforma EAD, quero assistir vídeo sobre Personas	2	5	Todos os critérios de aceitação validados.
26	Como aluno da plataforma EAD, quero assistir vídeo sobre cerimônia de revisão da *Sprint*	2	5	Vídeo com duração de vinte minutos, não atendendo ao critério de duração de cinco minutos especificado. Demais critérios de aceitação atendidos.
27	Como aluno da plataforma EAD, quero ter a opção de pausar e retomar o vídeo do ponto onde parei de assistir	2	13	Desenvolvido, porém não testado.

Então contabilizaremos os esforços da seguinte forma:

#PBI Id	PBI	Sprint	Esforço	Esforço contabilizado (Done)
25	Como aluno da plataforma EAD, quero assistir vídeo sobre Personas	2	5	**5 (Todos os critérios de aceitação validados)**
26	Como aluno da plataforma EAD, quero assistir vídeo sobre cerimônia de revisão da *Sprint*	2	5	**0 (Nem todos os critérios de aceitação foram atendidos)**
27	Como aluno da plataforma EAD, quero ter a opção de pausar e retomar o vídeo do ponto onde parei de assistir	2	13	**0 (Se os testes fizerem parte da definição de pronto acordada)** **Ou** **0 (Se os testes não fizerem parte da definição de pronto acordada e *Product Owner*/clientes não homologarem no momento da revisão da *Sprint*)** **Ou** **13 (Se os testes não fizerem parte da definição de pronto acordada e *Product Owner*/clientes validarem no momento da revisão da *Sprint*)**

Repare como os critérios de aceitação e a definição de pronto são importantíssimos para determinar a real métrica de esforço concluído.

Tanto o *Product Owner* quanto o time de desenvolvimento não podem cair em tentações como:

- "Ah, atendemos a seis dos sete critérios de aceite do PBI 26. Vamos contabilizar 86% do esforço, logo 4 pontos".
- "Ah, o PBI 27 está pronto, só faltou um teste mais depurado. Corrigimos na próxima *Sprint*. Vamos contabilizar 50% dos pontos, logo 3 pontos".

Esforço parcialmente concluído gera retrabalho e esse retrabalho precisa ser contabilizado. Além do mais, percentuais parciais para itens não concluídos geralmente são números subjetivos baseados na "intuição" ou no "feeling" de quem os fornece. Exemplo: "está 82,75% concluído". Qual a base para essa afirmação? E o pior, essas "métricas" baseadas em subjetividade e "feeling" são transformadas em relatórios pirotécnicos que muitas vezes apresentam uma posição totalmente fantasiosa sobre a real situação do produto.

Os autores deste livro não defendem pensamentos dicotômicos, mas abrimos uma séria exceção para o caso de métricas de esforço concluído. Se **toda** a definição de pronto e os critérios de aceitação forem atendidos, **100%** de pontos contabilizados; caso contrário, **0%**.

Como já disse Mestre Yoda em *Star Wars*: "Tentar não. Faça ou não faça!".

"Mas o que faremos com essa métrica de esforço concluído?"

A métrica de esforço concluído é subsídio primordial para a avaliação da versão de entrega/*release* através dos gráficos *Burndown* e *Burnup*.

8.3. Gráficos *Release Burndown* e *Burnup* de escopo

Os gráficos *Burndown* e *Burnup* fornecem subsídios para o *Product Owner* e o restante da Equipe *Scrum* avaliarem o andamento da versão de entrega/*release* do produto e projetarem tendências. A seguir abordaremos o funcionamento e a interpretação desses gráficos.

Gráfico *Release Burndown*

Neste gráfico listamos o esforço remanescente na linha do tempo, representado pela quantidade de *Sprints* no eixo horizontal e pelas unidades de esforço (*story points*, horas, etc.) no eixo vertical.

Vamos analisar o exemplo a seguir para uma versão de entrega/*release* estimada em 500 *story points* e cuja velocidade média do time de desenvolvimento é de 50 *story points* por Sprint (linha de base), resultando em 10 *Sprints* estimadas para a conclusão da versão de entrega/*release* do produto:

Sprint	Escopo concluído	Escopo adicionado	Escopo excluído	Escopo restante	*Sprints* restantes
1	30	-	-	470	10
2	110	-	-	360	8
3	40	-	-	320	7
4	0	50	-	370	8
5	70	-	25	275	6
6	80	-	-	195	4
7	30	-	-	165	4
8	10	35	-	190	4
9	190	-	-	0	0

Esse cenário é refletido através do gráfico *Burndown* a seguir:

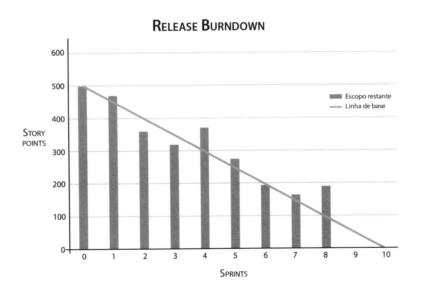

Repare que:

- Escopo concluído é removido da parte superior da barra.
- Escopo adicionado é incluído na parte superior da barra.
- Escopo excluído é removido da parte superior da barra.

O gráfico pode revelar três tendências:

- Barra vertical abaixo da linha de base (quantidade de esforço remanescente previsto caso a velocidade média da equipe fosse atingida) significa que a versão de entrega/*release* do produto está potencialmente adiantada.
- Barra vertical acima da linha de base significa que a versão de entrega/*release* do produto está potencialmente atrasada.
- Barra vertical exatamente na mesma posição que a linha de base significa que a versão de entrega/*release* do produto está seguindo conforme o planejado.

A maioria das ferramentas eletrônicas de monitoramento de *Backlog* do Produto gera o gráfico *Release Burndown* no formato descrito neste tópico, porém fica difícil monitorar os reais motivos de uma possível oscilação no gráfico uma vez que não é possível identificar o comportamento do escopo (inclusões, exclusões, conclusões).

Para resolver essa questão, vamos abordar um outro tipo de gráfico *Release Burndown* logo a seguir.

Gráfico *Release Burndown* com controle de mudanças

Um gráfico de *Release Burndown* com controle de mudanças deve ser gerado respeitando as regras a seguir:

- Escopo concluído deve ser removido da parte superior da barra.
- Escopo adicionado deve ser incluído na parte inferior da barra.
- Escopo excluído deve ser removido da parte inferior da barra.

A seguir podemos visualizar a representação do gráfico refletindo as condições apresentadas no exemplo anterior:

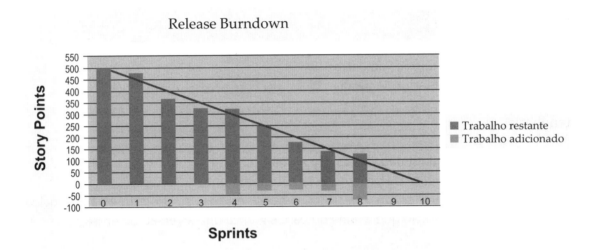

Repare que dessa forma é possível monitorar as inclusões e exclusões de escopo no *Backlog* do Produto. Porém, para muitas pessoas, a leitura do gráfico é confusa.

Aí você se pergunta: "com um gráfico não tenho como monitorar a causa dos desvios, com o outro eu até consigo monitorar, mas a leitura é confusa. E agora, o que eu faço?".

Vamos abordar um gráfico que permite uma leitura mais simples, o *Release Burnup*.

Gráfico *Release Burnup*

Neste gráfico listamos o esforço acumulado na linha do tempo, representado pela quantidade de *Sprints* no eixo horizontal e pelas unidades de esforço (*story points*, horas, etc.) no eixo vertical.

Vamos analisar o exemplo a seguir para uma versão de entrega/*release* estimada em 100 *story points* e cuja velocidade média do time de desenvolvimento é de 13 *story points* por *Sprint*, resultando em 8 *Sprints* estimadas para a conclusão da versão de entrega/*release* do produto:

Sprint	Escopo concluído	Escopo adicionado	Escopo excluído	Escopo acumulado	Linha de base	Sprints restantes
1	6	-	-	6	100	8
2	12	-	-	18	100	7
3	13	-	-	31	100	6
4	14	-	-	45	100	5
5	12	-	-	57	100	4
6	13	10	-	70	110	3
7	14	-	-	84	110	2
8	13	-	-	97	110	1

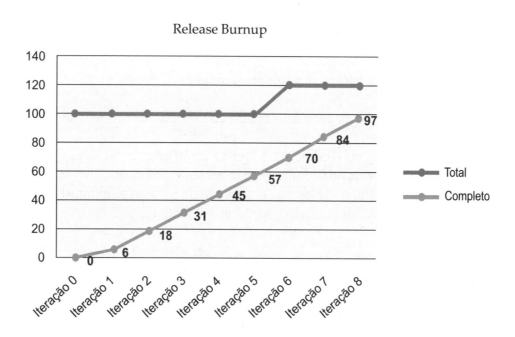

Repare que:

♦ Escopo acumulado é plotado na linha inferior do gráfico;
♦ Linha de base é plotada na linha superior do gráfico.
♦ A previsão de término da versão de entrega/*release* do produto é representada no gráfico quando as linhas inferior e superior se encontrarem.

A visualização deste gráfico é mais amigável e conseguimos identificar:

- Quando a versão de entrega/*release* será concluída (no momento onde as linhas do gráfico irão se encontrar).
- As mudanças na pontuação do *Backlog* do Produto (linha de base de escopo).

"Mas por que podemos ter variação na linha de base do *Backlog* do Produto? Esse tal de planejamento ágil não deixa a coisa muito solta não?"

Não, muito pelo contrário! Ao final de cada *Sprint*, o *Product Owner* pode avaliar os rumos do produto e fazer as adaptações necessárias para:

- Atender às necessidades dos clientes/usuários.
- Atender às necessidades do negócio.
- Atender ao *time-to-market*.
- E, o principal, atender à **visão/objetivo** do produto previamente definida.

Mas respondendo à pergunta sobre a variação de linha de base do *Backlog* do Produto, os motivos são esses:

- Necessidade de inclusão de itens no *Backlog* do Produto para atendimento de necessidades descritas no parágrafo anterior.
- Exclusão de itens que não são mais necessários no produto ou não estão relacionados à visão/objetivo do produto.
- Reavaliação de estimativas de esforço. Um PBI pode ter sua estimativa de esforço aumentada ou diminuída conforme o time de desenvolvimento elimina as incertezas e refina seu planejamento a cada *Sprint*.

8.4. Gráfico *Release Burnup* de custo

Muitas vezes a versão de entrega/*release* do produto pode estar seguindo de acordo com a quantidade de *Sprints* previstas e determinadas na etapa de planejamento, porém os custos para o desenvolvimento do produto não estão seguindo o mesmo caminho feliz do escopo.

Os gráficos de *Release Burndown/Burnup* mencionados anteriormente não fornecem a visão de custos. Então podemos adaptar o gráfico para obtermos uma visão do progresso dos custos no decorrer das *Sprints*.

O ideal é que o *Product Owner* seja responsável pela geração desse gráfico, mas nem sempre ele possui acesso a informações de custos do produto. Se isso ocorrer, o gráfico e seu respectivo monitoramento devem ser realizados pela área responsável (gerência de produto, financeiro, PMO, etc.).

Vamos utilizar o exemplo anterior atribuindo um custo médio por *Sprint* de R$ 100.000,00. O orçamento destinado para a construção desse produto é de R$ 800.000,00 e temos o progresso conforme tabela a seguir:

Sprint	Custo da *Sprint*	Orçamento adicionado	Custo acumulado	Orçamento base
1	120.000	-	120.000	800.000
2	120.000	-	240.000	800.000
3	120.000	-	360.000	800.000
4	120.000	-	480.000	800.000
5	120.000	-	600.000	800.000
6	100.000	200.000	700.000	1.000.000
7	100.000	-	800.000	1.000.000
8	100.000	-	900.000	1.000.000
9	100.000	-	1.000.000	1.000.000

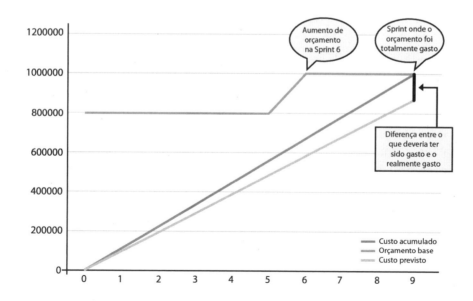

BURNUP CUSTOS

Comparando os gráficos *Burnup* de escopo e custo do exemplo que estamos abordando, podemos concluir que:

- *Sprint* 1 – 6 *story points* concluídas com R$ 120.000 de custos. Foram gastos R$ 20.000 a mais que o previsto por *Sprint* para entregar quase metade da velocidade média da equipe.
- *Sprint* 2 – 12 *story points* concluídas com R$ 120.000 de custos. Foram gastos R$ 20.000 a mais que o previsto por *Sprint* e R$ 40.000 acumulados a mais.
- *Sprint* 3 – 13 *story points* concluídas com R$ 120.000 de custos. Foram gastos R$ 20.000 a mais que o previsto por *Sprint* e R$ 60.000 acumulados a mais.
- *Sprint* 4 – 14 *story points* concluídas com R$ 120.000 de custos. Foram gastos R$ 20.000 a mais que o previsto por *Sprint* e R$ 80.000 acumulados a mais.
- *Sprint* 5 – 12 *story points* concluídas com R$ 120.000 de custos. Foram gastos R$ 20.000 a mais que o previsto por *Sprint* e R$ 100.000 acumulados a mais.
- *Sprint* 6 – 13 *story points* concluídas com R$ 100.000 de custos. Não houve gasto a mais que o previsto por *Sprint* e temos R$ 100.000 acumulados a mais; com isso, identificou-se a necessidade de realizar um aporte de R$ 200.000 para finalizar a versão de entrega/ *release* na *Sprint* 9.

Podemos ter como possíveis causas de desvios de custos do exemplo anterior:

- Necessidade de utilização de recursos materiais ou infraestrutura não previstos.
- Necessidade de algum tipo de aquisição.
- Necessidade de aumento do time de desenvolvimento.
- Horas adicionais (extras) para a conclusão dos itens da meta da *Sprint*.

Sobre este último item de horas adicionais, como podemos verificar se os itens do *Backlog* da *Sprint* estão sendo concluídos dentro do esforço inicialmente previsto? Geralmente as organizações conseguem obter essas informações através de processos eletrônicos de apontamento de horas, mas como comparar o esforço previsto *versus* o esforço gasto de forma rápida, visual e eficiente? Assunto para o nosso próximo tópico.

8.5. Gráfico *Release Burnup* integrado

Muitas vezes as metas das *Sprints* são cumpridas, mas com uma quantidade de horas muito maior que a prevista. O gráfico *Release Burnup* de custos até pode nos dar um sinal disso, mas teríamos que pesquisar mais a fundo consultando planilhas/softwares de apontamento de horas e tornando o processo mais complexo.

Para diminuir essa complexidade, podemos utilizar também o gráfico *Release Burnup* para ter uma visão integrada de horas concluídas *versus* horas trabalhadas.

Vamos utilizar o exemplo a seguir, onde uma equipe está trabalhando em *Sprints* semanais com uma velocidade de 30 horas úteis/ideais:

Sprint	Horas concluídas	Horas trabalhadas
1	32	40
2	28	50
3	33	48
4	29	65
5	31	38

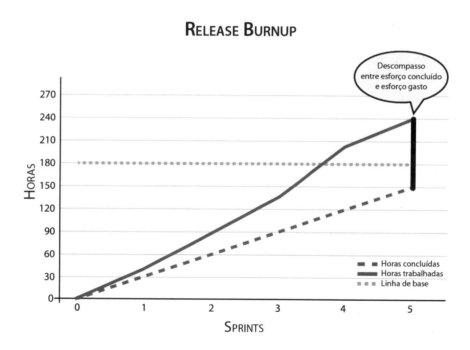

Repare que o esforço concluído está seguindo de acordo com o planejado, porém o esforço dispendido para a conclusão é muito maior. Nesse cenário, possivelmente temos:

- ♦ Metas irreais para uma *Sprint*, provocando ritmo de trabalho não sustentável.
- ♦ Falhas no dimensionamento de estimativas realizadas pelo time de desenvolvimento no planejamento das *Sprints*.
- ♦ Quantidade não suficiente de membros do time de desenvolvimento.

Essa situação possivelmente seria refletida no gráfico de *Release Burndown* de custos, mas com este gráfico conseguimos isolar o problema referente aos descompassos entre as horas concluídas e as horas trabalhadas.

8.6. Usando velocidade da equipe para projetar tendências

Conhecer a velocidade do time de desenvolvimento é importante para projetar uma estimativa inicial de quantidade de *Sprints* para a conclusão de uma versão de entrega/*release*. Mas precisamos monitorar a velocidade *Sprint* a *Sprint* para projetarmos tendências futuras.

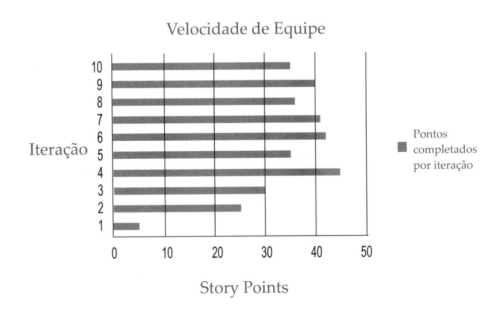

Vamos ao exemplo de uma equipe que tinha uma velocidade média histórica de 50 *story points* por *Sprint*. Ao planejar inicialmente uma versão de entrega/*release* que continha 600 *story points*, chegou-se à conclusão de que seriam necessárias 12 *Sprints* previstas (600 *story points* / 50 *story points* por *Sprint* = 12). Porém, ao longo de seis *Sprints* foram coletadas as seguintes velocidades: 48, 52, 55, 58, 60 e 61. Repare que a produtividade foi aumentando a cada *Sprint*, logo não devemos mais considerar a velocidade de 50 *story points* como base. Se analisarmos a média das seis *Sprints*, teremos uma produtividade de:

(48 + 52 + 55 + 58 + 60 + 61) / 6 = 56 story points por Sprint

Dessa forma, vamos projetar qual a previsão de quantidade de *Sprints* para finalizar a versão de entrega/*release*:

- Temos 334 *story points* concluídas até o momento, logo restam 266 *story points* a serem concluídas.
- Com uma velocidade base de 56 *story points* por *Sprint*, teremos 5 *Sprints* previstas pela frente, totalizando 11 *Sprints*, uma *Sprint* a menos do que foi identificado no planejamento inicial.

Algumas possíveis razões para esse aumento de produtividade por *Sprint*:

- Ganho de experiência do time de desenvolvimento.
- Dimensionamento inicial de estimativa conservador.
- Aumento na quantidade de membros do time de desenvolvimento.

Vamos para um outro exemplo onde uma equipe tinha uma velocidade média histórica de 50 *story points* por *Sprint*. Ao planejar inicialmente uma versão de entrega/*release* que continha 600 *story points*, chegou-se à conclusão de que seriam necessárias 12 *Sprints* previstas (600 *story points* / 50 *story points* por *Sprint* = 12). Porém, ao longo de seis *Sprints* foram coletadas as seguintes velocidades: 46, 44, 42, 39, 38 e 40. Repare que a produtividade por *Sprint* se manteve bem abaixo das 50 *story points* iniciais, logo não devemos mais considerá-la como base. Se analisarmos a média das seis *Sprints*, teremos uma produtividade de:

(46 + 44 + 42 + 39 + 38 + 40) / 6 = 42 story points por Sprint

Dessa forma, vamos projetar a previsão de quantidade de *Sprints* para finalizar a versão de entrega/*release*:

- Temos 249 *story points* concluídas até o momento, logo restam 351 *story points* a serem concluídas.
- Com uma velocidade base de 42 *story points* por *Sprint*, teremos 9 *Sprints* previstas pela frente, totalizando 15 *Sprints*, três *Sprints* a mais do que foi identificado no planejamento inicial.

Algumas possíveis razões para essa oscilação entre a velocidade estimada inicialmente e a velocidade média:

- Mudanças no time de desenvolvimento (exemplo: entrada de membros, saída de membros).
- Dimensionamento inicial de estimativa arrojado.
- Incertezas e falta de experiência da equipe com relação ao produto/segmento de negócio que está sendo desenvolvido/explorado.

9.
Escalando o Produto

Muitas vezes deparamos com a construção de grandes e complexos produtos, onde torna-se necessária a atuação de mais de uma Equipe *Scrum*. Como o *Product Owner* deve atuar nessa situação? Serão necessários mais *Product Owners*? E o *Backlog* do Produto, como fica?

O intuito deste capítulo é sugerir uma estrutura para realizar a gestão de grandes produtos sem sugerir um *framework* específico. Os *frameworks* serão mencionados ao final deste capítulo para que você possa avaliar qual deles melhor se encaixa no cenário da sua organização. Quando se utiliza *Scrum* em grandes produtos costuma-se dizer que se está "escalando o *Scrum*" ou "escalando o produto".

A partir de agora vamos considerar como exemplo um grande produto de cotação de seguros que contempla desde o processo de cotação do seguro até a emissão automática de uma apólice. O produto possui quatro grandes áreas de conhecimento: *front-end*, cálculo, análise de decisão e emissão.

9.1. Estrutura de uma Equipe *Scrum* escalada

No exemplo do nosso produto de cotação de seguros, temos quatro Equipes *Scrum*, cada uma especialista em uma área de conhecimento (*front-end*, cálculo, análise de decisão e emissão).

Cada Equipe *Scrum* possui a seguinte composição:

- Um *Product Owner*.
- Um *Scrum Master*.
- Seis pessoas no time de desenvolvimento.

"Ok, entendi! Mas quem pensa no produto todo?"

É crucial que exista um papel pensando em todo o produto, não somente em cada respectiva área de conhecimento. Existem algumas nomenclaturas para esse papel – uns chamam de *Product Manager* (Gerente do Produto), outros chamam de *Chief Product Owner* (ou CPO, nome que utilizaremos daqui em diante).

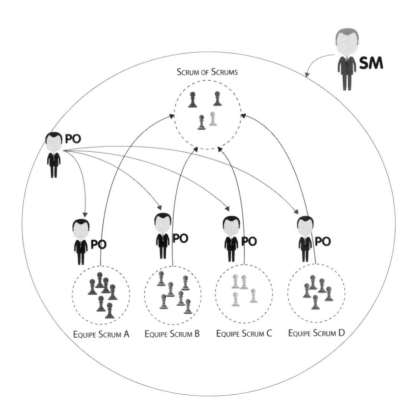

Dessa forma, temos a seguinte composição:

- **CPO** – Responsável por definir os épicos em níveis táticos, pensando em todo o produto e não de forma isolada em cada área de conhecimento. Deve estar mais focado em aspectos de negócio do produto do que em aspectos operacionais. Cria e gerencia o *Backlog* do Produto.
- ***Scrum Master* escalado ou *Agile Coach*** – Responsável por facilitar e garantir que todo o *Scrum* escalado funcione de forma adequada. Deve remover impedimentos que fogem da alçada das equipes *Scrum* individuais. Pode ser um *Scrum Master* de uma das equipes *Scrum* ou uma pessoa externa às equipes.
- ***Product Owner*** – Responsável por decompor os épicos em histórias do usuário focadas em aspectos operacionais e de usabilidade referentes à área de conhecimento de sua responsabilidade. Refina o *Backlog* do Produto criado pelo CPO.
- ***Scrum Master*** – Facilitador da Equipe *Scrum* e responsável por garantir que o *Scrum* funcione de forma adequada dentro da sua respectiva equipe.
- **Time de desenvolvimento** – Responsável por uma determinada área de conhecimento e atuando nas histórias do usuário operacionais decompostas pelo *Product Owner*.

No tópico seguinte vamos entender como esses papéis interagem durante uma *Sprint*.

9.2. Fluxo de uma *Sprint* de produto escalado

Planejamento conjunto de *Sprint*

Quem participa:

- CPO.
- *Scrum Master* escalado ou *Agile Coach*.
- *Product Owner* de cada Equipe *Scrum*.
- *Scrum Master* de cada Equipe *Scrum*.
- Todos os membros de cada Equipe *Scrum* ou representantes de cada Equipe *Scrum*.

Dinâmica:

- ♦ CPO apresenta os PBIs desejados e a meta para a *Sprint*, equipes *Scrum* discutem e tiram dúvidas com o CPO.
- ♦ Cada Equipe *Scrum* realiza seu planejamento individual, decompondo épicos táticos em histórias de usuários operacionais, cria tarefas para atingir a meta da *Sprint*, cria o *Backlog* da *Sprint* e discute dependências com outras equipes quando necessário.
- ♦ As Equipes *Scrum* se reúnem com seus respectivos *Backlogs* da *Sprint*, identificam dependências, consolidam a meta da *Sprint* e o *Backlog* da *Sprint* unificado.

	Sprint 1	Sprint 2	Sprint 3	Sprint 4
Equipe A				
Equipe B				
Equipe C				
Equipe D				
Equipe E				
Equipe F				
Equipe G				
Equipe H				

Exemplo de *Backlog* da *Sprint* visual com dependências apontadas

Exemplo de cerimônia de planejamento conjunto de *Sprint*

Sprint cadenciada

Para que o *Scrum* escalado funcione, é fundamental que as Equipes *Scrum* conduzam suas *Sprints* de forma cadenciada, ou seja, todas as equipes iniciando a *Sprint* no mesmo dia e finalizando no mesmo dia, conforme figura a seguir:

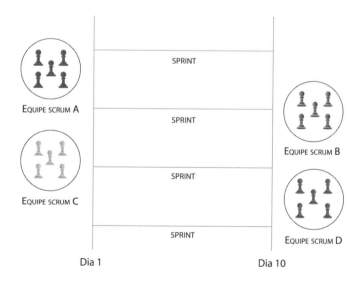

Qualquer inciativa de utilizar *Scrum* escalado conforme a figura a seguir com certeza levará ao caos:

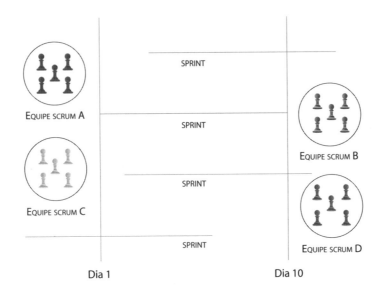

Scrum of Scrums

Quem participa:

- Um ou dois representantes de cada Equipe *Scrum* (obrigatório).
- *Scrum Master* escalado ou *Agile Coach* (opcional).
- CPO (opcional).

Dinâmica:

- Logo após a *Daily Scrum* de cada uma das equipes *Scrum*, deverá ser realizada a cerimônia *Scrum of Scrums*, com *timebox* de 15 minutos e com a pauta a seguir:
  - O que foi feito para integrar os trabalhos das equipes?
  - O que será feito para integrar os trabalhos das equipes?
  - Quais são os impedimentos existentes para integrar os trabalhos das equipes?
- O intuito desta cerimônia é discutir integração e dependências dos trabalhos das equipes.

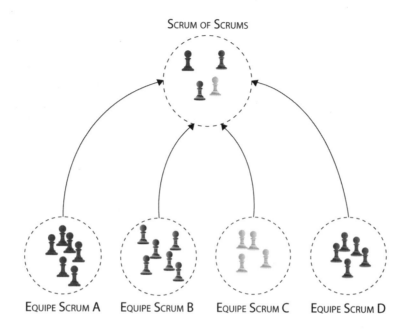

Revisão conjunta de *Sprint*

Quem participa:

- ◆ CPO.
- ◆ *Scrum Master* escalado ou *Agile Coach*.
- ◆ *Product Owner* de cada Equipe *Scrum*.
- ◆ *Scrum Master* de cada Equipe *Scrum*.
- ◆ Todos os membros de cada Equipe *Scrum* ou representantes de cada Equipe *Scrum*.
- ◆ Partes interessadas que o CPO e os *Product Owners* julgarem necessárias.

Dinâmica:

- ◆ Equipes *Scrum* exibem o resultado dos seus trabalhos integrados para o CPO, os *Product Owners* e as partes interessadas. A seguir, alguns exemplos de como conduzir esse tipo de cerimônia:

Representante da equipe demonstrando resultado da *Sprint*

Bazar onde as partes interessadas podem verificar os trabalhos das diversas equipes

Retrospectiva conjunta de *Sprint*

Quem participa:

- ◆ CPO.
- ◆ *Scrum Master* escalado ou *Agile Coach*.
- ◆ *Product Owner* de cada Equipe *Scrum*.
- ◆ *Scrum Master* de cada Equipe *Scrum*.
- ◆ Todos os membros de cada Equipe *Scrum* ou representantes de cada Equipe *Scrum*.

Dinâmica:

♦ Similar a uma retrospectiva de uma única Equipe *Scrum*, onde deverão ser identificados: pontos positivos, pontos que devem ser melhorados e ações para as melhorias identificadas.

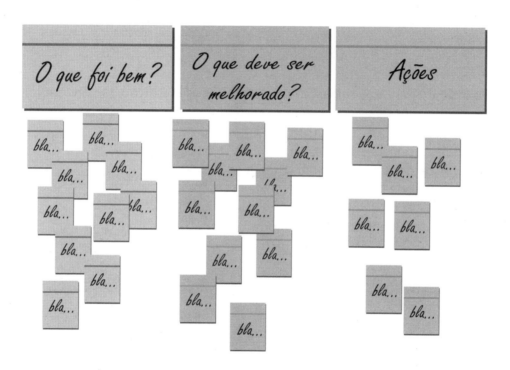

9.3. Gestão de um *Backlog* do Produto escalado

Continuando o exemplo de nosso produto de cotação de seguros, o CPO seleciona os PBIs a seguir como meta da próxima *Sprint* a ser planejada.

PBI Id	PBI	Critérios de aceitação
52	Como usuário, preciso efetuar *login* no portal de cotações	*Login* efetuado para usuários internos e corretores
53	Como usuário, gostaria de selecionar o produto que desejo fazer a cotação	Conseguir selecionar produtos de seguros de automóvel e vida, de acordo com o perfil do usuário logado
54	Como área de produtos, gostaria de parametrizar os critérios de cálculos das cotações	Habilitar os parâmetros específicos de acordo com o produto escolhido (seguro de vida ou seguro de automóvel)
55	Como área técnica, quero ter a autonomia para liberar cotações criticadas	Liberação de cotações de acordo com alçadas definidas de acordo com a estrutura organizacional (gerente, coordenador, analistas)
56	Como área de operações, gostaria de ser notificado quando uma cotação for efetivada	Geração de relatório de cotações efetivadas no dia

Após a apresentação do *Backlog* do Produto para as equipes *Scrum*, a divisão dos PBIs ficou da seguinte forma:

♦ PBIs 52 e 53 ficaram com a Equipe *Scrum* responsável pelo *front-end*.
♦ PBI 54 ficou com a Equipe *Scrum* responsável por cálculo.
♦ PBI 55 ficou com a Equipe *Scrum* responsável pela análise de decisão.
♦ PBI 56 ficou com a Equipe *Scrum* responsável pelo processo de emissão.

Repare que, a seguir, os critérios de aceitação definidos pelo CPO fornecerão subsídios para os *Product Owners* criarem histórias de usuários operacionais menores:

PBI Id	PBI	Critérios de aceitação	Equipe Scrum responsável
52.1	Como usuário interno, preciso efetuar *login* no portal de cotações	Validar *login* e senha Bloquear após três tentativas de senha inválida Visualizar todas as cotações efetuadas tanto por usuários internos quanto por corretores Visualizar somente as cotações da área de negócio onde o usuário trabalha (seguro de vida ou seguro de automóvel) *Login* realizado em até cinco segundos	*Front-end*
52.2	Como corretor, preciso efetuar *login* no portal de cotações	Validar *login* e senha Bloquear após três tentativas de senha inválida Visualizar somente as cotações efetuadas pelo corretor logado *Login* realizado em até cinco segundos	*Front-end*
53.1	Como usuário interno da área de seguros de automóvel, gostaria de selecionar entre os produtos de seguros de automóvel disponíveis para fazer a cotação	Habilitar *combo box* somente com os produtos ativos cadastrados como seguros de automóvel Permitir que o usuário selecione ou digite o nome do produto no *combo box*	*Front-end*

PBI Id	PBI	Critérios de aceitação	Equipe Scrum responsável
53.2	Como usuário interno da área de seguros de vida, gostaria de selecionar entre os produtos de seguros de vida disponíveis para fazer a cotação	Habilitar *combo box* somente com os produtos ativos cadastrados como seguros de vida Permitir que o usuário selecione ou digite o nome do produto no *combo box*	*Front-end*
53.3	Como corretor, gostaria de selecionar entre os produtos que tenho disponíveis para fazer a cotação	Habilitar *combo box* somente com os produtos ativos vinculados ao corretor logado Permitir que o corretor selecione ou digite o nome do produto no *combo box*	*Front-end*
54.1	Como área de produtos de seguros de automóvel, gostaria de parametrizar os critérios de cálculo das cotações dos seguros de automóvel	Habilitar a opção de parametrização dos critérios de cálculo somente se o usuário interno trabalhar na área de seguros de automóvel Habilitar o preenchimento campos A, B, C...	Cálculo
54.2	Como área de produtos de seguros de vida, gostaria de parametrizar os critérios de cálculo das cotações dos seguros de vida	Habilitar a opção de parametrização dos critérios de cálculo somente se o usuário interno trabalhar na área de seguros de vida Habilitar o preenchimento campos G, H, I...	Cálculo
54.3	Como área de produtos de seguros de residência, gostaria de parametrizar os critérios de cálculo das cotações dos seguros de residência	Habilitar a opção de parametrização dos critérios de cálculo somente se o usuário interno trabalhar na área de seguros de residência Habilitar o preenchimento campos X, Y, Z...	Cálculo
55.1	Como analista júnior da área técnica, quero ter autonomia para liberar cotações criticadas com valor de prêmio até R$ 500,00	Verificar se o usuário logado está cadastrado como analista júnior O usuário poderá visualizar todas as cotações pendentes de liberação Permitir a liberação somente de cotações criticadas entre R$ 0,01 e R$ 500,00 Exibir a mensagem "Usuário sem alçada para esta operação. Favor contatar seu superior imediato" caso a cotação criticada possua valor acima de R$ 500,00	Análise de decisão
55.2	Como analista sênior da área técnica, quero ter autonomia para liberar cotações criticadas com valor de prêmio até R$ 5.000,00	Verificar se o usuário logado está cadastrado como analista sênior O usuário poderá visualizar todas as cotações pendentes de liberação Permitir a liberação somente de cotações criticadas entre R$ 0,01 e R$ 5.000,00 Exibir a mensagem "Usuário sem alçada para esta operação. Favor contatar seu superior imediato" caso a cotação criticada possua valor acima de R$ 5.000,00	Análise de decisão
55.3	Como coordenador da área técnica, quero ter autonomia para liberar cotações criticadas com valor de prêmio até R$ 50.000,00	Verificar se o usuário logado está cadastrado como coordenador técnico O usuário poderá visualizar todas as cotações pendentes de liberação Permitir a liberação somente de cotações criticadas entre R$ 0,01 e R$ 50.000,00 Exibir a mensagem "Usuário sem alçada para esta operação. Favor contatar seu superior imediato" caso a cotação criticada possua valor acima de R$ 50.000,00	Análise de decisão

PBI Id	PBI	Critérios de aceitação	Equipe Scrum responsável
55.4	Como gerente da área técnica, quero ter autonomia para liberar cotações criticadas com valor de prêmio até R$ 500.000,00	Verificar se o usuário logado está cadastrado como gerente técnico O usuário poderá visualizar todas as cotações pendentes de liberação Permitir a liberação somente de cotações criticadas entre R$ 0,01 e R$ 500.000,00 Exibir a mensagem "Usuário sem alçada para esta operação. Somente diretores estão autorizados para liberar esta cotação" caso a cotação criticada possua valor acima de R$ 500.000,00	Análise de decisão
55.5	Como diretor da área técnica, quero ter autonomia para liberar cotações criticadas com valor de prêmio até R$ 5.000.000,00	Verificar se o usuário logado está cadastrado como gerente técnico O usuário só visualizará cotações acima de R$ 500.000,00 Permitir a liberação somente de cotações criticadas entre R$ 500.000,01 e R$ 5.000.000,00 Exibir a mensagem "Usuário sem alçada para esta operação. Somente o presidente está autorizado a liberar esta cotação" caso a cotação criticada possua valor acima de R$ 5.000.000,00	Análise de decisão
55.6	Como presidente da organização, quero ter autonomia para liberar cotações criticadas com valor de prêmio acima de R$ 5.000.000,00	Verificar se o usuário logado está cadastrado como presidente. O usuário só visualizará cotações acima de R$ 5.000.000,00 Permitir a liberação somente de cotações criticadas acima de R$ 5.000.000,00	Análise de decisão
56.1	Como coordenador da área de operações, gostaria de receber um e-mail quando uma cotação for efetivada	Quando uma cotação for efetivada, enviar e-mail para os usuários cadastrados como coordenador de operações listando: Produto, Apólice, Nome do Corretor, Nome do Cliente, Valor do Seguro, Nome de quem efetivou a cotação	Emissão
56.2	Como gerente da área de operações, gostaria de receber um e-mail com o resumo de todas as cotações efetivadas no dia	Todo dia útil às 22:00 gerar automaticamente um relatório salvo no formato PDF com todas as cotações efetivadas no dia As informações que devem ser listadas no relatório são as seguintes: Produto, Apólice, Nome do Corretor, Nome do Cliente, Valor do Seguro, Nome de quem efetivou a cotação O relatório deverá exibir a quantidade e o valor total de cotações efetivadas O relatório deve ser enviado automaticamente por e-mail para os usuários cadastrados como gerente de operações	Emissão

Podemos gerenciar o *Backlog* do Produto vinculando as histórias de usuários operacionais aos épicos táticos conforme figura a seguir:

9.4. *Frameworks* para escalar *Scrum*

No tópico anterior apresentamos a estrutura central para escalar a gestão de produtos no *Scrum*. Agora apresentaremos alguns *frameworks* que visam dar uma maior robustez ao modelo escalado.

Nexus

Framework criado por Ken Schwaber que basicamente segue a mesma estrutura do *Scrum*, tendo como premissas:

- ◆ Ser utilizado em produtos que necessitem de atuação de três a nove equipes *Scrum*.
- ◆ Ter um único *Product Owner* para todas as equipes.

♦ Ter uma Equipe de Integração composta pelo *Product Owner*, um *Scrum Master* e membros do time de desenvolvimento focados em:

- Fornecer consultoria e *coaching*.
- Sinalizar possíveis problemas de dependências e integrações entre as equipes.
- Resolver restrições técnicas e não técnicas entre as equipes que podem impactar na entrega da *Sprint*.

SAFe – *Scaled Agile Framework*

Framework criado e mantido pela *Scaled Agile Academy* que integra a visão de portfólio, programas e projetos, definindo alguns papéis adicionais como:

♦ *Epic Owner* – Responsável por épicos estratégicos que visam atender ao portfólio de projetos da organização.
♦ *Product Manager* – Responsável por decompor os épicos estratégicos em épicos táticos ou funcionalidades que serão gerenciados como programas. Similar ao papel do CPO que descrevemos no tópico 9.1.
♦ *Release Train Engineer* (RTE) – Facilitador de todo o programa. Similar ao papel do *Scrum Master* escalado que descrevemos no tópico 9.1.
♦ *Release Management* – Aprova a implantação dos incrementos integrados.
♦ *Business Owners* – Partes interessadas do produto que está sendo construído.
♦ *System Team* – Responsável pela integração dos trabalhos das equipes *Scrum*.

Segundo os especialistas em SAFe, seu uso é recomendado para produtos de enorme porte e complexidade, que necessitam da atuação de mais de nove equipes *Scrum*.

LeSS – *Large Scaled Scrum*

Framework criado por Bas Vodde e Craig Larman, cuja sigla é um trocadilho e uma provocação aos demais *frameworks* escalados através de seu *slogan*: "LeSS is more" (tradução: menos é mais).

Segundo seus criadores, *Scrum* escalado continua sendo *Scrum*, não havendo necessidade de novos papéis ou estruturas de equipes de integração.

O LeSS também defende um único *Product Owner* no produto, assim como o Nexus, porém:

♦ Não defende criação de equipes de integração, como o Nexus e o SAFe recomendam.

- Não recomenda a utilização da cerimônia *Scrum of Scrums* para alinhamento de dependências entre as equipes, que devem simplesmente conversar ("Just Talk"), sem criar uma cerimônia formal para esse fim.
- Defende o conceito de realizar as cerimônias com representantes das equipes, pois nem sempre será útil ou viável a participação de todos os membros de todas as equipes.

A utilização do LeSS é recomendada para até oito equipes *Scrum*. Em produtos que necessitam de mais de oito equipes é recomendada a utilização do *LeSS Huge*, onde é incluído somente um novo papel: o *Product Owner* de Área. O produto continua tendo um único *Product Owner* responsável por definir épicos voltados para o negócio (muito similar ao CPO) e um *Product Owner* de Área para cada área de conhecimento envolvida no produto. O *Product Owner* de Área deve decompor os épicos voltados para o negócio em histórias do usuário focadas em aspectos operacionais e de usabilidade. Cada *Product Owner* de Área pode fazer parte de até oito equipes *Scrum* relacionadas a uma mesma área de conhecimento.

Neste livro não iremos nos aprofundar nos conceitos dos *frameworks* escalados. Caso você tenha interesse em conhecer um pouco mais, recomendamos a leitura do livro "Agile Scrum Master no Gerenciamento Avançado de Projetos", da editora Brasport, e também os materiais disponíveis nos links a seguir:

- *Nexus* – <https://www.scrum.org/resources/nexus-guide>
- *SAFe* – <www.scaledagileacademy.com>
- *LeSS* – <https://less.works/pt>

9.5. Um *case* de produto escalado fora da TI

Uma grande instituição de área de educação vem utilizando *Scrum* escalado em alguns projetos de sua área de Avaliação Acadêmica, de acordo com a estrutura a seguir:

Papéis

- *Epic Owner* – Representado pelo superintendente da área, que determina os épicos estratégicos que sempre possuem um horizonte semestral para conclusão. Também abre espaço para que os colaboradores de sua equipe sugiram novos épicos em um quadro chamado *Backlog* de Épicos.

- **Chief Product Owner (CPO)** – Responsável por decompor os épicos estratégicos em épicos táticos.
- **Scrum Master Integrado (SMI)** – Facilitador de todo o processo escalado, remove impedimentos fora da alçada das equipes *Scrum* individuais e garante que todas as equipes estão mapeando dependências entre si e riscos.
- **Product Owner** – Responsável por decompor os épicos táticos em histórias do usuário operacionais.
- **Scrum Master** – Facilitador da Equipe *Scrum*.
- **Equipe** – Equipe que define atividades para operacionalizar as histórias do usuário definidas pelo *Product Owner*.

Cerimônias

Planejamento da Sprint

Participam o SMI, o CPO, os *Product Owners*, os *Scrum Masters* e representantes das equipes.

- O CPO apresenta os épicos e os objetivos a serem atendidos na *Sprint*.

♦ Os *Product Owners* e os representantes das equipes identificam dúvidas e impedimentos, sugerem novos PBIs ao CPO, decompõem os épicos em histórias do usuário e as associam visualmente conforme a figura a seguir:

AVALIAÇÃO DE PROFICIÊNCIA

BACKLOG	IMPEDIMENTOS	MELHORIAS	DÚVIDAS	OPERAÇÃO EAD-UNIVERSIDADE A	OPERAÇÃO EAD-UNIVERSIDADE B	OPERAÇÃO PRESENCIAL	CURADORIA	INTELIGÊNCIA ACADÊMICA
ÉPICO 1	XXXX						XXXX	XXXX
ÉPICO 2		XXXX XXXX		XXXX	XXXX			XXXX
ÉPICO 3			XXXX				XXXX	

Daily Scrum

As equipes realizam a cerimônia *Daily Scrum* normalmente.

Sprint

Duração de duas semanas.

Scrum of Scrums

Convencionou-se que a cerimônia *Scrum of Scrums* não deveria ser realizada diariamente e sim duas vezes por semana.

Participam o SMI, o CPO, os *Product Owners*, os *Scrum Masters* e, se necessário, representantes das equipes.

Se houver algum problema de dependência identificado durante a cerimônia, é realizada uma reunião de trabalho com os envolvidos logo ao término da cerimônia.

São realizadas quatro perguntas:

- ◆ O que fizemos para integrar nossos trabalhos definidos na última reunião até a reunião atual?
- ◆ O que faremos para integrar nossos trabalhos até a próxima reunião?
- ◆ Que impedimentos ou dependências temos para integrar nossos trabalhos?
- ◆ Existe algum item de baixa complexidade e esforço que pode ser adiantado para facilitar as dependências?

Revisão integrada da Sprint

Participam o SMI, o CPO, os *Product Owners*, os *Scrum Masters* e representantes das equipes.

A participação do *Epic Owner*, embora opcional, é sugerida pelo menos uma vez por mês.

Retrospectiva da Sprint

Cada Equipe *Scrum* realiza sua retrospectiva individual.

Retrospectiva geral da Sprint

As equipes se reúnem e compartilham o resultado das retrospectivas, gerando um plano de ações de melhoria integrado.

10.
Product Owner e ITIL

ITIL é um *framework* de gerenciamento de serviços de TI estabelecido para entender necessidades dos clientes e contém cinco elementos-chave:

- **Estratégia de serviços** – Tem o objetivo de preparar as organizações para transformar os serviços de TI em alvos estratégicos para o negócio. Pode ser um *business case* associado ao serviço solicitado.
- **Design/desenho de serviços** – Tem o objetivo de projetar novos serviços ou alterações aos serviços já existentes, atendendo aos objetivos de negócio, requisitos de qualidade e conformidade com legislações, riscos e segurança.
- **Transição de serviços** – Tem o objetivo de garantir um novo serviço ou alteração de um serviço existente aos requisitos do negócio.
- **Operação de serviços** – Tem o objetivo de coordenar atividades e processos para entrega dos serviços ao cliente nos níveis acordados.
- **Melhoria contínua de serviços** – Tem o objetivo de rever e avaliar oportunidades de melhoria em todas as fases do ciclo de vida do serviço.

Exemplificando de maneira bem simples o fluxo de solicitação de um novo serviço:

- Cliente solicita um novo serviço.
- O novo serviço é avaliado perante a **estratégia de serviços** e um *business case* é elaborado.
- O *Service Owner* (dono do serviço) passa a ser responsável por:

- Representar o serviço na organização.
- Conhecer o serviço e seus componentes.
- Traduzir os requisitos do cliente em requisitos técnicos e não funcionais do serviço.
- Definir os acordos de níveis de serviço (SLAs) internos e com possíveis fornecedores.
- Prestar contas sobre a entrega do serviço.
- Identificar e realizar melhorias no serviço.

♦ O novo serviço é desenhado na etapa **design de serviços**, mantendo aderência com o *business case* elaborado.
♦ O novo serviço é construído e ativado através da etapa **transição de serviços**.
♦ O novo serviço é monitorado e mantido pela **operação de serviços**.
♦ O novo serviço é medido e recebe *feedbacks* que geram insumos para a **melhoria contínua do serviço**.

Na figura a seguir, podemos visualizar o fluxo de solicitação de um novo serviço já enquadrado dentro do *framework Scrum*:

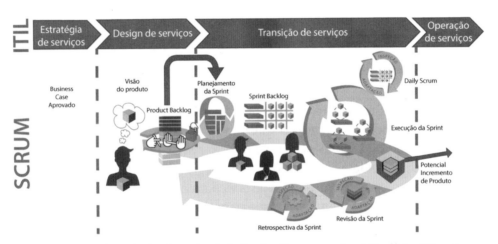

Traduzido e adaptado de Disruptive Agile Service Management – <http://blog.itil.org>

Podemos criar a seguinte tabela de referência conectando as etapas de criação de um novo serviço com as atribuições de um *Product Owner*:

ITIL	Scrum
Cliente solicita novo serviço	*Product Owner* recebe a solicitação de um novo serviço
Business case deve ser elaborado	*Product Owner* ou *Business Owner* elabora *business case*
	Product Owner cria a visão, o *roadmap* e o MVP do serviço conectados à estratégia de serviços
Service Owner é nomeado	O *Product Owner* assume o papel do *Service Owner*
Novo serviço é desenhado no design de serviços	*Product Owner* cria o *Backlog* do Produto contendo requisitos funcionais e não funcionais (capacidade, disponibilidade, continuidade e segurança) do serviço
	Product Owner define o planejamento das versões de entrega/*releases* do serviço
Novo serviço é construído e ativado na transição de serviços	*Product Owner* prioriza os PBIs do serviço que serão desenvolvidos através do ciclo de *Sprints* seguindo todas as cerimônias (planejamento, *daily*, revisão e retrospectiva)
Novo serviço é monitorado e mantido pela operação de serviços	Ao final de cada versão de entrega/*release* do serviço o *Product Owner* deverá compartilhar todas as informações da visão, *roadmap* e *Backlog* do Produto do serviço com o gerente de operações, que assumirá o monitoramento e a manutenção do serviço
Melhoria contínua do serviço	A ser avaliado ao final de cada *Sprint* através das cerimônias de revisão e retrospectiva

A entrega do serviço de forma incremental e iterativa fornece ao cliente final do serviço rápida percepção de valor, diminuindo o tempo de espera para a entrega do serviço final.

11.
A Certificação *EXIN Agile Scrum Product Owner*

A certificação *EXIN Agile Scrum Product Owner* é mais um passo da EXIN para consolidar o seu portfólio de certificações em *Scrum* e *Agile*.

Trata-se de uma certificação de nível intermediário para avançado que parte da premissa de que o candidato já possui certa experiência prática na aplicação de *Scrum* e *Agile* em sua vida profissional, principalmente no planejamento e na gestão de produtos.

Enquanto a certificação *EXIN Agile Scrum Foundation* (nível básico) testa conhecimentos conceituais sobre papéis, cerimônias e artefatos de *Scrum* e *Agile*, a certificação *EXIN Agile Product Owner* irá testá-lo através de questões situacionais focadas nos papéis, nas características e nas responsabilidades do *Product Owner*. Você deverá saber utilizar os conceitos na prática, em situações que você com certeza já viveu ou ainda viverá em sua jornada profissional.

Alguns detalhes importantes sobre a certificação:

- Recomenda-se ter a certificação *EXIN Agile Scrum Foundation*, mas não é obrigatório.
- Obrigatório fazer curso preparatório em um *Accredited Training Provider* da EXIN.
- Duração do exame: 90 minutos.
- Quantidade de questões: 40.
- Tipo de questões: múltipla escolha com apenas uma alternativa correta.

- Percentual de aprovação: 65% (26 questões).
- Local do exame: centro de exames ou *on-line* (*EXIN Anywhere*).
- Consulta não permitida.
- Não permitido o uso de aparelhos eletrônicos.
- Idioma: português.

Realmente esperamos que este livro, além de prover alguns *insights* para os seus desafios na implantação de *Scrum* em sua organização, incentive você a dar seu próximo passo em sua jornada profissional e ajude a torná-lo um certificado em gestão ágil de produtos em *Scrum*, através da certificação *EXIN Agile Scrum Product Owner*.

Saiba mais sobre esta certificação e outras da família de certificações *EXIN Agile Scrum* em:

<https://www.exin.com/NL/en/certifications/&fw=exin-agile-scrum>

12. Simulado

Se, além de utilizar este livro para o seu dia a dia de gestão ágil de produtos, você quiser obter a certificação *EXIN Agile Scrum Product Owner*, temos aqui um simulado para você. Sua meta deve ser acertar, no mínimo, 24 questões.

12.1. Perguntas

1. Paula trabalha como *Product Owner* de uma organização de inovação. Uma vez que ela não pode prever o futuro, ela deve traçar uma visão que atenda às principais necessidades do cliente. Qual nome podemos dar a essa visão?

A. Produto de alta qualidade.
B. Produto mínimo viável.
C. Produto mínimo.
D. Produto ganhador.

2. Ricardo é o *Product Owner* de um sistema integrado de vendas e está em um dilema sobre qual funcionalidade selecionar para o produto. Depois de algum tempo, ele decide pela funcionalidade mais simples de ser desenvolvida. Por qual razão Ricardo tomou esta decisão?

A. Por seguir o princípio de fazer o necessário somente.
B. Por seguir o princípio de fazer somente na hora (*Just In Time*).
C. Por seguir o princípio do último momento responsável.
D. Por seguir o princípio da parcimônia (*Navalha de Ockham*).

3. João é o *Product Owner* de um site de venda de jogos eletrônicos que está sendo desenvolvido. Sua gerência solicita que ele apresente um *roadmap* do produto para garantir que a estratégia que está sendo seguida é a correta. João pretende apresentar um *roadmap* do produto com um horizonte de tempo realista e factível. Qual seria este horizonte de tempo?

A. De 6 a 12 anos.
B. De 6 a 12 meses.
C. De 2 a 3 anos.
D. De 3 a 4 anos.

4. Suzana era a *Product Owner* de um produto de gerenciamento de relacionamento com clientes. Cinco clientes do produto solicitaram funcionalidades individuais que foram incorporadas ao produto e sem aparente relação entre elas. Marco assumiu o papel de *Product Owner* deste produto e deparou com um problema chamado "sopa de funcionalidades". O que pode ter acontecido para esse problema existir?

A. Excesso de análise do produto.
B. Produto muito grande planejado.
C. Falta de visão do produto.
D. Visão profética do produto.

5. Frederico é o *Product Owner* de um produto de plataforma de viagens *on-line*. Ele identificou que os clientes da plataforma deverão estar aptos a reservar voos, hotéis e aluguéis de veículos em um único momento. Frederico inicialmente irá escrever um épico para descrever essa necessidade da plataforma. Qual das opções a seguir representa um épico?

A. Como viajante de negócios, eu gostaria de selecionar os hotéis disponíveis para realizar a minha reserva.
B. Como viajante, eu gostaria de organizar toda a minha viagem em um único momento por questões de praticidade.
C. Como viajante casual, eu gostaria de escolher a data do meu voo para poder programar minhas férias adequadamente.
D. Como plataforma, eu preciso estar apta a reservar voos, hotéis e aluguéis de veículos em um mesmo momento para atender à necessidade dos clientes.

6. Considerando a resposta do exercício anterior, qual das opções a seguir não é uma boa escolha para decomposição do épico em histórias de usuário menores?

A. Como viajante de negócios, eu gostaria de selecionar os hotéis disponíveis para realizar a minha reserva.
B. Como viajante casual, eu gostaria de escolher a data do meu voo para poder programar minhas férias adequadamente.
C. Como viajante casual, eu gostaria de escolher um modelo de veículo de quatro portas para que eu possa acomodar toda a minha família e passear pela cidade.
D. Como viajante de negócios, eu gostaria de reservar voos para poder realizar reuniões de negócios fora da minha cidade.

7. Laura é uma *Product Owner* em formação. Ela selecionou a seguinte história do usuário: "como viajante, eu preciso estar apta a reservar voos, hotéis e aluguéis de veículos em um mesmo momento por questões de praticidade". Renan, seu mentor e *Product Owner* mais experiente, deve fornecer qual das opções a seguir como *feedback*?

A. A história do usuário está escrita adequadamente.
B. A história do usuário deve ser quebrada por ações/operações.
C. A história do usuário deve ser quebrada por tipo de viajante.
D. A história do usuário não possui requisitos não funcionais.

8. Vitor é o *Product Owner* do novo site de venda de livros da editora Brasport. Um dos principais requisitos funcionais do site é permitir a consulta aos livros disponíveis para venda. Porém, existe um requisito não funcional muito importante que deve ser atendido: a consulta não pode demorar mais que cinco segundos, pois isso pode gerar insatisfação ao potencial comprador do site. Qual a forma mais eficaz para criar uma história de usuário considerando o requisito funcional e a restrição gerada pelo requisito não funcional?

A. Considerar a restrição de cinco segundos na definição de pronto.
B. Criar a história de usuário "Como visitante do site, quero pesquisar os livros do catálogo da Brasport", colocá-la no *Backlog* do Produto e criar uma coluna Restrição.
C. Criar a história de usuário "Como visitante do site, quero pesquisar os livros do catálogo da Brasport", colocá-la no *Backlog* do Produto e discutir a restrição no planejamento da *Sprint*.
D. Criar a história de usuário "Como visitante do site, quero pesquisar os livros do catálogo da Brasport para obter retorno da pesquisa em até cinco segundos", colocando a restrição dentro da própria história de usuário.

9. Vidal é o *Product Owner* de um aplicativo de celular que solicita comidas e lanches *delivery*. O principal requisito não funcional é que toda e qualquer transação do aplicativo não demore mais que dez segundos. Qual a melhor forma de explicitar este requisito?

A. No *Backlog* do Produto, como critério de aceitação de cada transação.

B. Na definição de pronto, uma vez que abrange todas as transações.
C. No *Backlog* do Produto, como parte final da história do usuário.
D. Na definição de pronto de cada história do usuário.

10. Qual das opções a seguir é a uma boa prática para o *Product Owner* conduzir uma sessão de refinamento do *Backlog* do Produto?

A. Detalhar os itens mais prioritários do *Backlog* do Produto para a cerimônia de planejamento da próxima *Sprint* e determinar as tarefas necessárias.
B. Detalhar todos os itens restantes do *Backlog* do Produto para a cerimônia de planejamento da próxima *Sprint* e determinar as tarefas necessárias.
B. Detalhar todos os itens restantes do *Backlog* do Produto para a cerimônia de planejamento da próxima *Sprint*.
A. Detalhar os itens mais prioritários do *Backlog* do Produto para a cerimônia de planejamento da próxima *Sprint*.

11. Qual das opções a seguir reflete duas situações que devem ser evitadas tanto pelo *Product Owner* quanto pelo restante da Equipe *Scrum*?

A. Trabalhar em ritmo desafiador e realizar revisão de *Sprint* que não atenda à definição de pronto.
B. Trabalhar em ritmo desafiador e repriorizar o *Backlog* do Produto.
C. Trabalhar em ritmo insustentável e repriorizar o *Backlog* do Produto.
D. Trabalhar em ritmo insustentável e usar *Daily Scrum* como reunião de *status report*.

12. Um grande e complexo produto da organização XPTO está sendo construído por dez equipes, sendo que cada equipe é responsável por um conjunto determinado de funcionalidades. A XPTO está avaliando maneiras de melhorar a colaboração e o trabalho entre estas dez equipes, visando atingir dois objetivos-chave:

- ♦ Possibilitar que os dez times apresentem seus trabalhos integrados para clientes e outras partes interessadas.
- ♦ Possibilitar que os dez times identifiquem ações comuns de melhoria, compartilhem suas experiências e interajam uns com os outros.

Qual abordagem pode contribuir para que esses dois objetivos sejam atingidos?

A. Revisão conjunta da *Sprint*.
B. Revisão conjunta da *Sprint* e planejamento conjunto da *Sprint*.
C. Revisão conjunta da *Sprint* e retrospectiva conjunta da *Sprint*.
D. Retrospectiva conjunta da *Sprint* e planejamento conjunto da *Sprint*.

13. Juliana é uma *Product Owner* que foi convocada para uma cerimônia de retrospectiva da *Sprint* do produto que ela está gerenciando, porém ela está relutante em participar. Qual a recomendação que você deve dar a ela?

A. Só participar se o *Scrum Master* e a equipe fizerem questão, afinal de contas a participação do *Product Owner* é opcional.
B. Ela deve participar, pois é a oportunidade que toda a Equipe *Scrum* tem de avaliar o desempenho e identificar melhorias.
C. Ela não deve participar, pois é a oportunidade que o time de desenvolvimento tem de avaliar o desempenho e identificar melhorias.
D. Ela deve participar, pois é o momento de inspecionar o potencial incremento de produto da *Sprint*.

14. Qual é a importância do *Product Owner* para estabelecer uma definição de pronto?

A. Nenhuma importância, pois esta é uma responsabilidade soberana do time de desenvolvimento.
B. Total importância, pois esta é uma responsabilidade soberana do *Product Owner*.
C. Total importância, uma vez que a definição de pronto deve ser acordada entre todos os membros da Equipe *Scrum*.
D. Nenhuma importância, pois esta é uma responsabilidade soberana do *Scrum Master*.

15. Vitor é *Product Owner* e cliente final de seu produto de software de gestão ágil de produtos, logo possui uma autonomia grande sobre as decisões tomadas sobre o produto. O mesmo não acontece com Cintia, que também é *Product Owner* e tem que representar os interesses, muitas vezes conflitantes, de diversas áreas e clientes. Qual das opções a seguir melhor endereça o relacionamento que Cintia deve ter com essas partes interessadas?

A. Ela deve obter um formulário de aprovação assinado por todas as partes interessadas ao final de cada *Sprint* para garantir ciência de todos.
B. Ela deve tomar suas próprias decisões e envolver minimamente as áreas e clientes.
C. Ela deve solicitar que essas áreas e clientes escrevam histórias do usuário que serão documentadas no *Backlog* do Produto.
D. Ela deve ativamente entender as necessidades e expectativas dessas áreas e clientes e deve documentá-las no *Backlog* do Produto.

16. Qual das opções a seguir melhor descreve como deve ser o relacionamento entre o *Product Owner* e o time de desenvolvimento?

A. Eles devem interagir somente no planejamento e na revisão da *Sprint*.
B. Relacionamento de silos: silo de negócio (*Product Owner*) e silo técnico (time de desenvolvimento)
C. O *Product Owner* deve participar em tempo integral com o time de desenvolvimento para entender a tecnologia utilizada.
D. Eles devem colaborar frequentemente visando tomar decisões que levem em consideração o valor de negócio e o esforço de construção.

17. Fernando é o *Product Owner* de uma campanha de marketing de um novo aparelho celular. Ao chegar para a cerimônia de planejamento da *Sprint*, Fernando apresenta um conjunto de PBIs já estimados de acordo com sua visão de esforço e valor. Qual das opções a seguir melhor reflete qual o próximo passo a ser seguido?

A. O time de desenvolvimento deve definir as tarefas necessárias para os PBIs selecionados e estimados pelo *Product Owner*.
B. O *Product Owner* deve consultar o *Scrum Master* para validar a sua percepção de esforço.
C. O time de desenvolvimento deve argumentar que é responsável por fornecer estimativas de esforço e o *Product Owner* pela priorização de valor.
D. O *Product Owner* deve consultar o time de desenvolvimento para validar a sua percepção de esforço.

18. Garcia é o *Product Owner* de um novo modelo de avaliação acadêmica e já está planejando o *Backlog* do Produto há seis meses. Leandro, o *Scrum Master* escalado para este produto, argumenta que o time de desenvolvimento já poderia estar trabalhando há muito tempo neste produto. Garcia alega que um projeto *Scrum* não pode começar sem um *Backlog* do Produto completo e estritamente detalhado. Qual sua posição para a abordagem de gestão desse *Backlog* do Produto?

A. Inadequada, pois o *Backlog* do Produto deve ser dinâmico e gerado a partir de uma visão.
B. Adequada, pois o planejamento de um *Backlog* do Produto só pode ser finalizado após uma extensa análise do produto.
C. Inadequada, pois um projeto *Scrum* pode começar somente com uma visão e um *roadmap* de produto identificados.
D. Adequada, pois o *Product Owner* é quem determina a duração necessária para a elaboração de um *Backlog* do Produto.

19. Fábio é um *Product Owner* que está participando da primeira cerimônia de planejamento da *Sprint* e demonstra certa preocupação com relação à definição de pronto acordada. A preocupação de Fábio é pertinente? Por qual motivo?

A. Não, pois o trabalho não feito (*undone*) pode ser tratado nas *Sprints* futuras.
B. Sim, pois a definição de pronto ajuda o *Product Owner* a rastrear trabalho em aberto no decorrer das *Sprints*.
C. Não, pois a definição de pronto é responsabilidade somente do time de desenvolvimento.
D. Sim, pois a definição de pronto ajuda no pilar da transparência e garante que o incremento de produto seja potencialmente lançável.

20. Analise as sentenças a seguir:

1. **O *Product Owner*** deve trazer os reais clientes e partes interessadas do produto para a cerimônia de revisão da *Sprint*, receber o *feedback* deles sobre a entrega realizada e identificar a atual percepção deles sobre o mercado/negócio.
2. **O *Product Owner*** deve participar da *Daily Scrum* para avaliar o desempenho da equipe e replanejar a *Sprint*, caso necessário.
3. **O *Product Owner*** valida o *Backlog* da *Sprint* gerado pelo time de desenvolvimento ao final do planejamento da *Sprint*.
4. **Ao final da revisão da *Sprint*,** o *Product Owner* compartilha o *Backlog* do Produto atualizado com todos os participantes.

Quais sentenças são verdadeiras e refletem os pilares da transparência e inspeção?

A. 1, 2, 3 e 4.
B. 1 e 4.

C. 1 e 3.
D. 1, 2 e 3.

21. Angela está elaborando seu *Backlog* do Produto para um produto de um site de música *streaming* e está em dúvida com relação a qual critério utilizar para ordená-lo. Qual recomendação você daria a ela?

A. Deixar que o time de desenvolvimento ordene durante o desenvolvimento das *Sprints*.
B. Ordenar primeiramente por esforço e depois por valor.
C. Ordenar de acordo com o padrão de mercado de produtos de site de música *streaming*.
D. Ordenar da forma que Angela achar mais apropriada para atingir os objetivos do produto e otimizar o valor percebido.

22. Em um treinamento para formação *EXIN Agile Scrum Product Owner*, um aluno pergunta: "como *Product Owner*, o que devo levar em consideração para saber se estou gerenciando adequadamente o produto?". O que você deve responder?

A. A ordenação do *Backlog* do Produto e a validação das premissas de valor através de versões de entregas/*releases* frequentes.
B. Os cálculos efetuados para identificar o ROI desejado e o valor de negócio entregue ao produto.
C. As *story points* atribuídas aos PBIs através do *Planning Poker* e as horas estimadas no *Sprint Backlog*.
D. O cumprimento dos prazos e orçamentos estabelecidos.

23. Shirlei é a *Product Owner* de um novo produto de arquitetura de design e está pretendendo monitorar o progresso das *Sprints* através de alguma técnica. Qual técnica ela deve utilizar?

A. Mandatoriamente o gráfico *Release Burndown*.
B. Gráfico *Value Burndown*.
C. Gráfico de *Gantt*.
D. Qualquer técnica de projeção de tendências baseada em trabalho feito (*done*) e trabalho restante.

24. Cláudio é o *Product Owner* de uma Equipe *Scrum* que vai começar sua quinta *Sprint*. Ele informa que não irá participar da cerimônia de planejamento, pois está atarefado com outras atividades. Qual a recomendação que ele deve passar para o restante da Equipe *Scrum* conduzir a cerimônia?

A. Para que a equipe tome as melhores decisões para a meta da *Sprint* e depois alinhe com ele.
B. Ele deve nomear alguém para substituí-lo, pois a participação do *Product Owner* na cerimônia de planejamento é mandatória.
C. Nenhuma recomendação, pois o *Scrum Master* deve assumir a responsabilidade da cerimônia nessa situação.
D. Parar a *Sprint* até que ele esteja disponível para participar da cerimônia.

25. Júlio está atualizando o *Backlog* do Produto durante a execução da oitava *Sprint* de estruturação da área de *facilities*. Zeca, o *Scrum Master* da equipe, alerta Júlio informando que o *Backlog* do Produto só deve ser atualizado na cerimônia de revisão da *Sprint*. O que Júlio deve fazer?

A. Informar que o *Backlog* do Produto é um artefato emergente e que pode ser atualizado a qualquer momento pelo *Product Owner*.
B. Criar um comitê de controle de mudanças quando o *Backlog* do Produto for atualizado durante a *Sprint*.
C. Argumentar que o *Backlog* do Produto só pode ser atualizado durante a cerimônia de refinamento do *Backlog* do Produto.
D. Acatar o *feedback* de Zeca e atualizar o *Backlog* do Produto somente na cerimônia de revisão da *Sprint*.

26. Qual das opções a seguir pode ser considerada a responsabilidade mais importante de um *Product Owner*?

A. Escrever histórias do usuário que refletem o ponto de vista das partes interessadas.
B. Criar e manter um *Backlog* do Produto que maximiza valor e representa as necessidades das partes interessadas.
C. Determinar uma meta clara para a *Sprint* em cada cerimônia de planejamento.
D. Refinar os itens mais prioritários do *Backlog* do Produto constantemente para garantir o valor de negócio do produto.

27. No planejamento da oitava *Sprint* quinzenal de um produto, o time de desenvolvimento se comprometeu com a entrega de oito histórias do usuário, totalizando uma entrega de 50 *story points*. No sexto dia da *Sprint*, a equipe identificou que não conseguirá entregar todas as histórias do usuário combinadas e notificou o *Product Owner*. Que ação deve ser tomada pelo *Product Owner*?

A. Cancelar a *Sprint*.
B. Replanejar os PBIs selecionados visando atingir a meta da *Sprint*.
C. Alterar a meta da *Sprint*.
D. Solicitar a contratação de mais pessoas para atender à meta da *Sprint*.

28. Qual das opções a seguir representa a dinâmica mais adequada para a realização de uma cerimônia de planejamento conjunto de *Sprint*?

A. Cada Equipe *Scrum* deve apresentar a sua meta da *Sprint* para a geração da meta unificada da *Sprint*.
B. Cada Equipe *Scrum* deve criar a sua meta da *Sprint*, que deverá ser integrada e revisada na cerimônia de revisão conjunta da *Sprint*.
C. Não há necessidade desta cerimônia. Cada Equipe *Scrum* se auto-organiza para o cumprimento de uma meta em comum.
D. O CPO define uma meta da *Sprint* e cada Equipe *Scrum* cria seu *Sprint Backlog* com as suas tarefas necessárias para atingir a meta.

29. Renato é um gerente de projetos de uma organização que está migrando para o uso de *Scrum* em seus projetos. Ele foi nomeado como um dos *Product Owners* da organização. Qual o seu ponto de vista sobre esta situação?

A. A abordagem está correta, pois as responsabilidades de um gerente de projetos são absorvidas pelas responsabilidades de um *Product Owner*.
B. A abordagem está correta, pois um *Product Owner* deve gerenciar as necessidades e expectativas das partes interessadas do projeto.
C. Deve ser levado em consideração se Renato possui as habilidades para planejar produtos, orientando seu pensamento em valor de negócio, entregas incrementais e MVP.
D. Deve ser levado em consideração se Renato sabe criar a fórmula e critérios para identificar o ROI dos produtos.

30. Eduardo é um *Product Owner* que está analisando um gráfico de *Release Burnup* que possui três linhas: esforço concluído, esforço total e esforço previsto por *Sprint*. Ele percebeu que:

- ♦ **A linha de esforço total subiu no gráfico.**
- ♦ **A linha de esforço concluído está abaixo da linha de esforço previsto.**

Qual a interpretação que Eduardo deve ter sobre o gráfico?

A. Que a versão de entrega/*release* do produto teve aumento de escopo e está com um potencial atraso.
B. Que a versão de entrega/*release* do produto teve aumento de escopo e está potencialmente adiantada.
C. Que a versão de entrega/*release* do produto teve diminuição de escopo e está com um potencial atraso.
D. Que a versão de entrega/*release* do produto teve diminuição de escopo e está potencialmente adiantada.

12.2. Respostas

1. B

A principal meta do MVP é conseguir atingir os principais objetivos de negócio e/ou do cliente com um conjunto mínimo de funcionalidades, evitando prever o futuro e permitindo inspeções e adaptações tanto na visão quanto no produto.

2. D

Utilizar o princípio da parcimônia (também conhecido Navalha de Ockham) é fundamental para a escolha das funcionalidades estritamente necessárias para o produto.

3. B

Projetar o *roadmap* com uma visão de curto/médio prazo (entre 6 a 12 meses) costuma ser uma boa prática, pois permite ajustes, mudanças, repriorizações e também mantém as expectativas das partes interessadas em um nível mais realista, mais pé no chão, sem grandes sonhos e devaneios pairando no ar.

4. C

Geralmente produtos que iniciam sem visão contemplam funcionalidades totalmente desconexas, geradas através daquela famosa solicitação: "já que vocês estão mexendo nisso, dá para colocar mais essa funcionalidade?". Sem uma visão e um objetivo definidos, fica difícil o *Product Owner* filtrar se a funcionalidade requerida é realmente necessária. Logo, corremos o risco de ter um produto com uma "sopa de funcionalidades" (DEMARCO, 2008), sendo que algumas delas muitas vezes são totalmente desnecessárias.

5. B

O épico é o processo de "organizar toda a minha viagem" que será decomposto em ações como reserva de voos, reserva de hotéis e aluguel de veículos.

6. D

O processo "reservar voos" pode ser decomposto em ações como "escolher data de partida", "escolher data de retorno", "escolher aeroporto de origem", "escolher aeroporto de destino". Embora seja uma decomposição do épico "organizar toda a minha viagem", essa história do usuário ainda possui características de épico.

7. B

A história do usuário original pode ser quebrada por ação, conforme descrito a seguir:
- "Como viajante, preciso estar apta a reservar voos".
- "Como viajante, preciso estar apta a reservar hotéis".
- "Como viajante, preciso estar apta a realizar aluguel de veículos".

8. D

Quando o requisito não funcional for específico de uma determinada funcionalidade e também uma restrição, pode ser utilizado como restrição da história do usuário que expressa o requisito funcional.

9. B

Quando o requisito não funcional englobar todo o produto, a restrição deve fazer parte da definição de pronto (*done*).

10. D

Uma das tarefas frequentes do *Product Owner* é reservar um tempo durante a *Sprint* para reavaliar e refinar o *Backlog* do Produto, buscando avaliar um horizonte de duas a três *Sprints* à frente. O refinamento do *Backlog* do Produto evita que:
- O *Product Owner* planeje sempre a curto prazo somente com a visão da *Sprint* e gere uma das maiores falácias do *Scrum*, a de que "projeto *Scrum* não tem prazo para acabar ou tem escopo aberto".
- O *Backlog* do Produto não esteja aderente às condições atuais do mercado/negócio/satisfação dos clientes.

11. D

Trabalhar em ritmo insustentável pode comprometer a qualidade da entrega da *Sprint*, além de provocar desgaste físico e emocional no time de desenvolvimento, gerando desmotivação e falta de engajamento. Além disso, a participação do *Product Owner* na cerimônia *Daily Scrum* é opcional. Quando ele participa, deve ser como ouvinte, sem ferir a dinâmica de auto-organização existente na cerimônia.

12. C

A revisão conjunta da *Sprint* visa demonstrar o incremento de produto gerado pelo trabalho integrado das equipes. A retrospectiva conjunta da *Sprint* visa buscar ações de melhoria contínua dentro de cada equipe e também no relacionamento entre todas as equipes.

13. B

A participação do *Product Owner* na cerimônia de retrospectiva da *Sprint* é crucial para:
- Trazer os pontos positivos da *Sprint* em sua visão referentes ao processo de trabalho, ao relacionamento entre as pessoas e à qualidade do produto entregue.
- Trazer os pontos de melhoria em sua visão referentes ao processo de trabalho, ao relacionamento entre as pessoas e à qualidade do produto entregue.
- Listar as ações sugeridas para resolver os pontos de melhoria apontados.
- Contribuir com a identificação de outras ações de melhorias para itens apontados por outros membros da Equipe *Scrum*.
- Contribuir para que toda a Equipe *Scrum* finalize a retrospectiva com um plano de ação SMART de melhorias consolidadas para serem incorporadas nas *Sprints* seguintes.

14. C

Com uma definição de pronto sólida e bem acordada, temos o pilar da transparência sendo atendido. Além do mais, todas as métricas da versão de entrega/*release* serão baseadas na definição de pronto acordada entre toda a Equipe *Scrum*.

15. D

O *Product Owner* é responsável por capturar necessidades e expectativas do cliente e das partes interessadas envolvidos no produto, identificar os requisitos que realmente trarão valor ao produto e descartar os requisitos desnecessários ou irrelevantes para o produto. Esse tipo de *Product Owner* também é chamado de "funil", pois tem como desafio filtrar os desejos das partes interessadas, retendo somente o que entregará real valor ao produto.

16. D

O *Product Owner* deve definir o que fazer e o time de desenvolvimento deve definir como fazer, logo as duas partes precisam equilibrar as decisões, sempre levando em consideração "o que" e "como".

17. C

O time de desenvolvimento é responsável pelas estimativas de esforço, justamente para verificar o quanto de trabalho pode ser assumido dentro de sua capacidade produtiva em uma *Sprint*. O *Product Owner* não deve induzir ou ferir a auto-organização da equipe trazendo os itens já estimados por ele próprio.

18. A

Possivelmente o *Product Owner* está trabalhando com uma visão profética ou com excesso de funcionalidades, uma vez que está elaborando o *Backlog* do Produto há seis meses. Além disso, um bom *Backlog* do Produto deve possuir o nível de granularidade correto e não necessariamente ser estritamente detalhado.

19. D

A definição de pronto é um acordo de toda a Equipe *Scrum* e gera a segurança de que o incremento de produto seja potencialmente lançável, com risco mínimo de *bugs*, defeitos ou retrabalhos gerados por conta de trabalhos não feitos (*undone*).

20. B

O *Product Owner* pode sempre envolver partes interessadas na cerimônia de revisão da *Sprint* para obter *feedback* e fazer as devidas atualizações no *Backlog* do Produto, mas não deve interferir em questões de responsabilidade do time de desenvolvimento auto-organizado, como o *Sprint Backlog* e a condução da *Daily Scrum*.

21. D

O *Product Owner* deve garantir o retorno de cada requisito do *Backlog* do Produto, seja de forma quantitativa (através da identificação do ROI) ou de forma qualitativa (justificando o valor de negócio associado àquele PBI). A priorização deve ser realizada visando garantir esse retorno.

22. A

O *Product Owner* deve garantir um *Backlog* do Produto devidamente ordenado e planejado para ser entregue através de versões de entrega/*releases* frequentes.

23. D

Embora o gráfico *Release Burndown* seja uma boa alternativa para monitorar o progresso de *Sprints*, sua geração não é mandatória, podendo ser utilizados gráficos como *Release Burnup*, ou qualquer outro tipo de formato que considere trabalho planejado e trabalho realizado (*done*).

24. B

O *Product Owner* deve ter inteira disponibilidade para participar da cerimônia de planejamento da *Sprint*, uma vez que sua responsabilidade é definir uma meta factível com o time de desenvolvimento. Se Cláudio não consegue ter disponibilidade para as atividades de responsabilidade do *Product Owner*, outra pessoa deve ser nomeada para o papel.

25. A

O *Backlog* do Produto pode ser atualizado a qualquer momento pelo *Product Owner*.

26. B

Pergunta difícil, pois todas as alternativas são responsabilidades do *Product Owner*, mas a principal responsabilidade é gerenciar o produto de tal forma que garanta a entrega de valor e o atendimento de necessidades das partes interessadas.

27. B

A meta da *Sprint* deve ser fixa, logo o plano de contingência inicial do *Product Owner* deve ser replanejar os PBIs. Somente em casos extremos deve-se cancelar a *Sprint* ou alterar sua meta.

28. D

A entrada de um planejamento de *Sprint* de um produto escalado é a meta definida pelo CPO, que fará a decomposição em metas e tarefas para cada Equipe *Scrum*.

29. C

Antes de qualquer "de-para" de papéis e funções, é necessário saber se Renato possui as habilidades para assumir o papel de *Product Owner*, ou seja, habilidade para planejar produtos, orientando seu pensamento para valor de negócio, entregas incrementais e MVP.

30. A

A linha de esforço total corresponde à linha de base do produto. Se houve um acréscimo, houve um aumento de escopo ou revisão de estimativa. Se a linha de esforço concluído estiver abaixo da linha de esforço previsto, isso significa que menos esforço que o previsto foi concluído, logo o gráfico sinaliza um potencial atraso.

Epílogo

Olá, querido leitor!

Parabéns se você chegou até aqui! Realmente trata-se de uma obra extensa, mas nós acreditamos que com este livro você passará a ter uma "receita de bolo" mais sólida e consistente para gerenciar seus produtos pensando em toda a sua cadeia de valor.

Coloque em prática, experimente e faça as adaptações que forem necessárias para o seu contexto de negócio, não encare nossa "receita de bolo" como uma "bala de prata".

Use os pilares de transparência, inspeção e adaptação e, quem sabe, você não cria o seu próprio *framework* de gestão de produtos ou mesmo nos ajuda a melhorar o *Agile Think® Business Framework*? Não deixe de dar seu *feedback*, pois ele é muito, mas muito, importante para nós. Logo, não hesite em nos contatar através dos canais a seguir:

Vitor Massari

Homepage – <www.hiflex.com.br>
Twitter – @AgileCoachSP
Facebook – <www.facebook.com.br/AgileCoachVitorMassari>
LinkedIn – <www.linkedin.com/in/vitormassari>

André Vidal

Homepage – <www.agilethink.com.br>
Twitter – @AndreVidhal
Facebook – <www.facebook.com/AndreVidhal>
LinkedIn – <www.linkedin.com/in/andrevidhal/>

Um forte e fraterno abraço e até uma próxima jornada!

Referências Bibliográficas

CAROLI, P. **Direto ao Ponto:** criando produtos de forma enxuta. São Paulo: Casa do Código, 2015. 148p.

CAROLI.ORG. Site. Disponível em: <http://www.caroli.org/pt/>. Acesso em: 06 nov. 2017.

COCKBURN, A. **Crystal Clear:** a human-powered methodology for small teams. Upper Saddle River, NJ: Pearson Education, 2004. 336p.

DOCPLAYER. **Agile and ITIL and How They Integrate.** Disponível em: <http://docplayer.net/38103099-Agile-and-itil-and-how-they-integrate-enterprise-bcs-org.html>. Acesso em: 30 jan. 2018.

AGILE BUSINESS CONSORTIUM. Site. Disponível em: <https://www.agilebusiness.org/>. Acesso em: 07 nov. 2017.

EXIN. Site. Disponível em: <https://www.exin.com/en>. Acesso em: 07 nov. 2017.

HUMBLE, J.; FARLEY, D. **Entrega Contínua:** como entregar software de forma rápida e confiável. São Paulo: Bookman, 2013. 496p.

LESS. Site. Disponível em: <https://less.works/>. Acesso em: 07 nov. 2017.

LICHTENBERGER, A. Integrating Agile and ITSM. **Blog Disruptive Agile Service Management**, July 04, 2014. Disponível em: <http://blog.itil.org/2014/07/allgemein/integrating-agile-and-itsm/>. Acesso em: 06 nov. 2017.

MANIFESTO ÁGIL. Disponível em: <http://agilemanifesto.org/iso/ptbr/manifesto.html>. Acesso em: 07 nov. 2017.

MASSARI, V. **Agile Scrum Master no Gerenciamento Avançado de Projetos:** base para certificação EXIN Agile Scrum Master. Rio de Janeiro: Brasport, 2016. 312p.

MASSARI, V. **Gerenciamento Ágil de Projetos**. Rio de Janeiro: Brasport, 2014. 256p.

MASSARI, V. Projetos – O que é mais importante: atingir o escopo ou cumprir prazo? **Profissionais de TI**, 21 jan. 2014. Disponível em: <https://www.profissionaisti.com.br/2014/01/projetos-o-que-e-mais-importante-atingir-o-escopo-ou-cumprir-prazo/>. Acesso em: 07 nov. 2017.

PICHLER, R. **Gestão de Produtos com Scrum:** implementando métodos ágeis na criação e desenvolvimento de produtos. Rio de Janeiro: Elsevier, 2011. 152p.

PICHLER, R. **Strategize:** product strategy and product roadmap practices for the digital age. Pichler Consulting, 2016.

ROMAN PICHLER. Site. Disponível em: <http://www.romanpichler.com>. Acesso em: 07 nov. 2017.

SCALED AGILE ACADEMY. Site. Disponível em <www.scaledagileacademy.com>. Acesso em: 02 jan. 2018.

SCHWARTZ, M. **The Art of Business Value.** Portand, Oregon: IT Revolution, 2016. 160p.

SCRUM.ORG. **The Nexus Guide.** Disponível em: <https://www.scrum.org/resources/nexus-guide>. Acesso em: 07 nov. 2017.

SCRUM.ORG. **The Scrum Guide – The Definitive Guide to Scrum:** the rules of the game. Disponível em: <http://www.scrumguides.org/docs/scrumguide/v1/scrum-guide-us.pdf>. Acesso em: 07 nov. 2017.

TELES, V. M. **Extreme Programming:** aprenda como encantar seus usuários desenvolvendo software com agilidade e alta qualidade. 2.ed. São Paulo: Novatec, 2014. 324p.

VIDAL, A. **Agile Think® Canvas.** Rio de Janeiro: Brasport, 2017. 312p.

Índice Remissivo

A

Agile Think® Business Framework 62, 63, 64, 66, 69, 89, 92, 107, 113, 119, 122, 133, 139, 142, 145, 149, 151, 152, 155, 156, 162, 163, 167, 180, 181, 183, 186, 187, 188, 200, 208, 211, 212, 215, 216, 229, 293
Análise de Kano 167, 168, 169
assessment 57, 58, 66, 68, 74, 79

B

Backlog do Produto 1, 2, 4, 11, 12, 13, 20, 23, 24, 25, 26, 27, 38, 40, 41, 43, 46, 49, 52, 53, 61, 71, 72, 133, 136, 139, 149, 152, 154, 162, 167, 174, 189, 202, 207, 208, 209, 210, 212, 214, 216, 218, 226, 227, 228, 231, 232, 233, 234, 236, 237, 238, 240, 245, 246, 248, 255, 257, 264, 266, 275, 280, 281, 282, 283, 284, 285, 288, 289, 290
Burndown 54, 243, 244, 245, 248, 252, 284, 290
Burnup 243, 246, 248, 250, 251, 286, 290

C

CPO 256, 257, 258, 260, 261, 262, 263, 264, 268, 269, 270, 271, 272, 285, 291
critério de preparado 71, 202, 203
critério de pronto 204, 206
Crystal 15, 295

D

Daily Scrum 12, 52, 54, 260, 271, 281, 283, 288, 290
Design Thinking VII, 60, 62, 86, 87, 88, 119, 164, 207, 218
DevOps 205
Done 13, 43, 45, 53, 184, 185, 204, 207, 214, 217, 230, 242, 284, 288, 290
DSDM 16, 17, 170

E

Elevator Pitch 157, 159
Épicos 122, 133, 134, 135, 136, 139, 141, 142, 143, 144, 145, 147, 150, 151, 165, 166, 167, 171, 172, 187, 188, 269
escalando o produto 255
escalando o Scrum 255
Extreme Programming 18, 234, 235, 236, 237, 238, 239, 240, 296

F

Feature Breakdown Structure (FBS) 18
Feature-Driven Development 17
features 151, 162, 163, 164
fluxo de caixa 107, 110, 111, 112, 137, 138

G

GUT 167, 174, 178

H

história do usuário 186, 187, 198, 200, 203, 206, 280, 281, 287

I

Inception 62, 134, 149, 150, 151, 152, 153, 155, 164, 183, 198, 207, 211
INVEST 71, 189, 203
ITIL 273, 275, 295

J

jornadas 70, 87, 120, 124, 128, 131, 133, 136, 144, 145, 147, 150, 207

L

LeSS 42, 234, 235, 237, 238, 239, 241, 268, 269

M

Manifesto Ágil IX, 3, 4
Mapa de Empatia 91, 114, 115, 116, 117, 118, 123, 124, 126, 127, 128, 131, 132
Método dos 100 pontos 209, 210, 211, 213
Monopoly Money 209, 210, 212, 213
MoSCoW 167, 170, 209, 210, 211, 213
MVP 37, 43, 50, 51, 60, 61, 71, 87, 135, 136, 137, 138, 139, 141, 149, 150, 151, 166, 183, 184, 185, 188, 207, 275, 286, 291

N

Nexus 42, 234, 235, 237, 238, 239, 241, 267, 268, 269, 296

O

OKR 59, 62, 66, 68, 69, 75, 76, 77, 78, 79, 80, 82, 83, 84, 90, 95, 98, 99, 107, 108, 207

P

payback 112, 138
PBI 24, 25, 174, 175, 179, 203, 208, 211, 212, 214, 215, 216, 217, 230, 234, 235, 236, 237, 238, 239, 240, 241, 242, 243, 248, 264, 290
PBS 71, 163, 199
persona 114, 116, 118, 120, 121, 122, 123, 124, 127, 128, 131, 132, 139, 147
planejamento VIII, 5, 6, 14, 15, 20, 27, 28, 29, 32, 35, 38, 39, 40, 41, 43, 52, 56, 58, 59, 60, 61, 62, 66, 67, 69, 72, 74, 75, 76, 77, 78, 79, 81, 83, 84, 90, 92, 99, 101, 105, 107, 108, 118, 127, 141, 149, 155, 167, 186, 205, 208, 223, 228, 248, 252, 253, 258, 259, 275, 276, 280, 281, 282, 283, 284, 285, 290, 291
Planning Poker 209, 214, 215, 217, 284
PMBOK Guide® 28
priorização 23, 36, 37, 42, 59, 61, 66, 71, 104, 136, 151, 152, 166, 167, 172, 174, 176, 177, 179, 186, 199, 210, 211, 212, 213, 216, 217, 225, 283, 290
Product Backlog refinement 233
Product Breakdown Structure 71, 163
Product Owner VIII, IX, X, 1, 2, 3, 4, 5, 11, 12, 13, 14, 20, 21, 24, 25, 27, 28, 29, 30, 31, 32, 33, 34, 35, 36, 38, 39, 40, 41, 42, 43, 44, 45, 46, 47, 48, 49, 50, 51, 52, 53, 54, 56, 61, 64, 71, 72, 137, 149, 150, 151, 152, 156, 157, 161, 166, 167, 171, 174, 177, 183, 184, 185, 186, 190, 198, 200, 202, 203, 204, 206, 208, 209, 213, 214, 216, 217, 218, 222, 224, 225, 227, 228, 229, 230, 231, 233, 234, 236, 237, 238, 240, 241, 242, 243, 248, 255, 256, 257, 261, 262, 267, 268, 269, 270, 273, 274, 275, 276, 277, 278, 279, 280, 281, 282, 283, 284, 285, 286, 287, 288, 289, 290, 291
protótipo 16, 17, 180, 181

R

Ready 27, 43, 45, 52, 184, 185, 202, 207
Refinement 26
Release 80, 81, 209, 218, 221, 222, 223, 224, 225, 226, 230, 243, 245, 246, 248, 250, 251, 252, 268, 284, 286, 290
requisitos não funcionais 46, 205, 280
retrospectiva 28, 29, 30, 38, 40, 52, 53, 54, 263, 272, 275, 281, 282, 288
revisão 20, 28, 29, 34, 38, 40, 41, 43, 52, 53, 61, 132, 165, 182, 199, 201, 241, 242, 275, 281, 282, 283, 285, 288, 290, 291

riscos 6, 33, 34, 35, 36, 47, 56, 58, 59, 66, 77, 79, 81, 83, 84, 90, 95, 96, 97, 99, 101, 104, 105, 107, 108, 178, 225, 270, 273
roadmap 49, 51, 52, 57, 58, 59, 61, 68, 80, 224, 275, 279, 283, 287
ROI 1, 6, 24, 35, 36, 37, 70, 107, 108, 109, 110, 138, 167, 173, 284, 286, 290

S

SAFe 42, 234, 235, 237, 238, 239, 241, 268, 269
Scrum escalado 234, 235, 237, 238, 239, 257, 259, 260, 268, 269
Scrum Master IX, X, XI, 2, 11, 20, 36, 37, 38, 39, 42, 43, 52, 185, 209, 213, 214, 216, 217, 225, 227, 228, 231, 233, 256, 257, 260, 261, 262, 268, 269, 270, 282, 283, 284, 285, 296
Scrum of Scrums 260
SMART 1, 25, 29, 54, 107, 288
Sprint 11, 12, 13, 14, 20, 27, 28, 29, 30, 38, 40, 41, 44, 45, 46, 52, 53, 54, 81, 190, 203, 206, 208, 226, 228, 229, 230, 231, 232, 233, 234, 235, 236, 237, 239, 240, 241, 242, 243, 244, 246, 247, 248, 249, 250, 251, 252, 253, 257, 258, 259, 261, 262, 263, 268, 270, 271, 272, 275, 280, 281, 282, 283, 284, 285, 286, 288, 289, 290, 291
storyboards 142, 143, 148, 207
Story Mapping 70, 71, 121, 122, 133, 134, 142, 162, 167, 188
story points 208, 214, 215, 217, 240, 243, 244, 246, 250, 253, 284, 285
SWOT 91, 102, 103, 104, 108, 207

T

Taxa Interna de Retorno 108, 111
Theme Screening 167, 172
time de desenvolvimento IX, X, 12, 13, 27, 28, 29, 32, 34, 37, 38, 39, 40, 42, 43, 44, 45, 49, 52, 53, 54, 60, 72, 150, 152, 155, 184, 202, 203, 204, 205, 208, 213, 214, 216, 217, 226, 227, 228, 229, 231, 233, 243, 244, 246, 248, 250, 252, 253, 254, 256, 268, 282, 283, 284, 285, 288, 289, 290
T-Shirt Sizing 215, 216, 217

V

Valor Presente Líquido (VPL) 110
valuation 106
velocidade VII, 8, 37, 38, 55, 72, 208, 226, 228, 229, 231, 232, 240, 244, 245, 246, 250, 251, 252, 253, 254
Visão do Produto 71, 149, 151, 154, 155, 157, 158, 159, 160, 188, 199

W

Waterfall 14, 15
wireframes 70, 121, 142, 150, 151, 152
WSJF 167, 177, 178, 179

Parabéns!

Voucher desconto para realizar seus exames através do EXIN Anywhere. Boa Sorte!

Acesse https://www.exin.com/en/exin-anywhere e confira:

- ✓ Vídeos instrucionais (legendas em português) – dicas sobre o registro e resgate do voucher e também, saiba o que fazer (e não fazer) durante seu exame
- ✓ Passo a passo para registro e pagamento
- ✓ Exame em casa com monitoramento remoto
- ✓ Teste de configuração

Atenção:

- ✓ Desconto de **6%** para qualquer exame EXIN (consulte eventuais pré-requerimentos para alguns exames)
- ✓ Válido até **31/12/2018** (consulte o EXIN após este prazo)
- ✓ Válido apenas para resgate no **EXIN Anywhere**
- ✓ Ao resgatar seu Voucher e efetuar o pagamento, você tem até **21 dias** para realizar seu exame.

CÓDIGO

B5D6.5279.8052

Desde 1984, o EXIN é um instituto independente de certificação e exame, tendo certificado milhões de profissionais no domínio digital. O EXIN tem mais de 1000 parceiros credenciados em mais de 165 países em todo o mundo. Os serviços flexíveis e inovadores do EXIN permitem que os candidatos façam exames em muitos idiomas.

O EXIN possibilita a transformação digital através da avaliação e validação de competências, oferecendo uma ampla gama de certificações relevantes e muito exigidas no domínio do Gerenciamento de Serviços, como VeriSM ™ e ITSM, Agile Scrum, DevOps, SIAM ™, Gerenciamento de Segurança da Informação, Proteção de Dados (baseado em GDPR), Cybersecurity, Data Center Management e Cloud Computing entre outros. O EXIN também fornece o e-CF® NEXT, uma solução avançada de análise de lacunas de habilidades para organizações. Consulte nossos programas de qualificação disponíveis para alavancar sua carreira. https://www.exin.com/BR/pt/exames/

"EXIN® é uma marca registrada da EXIN Holding BV".